山东百年百项
重要考古发现

1921－2021

山东省考古学会
山东省文物考古研究院
编著

科学出版社
北京

内 容 简 介

2021年，山东省文化和旅游厅（山东省文物局）主办，山东省考古学会、山东省文物考古研究院承办了"山东百年百项重要考古发现"遴选推介活动，选出旧石器至明清时期的100项重要考古发现。本书以图文并茂的方式进行概括总结，展现了海岱地区在人类演化、农业起源、文明起源和早期发展、齐鲁文化在中华文化传统塑造过程中的作用，对于研究山东及周边地区的考古学文化具有重要的参考价值。

本书适合于从事考古学、人类学、历史学等方面的专家、学者以及高等院校相关专业师生参考、阅读。

图书在版编目（CIP）数据

山东百年百项重要考古发现：1921–2021 / 山东省考古学会，山东省文物考古研究院编著.-- 北京：科学出版社，2023.6
ISBN 978-7-03-075647-3

Ⅰ.①山… Ⅱ.①山…②山… Ⅲ.①考古发现–山东–1921-2021 Ⅳ.①K872.52

中国版本图书馆CIP数据核字（2023）第097647号

责任编辑：孙　莉　雷　英／责任印制：肖　兴
书籍设计：北京美光设计制版有限公司

科 学 出 版 社 出版
北京东黄城根北街16号
邮政编码：100717
http://www.sciencep.com

北京汇瑞嘉合文化发展有限公司 印刷
科学出版社发行　各地新华书店经销

*

2023年6月第 一 版　开本：889×1194　1/16
2023年6月第一次印刷　印张：25 3/4
字数：740 000

定价：498.00元
（如有印装质量问题，我社负责调换）

编辑委员会

序 言

党的十八大以来，习近平总书记高度重视文物考古工作，强调"考古文物工作是一项重要的文化事业，也是一项具有重大社会政治意义的工作"[1]。

近年来，山东省委、省政府把促进考古事业发展作为重要文化工程，纳入重要议事日程。2021年4月召开高规格的全省文物考古工作会议，印发《关于进一步加强文物保护利用工作的若干措施》《文物保护利用"十大工程实施方案"》，提出擦亮"海岱考古"品牌目标和任务。

山东是文物大省，已登录不可移动文物3万余处，其中，古遗址、古墓葬数量1.6万余处，丰富的地下文物资源，为考古事业提供了坚实的支撑。从1928年吴金鼎先生发现章丘城子崖遗址，1930年发掘章丘城子崖遗址开始，近百年来，经过几代山东考古人筚路蓝缕、持续奋斗，山东考古工作取得了累累硕果。沂源人的发现，可将山东地区的人类遗迹追溯到旧石器时代早期。沂水跋山遗址、新泰乌珠台人和沂沭河流域、汶泗河流域发现的上百处细石器文化遗址证明在旧石器时代晚期和旧石器时代向新石器时代过渡时期，山东境内的人类活动已相当频繁。山东新石器时代考古成果突出，后李文化、北辛文化、大汶口文化、龙山文化，以及夏、商、周三代以降文化，构成史前文化谱系完整、历史文化接续、高潮迭起的发展链条，成为中华文明绵延不断发展的重要佐证。

两周时期，山东地区诸侯林立，国家丛生。以"齐""鲁"为代表的两国文化主体由分流到逐渐融合发展，为秦汉以后多元一体格局的文化传统做出了重要贡献。在临淄齐国故城和曲阜鲁国故城以及周边区域的诸多考古工作，为研究两周时期的文化面貌、礼制和国别提供了重要资料。汉代山东是全国的重要区域，山东地区的汉代城址、

---

[1] 习近平：《建设中国特色中国风格中国气派的考古学，更好认识源远流长博大精深的中华文明》，《求是》2020年第23期。

陵墓和大型墓葬考古是海岱考古的重要组成部分,如临沂银雀山汉墓兵法竹简的发现,让已经消失的历史文献得以重见天日。三国至隋唐时期山东的考古工作主要围绕墓葬、佛教遗迹和瓷器窑址来开展,尤其在佛教遗迹方面取得成绩,在全国乃至世界范围内都产生了深远的影响。宋至清时期是中国历史上各民族逐渐融合最后形成大一统的时期。山东这一时期的考古工作主要包括古代城址的调查勘探和明清海防卫所的调查、墓葬的调查与发掘、京杭大运河山东段的调查试掘、内河内海沉船调查与发掘。

进入新时代,山东考古工作实践和研究取得了重要进展,考古人继往开来,砥砺前行,以实际行动擦亮"海岱考古"品牌。在中国现代考古学诞生百年之际,山东省也评选出山东考古百年百大项目,目的就是根据考古资料,追寻山东地区的历史发展轨迹,再现古代山东的自然环境、文化面貌、经济生活、社会组织、宗教习俗等一幕幕生动的历史画面,凝聚山东古代先民勤劳勇敢、睿智、创新的高贵品格和优秀传统,彰显山东古代先民在中国文明发展史中做出的卓越贡献和发挥的重要作用。

中国现代考古学已走过百余年历程。几代考古人接续奋斗,"上穷碧落下黄泉,动手动脚找东西",破解了一个个文明密码,实证了中国百万年的人类史、一万年的文化史、五千多年的文明史。百年考古,硕果累累。考古发现山东大地上的一页页历史华章,也将带给我们无穷的自信底气和前行的力量。

王廷琦

2023 年 6 月

目　录

三国至隋唐时期

宋至清时期

百年考古　百年成就

王守功

　　党的十八大以来，习近平总书记十分重视文物保护和考古工作，做出一系列重要指示批示。中共中央政治局第23次集体学习以"我国考古最新发现及其意义"为主题，强调考古工作的作用和意义，要加强考古学研究，更好认识源远流长、博大精深的中华文明，为弘扬中华优秀传统文化、增强文化自信提供坚强支撑[1]；第39次集体学习以"深化中华文明探源工程"为主题，强调要深入了解中华文明五千多年发展史，推动把中国文明历史研究引向深入，推动全党全社会增强历史自觉、坚定文化自信[2]。在以习近平总书记为核心的党中央的亲切关怀下，我国的考古工作得到长足的发展。

　　2021年，是中国现代考古学诞生100周年，全国各地举办各类庆祝活动，缅怀百年历程，共享考古成果。在山东省文化和旅游厅（省文物局）党组的正确领导下，山东省文物考古研究院举办了"山东考古成就展"，山东省考古学会开展"山东百年百项重要考古发现"遴选推介活动，《考古大家谈》《文物里的山东》《城子崖》等以多种媒体形式对山东的考古成果进行了宣传，山东考古工作受到社会各界的广泛关注和赞誉。

　　参天之木，必有其根；怀山之水，必有其源。山东百年百项重要发现，见证了山东悠久的历史和丰厚的文物资源；见证了山东考古人"筚路蓝缕""上穷碧落下黄泉"的奋斗精神；见证了山东考古学从产生、发展到逐步走向成熟的光辉历程；见证了山东百万年的人类史、一万年的文化史和五千多年文明史的灿烂成就。

---

[1] 习近平：《建设中国特色中国风格中国气派的考古学，更好认识源远流长博大精深的中华文明》，《求是》2020年第23期。

[2] 《求是》杂志编辑部：《新时代中国文明历史研究的根本遵循》，《求是》2022年第14期。

一

百年考古，铸就考古事业的百年辉煌

1921 年，安特生对仰韶遗址的发掘，开启了中国现代考古学的历史篇章，此后经过几代考古人的栉风沐雨、砥砺奋斗，中国考古学走过百年历程，铸就百年辉煌。

2021 年 10 月 17 日，中国社会科学院、国家文物局、河南省人民政府联合在河南三门峡市召开"仰韶文化发现暨中国现代考古学诞生 100 周年纪念大会"。习近平总书记发去贺信："100 年来，几代考古人筚路蓝缕、不懈努力，取得一系列重大考古发现。展现了中华文明起源、发展脉络、灿烂成就和对世界文明的重大贡献，为更好认识源远流长、博大精深的中华文明发挥了重要作用。希望广大考古工作者增强历史使命感和责任感，发扬严谨求实、艰苦奋斗、敬业奉献的优良传统，继续探索未知、揭示本源。努力建设中国特色、中国风格、中国气派的考古学，更好展示中华文明风采，弘扬中华优秀传统文化，为实现中华民族伟大复兴的中国梦作出新的更大贡献。"[1] 总书记的贺信总结了百年来考古工作取得的成就，对考古工作者和考古事业的发展提出了殷切期望。

10 月 18 日，在第三届中国考古学大会开幕式上，公布了全国"百年百大考古发现"终评结果，北京周口店遗址等 100 项发现入选"百年百大考古发现"。山东省泰安大汶口、章丘城子崖、曲阜鲁国故城、临淄齐国故城、临沂银雀山汉墓、青州龙兴寺六个遗址的考古工作，位列全国"百年百大考古发现"之中。

从 1928 年吴金鼎调查城子崖、东平陵城以来，山东现代考古学也经历了近百年的历程。从山东古迹研究会的成立，到山东古代文物管理委员会（山东省文物管理委员会）、山东博物馆、山东省文物考古研究所（院）、山东省水下考古研究中心等考古机构的不断完善；从章丘城子崖、滕州安上村、日照两城镇的发掘到中华人民共和国成立以来一系列考古发掘及文物保护工作；从傅斯年、王献唐，到刘敦愿、郑笑梅、张学海等老一代考古工作者，山东考古人不断探索考古工作的山东道路。山东考古事业的发展和考古工作的推进还得益于中央研究院历史语言研究所、中国社会科学院考古研究所山东队、华东文物工作队山东组、北京大学、山东大学等高等科研院所和院校的鼎力奉献、大力支持。

2021 年，为总结山东考古百年来重要考古成果，展现考古成就，山东省文化和旅游厅（省文物局）组织、山东省考古学会开展"山东百年百项重要考古发现"遴选推介活动。2021 年 10 月 28 日，召开新闻发布会，公布了章丘城子崖遗址、泰安大汶口遗址等 100 个项目为"山东百年百项重要考古发现"。此次入选项目有四个特点：一

---

[1]《习近平致仰韶文化发现和中国现代考古学诞生 100 周年的贺信》，https://www.gov.cn/xinwen/2021-10/17/content_5643148.htm.

是涵盖时代全，旧石器、新石器、夏商、两周、秦汉、魏晋南北朝隋唐、宋金元明清均有项目入选；二是分布地域广，几乎遍及全省各市；三是考古遗存类别多，聚落、城址、墓葬、采石场、寺庙址、佛教窖藏、古沉船、盐业遗址、水工设施等均有涉及；四是新石器时代遗址多，尤其是文化命名地多，如后李文化、北辛文化、大汶口文化、龙山文化、岳石文化、珍珠门文化等。这些重要考古发现，反映了山东考古在探寻中华文明起源、还原历史发展脉络、展示中华文明灿烂成就中所做出的重要贡献。

二

丰厚资源，为海岱考古提供广阔空间

山东地区在先秦时期亦称"海岱"，独特的地理位置和优越的自然环境，造就了这一区域光辉的历史和灿烂的文化。从旧石器时代开始，人类就在这里繁衍生息，距今60万年前后的沂源猿人、距今10万—6万年的跋山遗址、距今5万—2万年的新泰县"乌珠台人"，代表了海岱地区旧石器时代的人类发展过程；赵家徐窑遗址及沂沭河流域发现的细石器文化代表了旧石器时代向新石器时代的过渡；其后的扁扁洞遗存、后李文化、北辛文化时期，逐步形成新石器时代早、中期具有当地特色的物质文化和生活习俗；五六千年前的大汶口文化时期，海岱地区古代社会已经进入复杂化进程，出现了城市、阶级和王权，开始步入文明社会。在此后的五千年中，伴随着国家的产生、发展和中国多民族国家、多元一体文化的形成，海岱地区在中国古代历史中一直发挥着重要的作用，具有不可替代的历史地位。

古遗址、古墓葬有别于其他不可移动文物，它们大多埋藏在地下，需要进行专业的考古调查去发现。到目前为止，山东发现的古遗址、古墓葬数量1.6万余处。这些遗址和墓葬的发现，首先得益于三次全国文物普查工作。

第一次文物普查是20世纪50年代开展的。1956年9月山东召开新中国成立后全省第一次文物工作会议，决定在全省范围内开展一次文物普查。到1957年6月全省文物普查工作结束时，共发现古遗址和革命遗址1008处，大型墓葬4805座，古建筑864所，石刻5698处，收集重要文物23987件。在此基础上初步选出省级文物保护单位4540处（未公布），共建立文物保护小组3642个。

第二次文物普查是20世纪80年代开展的。1981年2月，国家文物局召开会议，决定在全国范围内进行文物普查。1987年，全省文物工作会议决定普查工作由山东省文物考古研究所统一组织领导，至1989年基本完成，共发现不可移动文物15960处，其中古文化遗址7685处，古墓葬2994处，古建筑1040处，石刻摩崖造像2496处，近现代重要史迹481处，近现代纪念建筑物333处，其他931处。

2007年4月，国务院下发了关于开展第三次全国文物普查的通知，到2011年12月结束。通过第三次文物普查，山东省登录不可移动文物33551处，居全国第九。从

分类来看，有古遗址 11161 处，古墓葬 5149 处，古建筑 6658 处，近现代重要史迹及代表性建筑 8372 处，石窟寺及石刻 2096 处，其他 115 处。

此后，在城镇化进程和基本建设工程中，通过专业机构的调查勘探，山东省新发现地下文物点 600 余处。从 2021 年开始，山东逐步推行土地储备"先考古，后出让"的政策，地下文物发现的数量越来越多。丰富的地下文物资源，大量的工程建设，使考古工作机遇与挑战并存，考古工作无论是数量还是规模都大大增加。

三

近百年奋斗，"海岱考古"品牌不断擦亮

1928 年吴金鼎对章丘东平陵城遗址和城子崖遗址开展调查工作，1930—1931 年中央研究院历史语言研究所和山东古迹研究会对城子崖遗址进行了调查发掘，这是由中国学术机构和学者发掘的第一处史前文化遗址，也是中国东部地区考古发掘的开山之作。这次发掘不仅首次发现了一种崭新的考古学文化——龙山文化，为商周文化的本土起源找到了线索，并在田野工作中第一次发现了古城址，编撰出版了中国第一部田野考古报告集；而且在田野考古工作方法上，也向科学和正规化迈出了重要一步。考古地层学原理开始运用到实际田野操作中，首次绘制了探沟地层剖面图，从而为中国考古学的发展，尤其是史前考古学的发展，铺垫了重要基石，成为中国考古学发展历程中的一个里程碑，城子崖遗址也因此成为中国考古学的"圣地"。

从城子崖发掘到中华人民共和国成立之前，山东古迹研究会和中央研究院历史语言研究所还先后对益都（青州市）苏埠屯遗址、滕州安上村新石器时代遗址及"曹王墓"汉代墓群、山东东南沿海及日照两城镇龙山文化遗址等进行调查和发掘工作。此外，1935 年，齐鲁大学文学院英籍教授林仰山根据学生提供的线索发现了大辛庄遗址，此后对遗址做了多次调查；日伪时期，日本学者关野雄、原田淑人、鸟居龙藏等也在山东地区进行过考古工作。

中华人民共和国成立以后，考古工作得到重视。20 世纪 50—70 年代，山东省文物管理委员会（处）、华东文物工作队、中国科学院考古研究所山东队（1958 年春成立）、山东省博物馆及各地市博物馆、山东大学、北京大学等单位在山东进行了考古调查与发掘工作。20 世纪 80 年代后，随着国家对考古工作管理的进一步规范，山东省文物考古研究所（1981 年成立）及中国社会科学院考古研究所山东队、相关高校成为考古工作的主力军。中国科学院古脊椎动物与古人类研究所、山东省博物馆、北京大学等单位还参与了山东旧石器及山旺等生物化石的发掘研究工作。

总体来看，山东考古事业的发展和成就，主要体现在以下诸多方面：

一是服务社会能力不断提高。为配合建设工程，考古工作者进行了大量的考古工作，发掘了不同时期的文化遗存，在保护文物的同时，有力地支持了全省的经济建设，

考古工作的影响力不断加强，"先考古，后出让"的理念深入社会各个阶层。

二是文化体系及文化分期初步完成。通过大量的考古发掘工作，到20世纪90年代，逐步建立起海岱地区新石器时代后李文化—北辛文化—大汶口文化—龙山文化一脉相承的文化谱系；夏商时期夷夏文化更加明确，商周文化分期更加细化，秦汉考古不断印证或丰富海岱地区汉代历史。汉代以降考古得到重视，魏晋南北朝以来的古代城址、各类墓葬、瓷器制作、佛教寺院、壁画彩绘逐步成为考古学研究的课题。大运河、明清海防、古代沉船等水下考古项目取得丰硕成果。

三是地下文物埋藏情况逐步清晰。通过大量的考古勘探，地下文物的分布范围得到确定，特别是全国重点文物保护单位和省级文物保护单位，文化内涵和范围大部分已经明确。从20世纪60年代开始，对山东古代城址进行了大规模勘探，发现从大汶口文化、龙山文化到元明清时期的城址200余座。早在1983年，国家文物局在曲阜、临淄召开全国大遗址保护座谈会，充分肯定了山东省在齐故城和鲁故城勘探、发掘及文物保护方面取得的成果。古代城址的考古逐步成为山东考古的重点工作，也获得许多重要发现。

四是考古重大发现不断涌现。从1990年开始，每年评选全国十大考古新发现，山东有21次24个项目获全国十大考古新发现。21世纪以来，山东省文物考古研究所（院）每年举办田野汇报会；从2013年开始，山东省文物行政主管部门每年组织全省田野考古汇报会；从2017年以来，每年开展"山东五大考古新发现"和"田野优秀工地"评选活动，一些重大考古新发现得到学术界和社会各界的重视。

五是考古成果转化逐步实现。考古发掘工作有力地支撑了国家和省级考古遗址公园建设，目前山东已经建成或正在建设的国家考古遗址公园有6个、省级考古遗址公园19个，大都对考古成果进行了展示利用。公众考古成为考古发掘工作的基本要求，大量反映考古成果和考古工作者的媒体宣传内容成为社会大众的喜爱。

六是考古人员的素质得到极大提高。从1986年开始，国家文物局在山东兖州等地举办了六期田野考古领队培训班，2003—2022年，国家文物局委托北京大学在山东举办了三期考古工地负责人培训班，大大提高了山东田野考古的水平。山东省文物局举办十余期不同类型的田野考古技术培训班，各地方考古力量得到加强。北京大学、山东大学等高校长期将山东作为考古专业学生实习基地，扩大了山东考古的影响力。

七是学术研究与对外交流得到长足发展。在学科研究方面，山东的环境考古、农业考古、动物考古、植物考古、水下考古等都得到发展，有的还在全国具有影响力。在一些研究领域，建立起与国内外科研院所和大专院校的合作交流，海岱考古的影响力得到进一步提升。建立起一批考古研究和文物保护实验室，技术装备大大改善，举办了两次国际文物保护装备博览会。《海岱考古》正式创刊。

八是机构和队伍建设得到加强。近年建设的山东省考古研究中心（山东省考古馆），建筑面积达3万余平方米，改善了考古研究与展示的基础条件。山东省文物考古研究院、山东省水下考古研究中心、山东大学等单位还在不同地区设立了工作站。

到目前为止，山东省有 6 个考古团体领队资质单位，山东省文化和旅游厅审定了 11 个可以参与考古勘探的文物机构，考古从业人员近 400 人，一批优秀的青年考古业务人员在不断成长。中华人民共和国成立以来，在临淄齐故城、曲阜鲁故城、滕州薛故城、章丘宁家埠分别进行了四批考古技工的培训，培训考古技工近 300 名，这些技工为山东田野考古提供了重要技术支撑，也为全国其他省份的考古工作做出了贡献。

九是考古工作管理更加规范。2012 年成立山东省文物局大遗址保护与考古处，是全国设立考古处最早的省份，大遗址保护与考古工作得到加强。2017 年，召开高规格的全省考古工作会议，考古规范管理得到加强。2021 年召开的由山东省委、省政府及国家文物局主要领导参加的全省文物工作会议，山东省政府办公厅印发了《关于进一步加强文物保护利用工作的若干措施》，对擦亮"海岱考古"品牌提出了明确的目标和任务。为做好考古工作的管理，山东省文物局出台了一系列的文件，保证了"先考古，后出让"制度的落实、落细。

四

史前考古，构筑完善的海岱文化谱系

山东史前考古可以分为旧石器时代、新旧石器过渡时期、新石器时代考古。

山东旧石器考古工作起步较晚，1965 年 5 月沂源县千人洞发现一处旧石器时代晚期洞穴遗址。1966 年在新泰县发现了一颗智人牙齿化石，亦是古人类化石在山东的首次发现，命名为"乌珠台人"。1981 年 9 月沂源县图书馆文物普查时在土门镇骑子鞍山的一个石隙裂缝中发现一个残破的人类头骨化石，后来对该地点进行过两次正式发掘，又发现 7 枚猿人牙齿化石。这些化石经吕遵谔等学者的研究，被归类为直立人，其地质时代处于更新世中期，并被命名为沂源猿人。2020 年在临沂沂水发现距今 10 万—6 万年的跋山遗址，文化堆积厚，内涵丰富，经过近 3 个年度的野外工作，共出土文化遗物 1 万余件。此外，近年来还在临沂地区发现距今 4 万—1 万多年的水泉峪遗址。这一系列遗址的发现，使山东旧石器时代发展脉络不断清晰。

通过 20 世纪 80 年代的考古调查和勘探、发掘工作，山东发现一大批细石器时代的文物点，这些文物点既有别于旧石器时代，也与新石器时代有明显的区别，体现了旧石器向新石器时代过渡时期的特点。细石器点首先在沂沭河流域有大量发现，其后在山东大部分地区都有发现。这些细石器点往往缺乏原生地层，经过发掘的文物点数量少，缺乏年代支撑。临沂凤凰岭经过多次勘探发掘，确定了遗址的原生地层，并初步确定细石器遗存的年代为距今 1.9 万—1.3 万年。该遗址被列为山东省百年百项重要考古发现。

1930—1931 年对城子崖发掘确立发现了龙山文化，1935 年对日照两城镇龙山文化遗址进行了发掘。中华人民共和国成立后，山东对龙山文化遗址进行了大量发掘，理清了龙山文化的分区、分期，对龙山文化的社会性质进行广泛探讨。

山东龙山文化发现和研究有以下几个值得关注的问题：一是龙山文化发现后，考古学者怀着对中国古代文明起源的浓厚兴趣，纷纷在各地寻找以黑陶为特征的"龙山文化"，到中华人民共和国成立后，人们在北起辽东半岛，南达福建、台湾地区，东至大海，西跨陕西、甘肃这一广大区域内都发现了此类文化。之后，梁思永、安志敏、夏鼐、严文明、栾丰实等先生对龙山文化进行研究和界定，山东龙山文化面貌和分布逐步清晰。严文明先生在《龙山文化和龙山时代》一文中，将龙山文化作为一个时代的命名。二是20世纪80年代以来，山东陆续在寿光边线王、邹平丁公、五莲丹土、章丘城子崖等地发现龙山文化城址，引起龙山文化性质的讨论。围绕城市与文明起源问题，山东省文物考古研究所于1992年在章丘召开纪念城子崖遗址发掘60周年学术讨论会，出版论文集。到目前为止，山东省发现的龙山文化城址近十座，这些城址大都列入山东百年百项重要考古发现。三是20世纪90年代，山东省文物考古研究所对章丘城子崖周围进行了专题调查，发现龙山文化都、邑、居等不同的聚落结构，为研究龙山文化社会结构提供了依据。山东大学在日照以两城遗址为中心的地区进行区域调查，也证实了这种结构的存在。四是在山东龙山文化晚期，山东曾向中原地区进行过大规模迁徙，产生了"后羿乱夏"这一历史事件，这个事件的发生，对鲁西、鲁北和豫东夏商时期的文化格局产生了十分重要的影响。

大汶口文化因1959年大汶口遗址的发掘而被命名。早在1952年，在滕州岗上村发现了大汶口文化的彩陶片，当时认为是仰韶文化的遗物。1957年，在安丘景芝镇发掘了7座大汶口文化的墓葬，由于出土随葬品与龙山文化相近而被归为龙山文化。大汶口文化发现后的60多年中，有大量遗址和墓葬得到发掘、研究和保护，其中有以下几个值得关注的问题：一是大汶口遗址1959年发掘的133座墓葬均为大汶口文化晚期，贫富分化明显，同时陵阳河等遗址发现了一批图像文字，因此1974年大汶口遗址发掘报告出版后，马上引起了关于社会性质的讨论，有学者甚至根据大汶口文化晚期的墓葬材料以及陵阳河等地出土的陶文，认为大汶口文化为初期奴隶社会文化，因此认为中国的文明史距今最少也有6000年。二是江苏北部地区大汶口文化时期遗存的发现，使学术界对大汶口文化分布范围、文化命名、文化分期等问题的讨论再掀高潮。安志敏、吴山菁、严文明、夏鼐等先生都发表了各自的主张。三是豫东、皖北地区发现了大汶口文化的遗址，杜金鹏先生对这些遗址的文化面貌进行了分析，提出大汶口文化"颍水类型"，认为颍水类型的年代大致为公元前三千二三百年至公元前二千六七百年，前后延续了六七百年。颍水类型是东夷太皞部族创造的文化，对江汉地区的原始文化产生一定的影响，与夏、商文化存在不可分割的关系。四是近年来在章丘焦家、滕州岗上等遗址发现大汶口文化晚期的城址，其中岗上大汶口文化城址面积约40万平方米。两个遗址发现的墓葬贫富分化明显，有的随葬大量的礼器和象征王权的随葬品，为中国古代文明起源研究提供了十分重要的资料。大汶口的文化类型多，发掘的重要遗址数量多、面积大，因而有较多的史前文化或文化类型的命名地被列入山东百年百项重要考古之中。

北辛文化因 1978 年滕州北辛遗址的发掘而于 20 世纪 80 年代初被予以命名。北辛文化确立后，在山东境内发现的北辛文化遗址有五六十处，经过发掘的有滕州北辛、汶上东贾柏、长清张官、邹平西南庄、临淄后李、烟台白石村、福山邱家庄等近 20 处遗址。北辛文化遗址大都发掘面积相对较小，目前除文化分期和区系类型做过较深入的研究外，北辛文化研究相对较少。在山东百年百项重要考古发现中，仅滕州北辛、烟台白石村和汶上贾柏遗址列入。

后李文化是因临淄后李遗址发掘于 20 世纪 90 年代初被命名的距今 8500—7500 年的文化。后李文化发现后，先后在鲁北地区发现十余处这一时期的遗址。后李文化的遗址一般堆积相对单纯，遗址发掘的规模都较大。对后李文化的研究主要包括文化性质与聚落形态、文化分期与年代、社会状况与自然环境等。值得注意的是在小荆山遗址发现了后李文化的环壕，是全国比较早的环壕聚落遗址。此次评选的山东百年百项重要考古发现中，有临淄后李、章丘西河、小荆山等 6 个后李文化的遗址。

21 世纪以来，山东陆续发现新石器时代更早的遗址，在沂源县扁扁洞发现了万年前后的遗存。关于其文化属性，有的认为其为后李文化的一部分，也有的将其归为另一种类型的文化。该遗址距今 1 万年左右，是北方地区最早的新石器时代遗址之一，尽管发掘面积较小，出土遗物也不是十分丰富，仍被评为山东百年百项重要考古发现。

至此，山东史前考古厘清了旧石器时代的发展脉络，确立了自赵家徐姚遗存、扁扁洞遗存之后，所建立的后李文化—北辛文化—大汶口文化——龙山文化的新石器时代文化谱系。

五

夏商周考古，述说夷夏东西的文化发展脉络

海岱地区夏商时期的主要遗存是岳石文化。早在 20 世纪 30 年代城子崖遗址发掘时就发现了岳石文化的遗存，但当时对岳石文化还没有认识。1960 年考古工作者在平度东岳石遗址进行发掘，获得了一批典型的岳石文化遗存，发掘者注意到它与城子崖龙山文化陶器之间的差异，具有独特的风格，但还是做出了"从总的特征上观察，应属于龙山文化"的结论。1973 年泗水尹家城遗址发掘后，提出了"尹家城第二期文化"，此后结合烟台牟平照格庄遗址发掘，1981 年，严文明在论及山东龙山文化的去向问题时，提出"岳石文化"的命名并得到考古界的公认。

到目前为止，共发现岳石文化遗址 340 余处，分布以泰沂山系为中心并向四周扩展，东至海，西到鲁西及豫东的杞县一带，北到河北东部及辽东半岛的南端，南至苏、皖北部地区，这和大汶口文化晚期、龙山文化的分布范围大体一致。岳石文化向外影响及辐射的范围更为广泛，向西可达郑州地区，向南则越过长江、进入太湖流域，向北则抵燕山。应该说，在夏代纪年的历史时期，岳石文化的分布范围要超过二里头文

化的范围，这一时期的城址有章丘城子崖、定陶十里铺北等遗址。商代中期以后，随着商文化的不断东渐，岳石文化的分布区域逐渐向胶东半岛退缩，乳山南斜山类型应是东夷文化最后的文化遗留。经过发掘的重要遗址有平度东岳石、章丘城子崖、牟平照格庄、青州郝家庄、章丘王推官庄、泗水尹家城、菏泽安邱堌堆、青崮堆、定陶十里铺北遗址等。

　　史籍记载，有商一代，海岱地区与商王朝关系密切，有学者主张商族起源于东方，商王朝曾在山东建都，也曾多次用兵东夷。因此，山东商时期的考古倍受学者关注。早在1933年山东古迹研究会在山东南部调查时发现郳国青铜器，并对滕县安上村遗址进行了发掘。1936年祁延霈调查了山东益都县苏埠屯村出土的铜器。此外，英国学者林仰山在济南、邹平和周村等地进行考古调查，发现了大辛庄、路家洼等遗址。中华人民共和国成立之后，商周考古得到进一步加强，做了大量的调查、勘探、发掘工作，就目前的发现与研究看，山东地区商文化总的分布态势是自西向东时代由早及晚，商文化因素由浓渐弱，地方文化或土著文化因素则越来越浓；规格高的遗址或墓葬商化程度较高，一般遗址则体现出较强的融合或并存面貌。比较重要的遗址有菏泽安邱堌堆、滕州前掌大遗址、济南刘家庄遗址、大辛庄遗址、青州苏埠屯墓地、滨州兰家遗址、寿光双王城遗址等。有些遗址出土高规格的遗址和墓葬，如前掌大出土随葬大量铜器、玉器及车马坑的墓葬，大辛庄遗址出土甲骨文及墓葬，苏埠屯发现亚字型墓葬并有大量殉人，此外在定陶十里堡北、临淄范家等遗址还发现商代的城址，这些都应是商王朝统治的东方重镇。与之同时，东夷文化分布的范围仍然十分广大，以长岛珍珠门类型代表的东夷文化应是商代晚期的东夷文化。

　　山东周代考古起始较早，1930—1931年，中央研究院历史语言研究所对章丘城子崖进行了发掘，在发掘中发现了东周时期的城墙遗迹和墓葬，发现的城墙应是谭国故城。1933年，中央研究院历史语言研究所董作宾先生，对滕州滕国故城进行了调查。日本学者关野雄也于20世纪40年代，先后到临淄齐故城、曲阜故鲁城、滕州薛故城和滕故城等地进行调查和测量。中华人民共和国成立后，周代考古和研究得到重视，并获得重要成果，一是对发现的周代城址进行了调查、勘探和发掘工作，如20世纪60年代以来对齐故城、鲁国故城、薛国故城等两周城址的勘探发掘工作，基本弄清了城址的范围、格局、性质。通过基本建设工程，发现了高青陈庄等周代重要城址。二是对各类周代墓葬进行了勘探和发掘工作，这些墓葬分别属于齐、鲁、薛、寺、莒、鄅、纪、莱等不同的国别，出土的大量随葬品，特别是出土许多带有铭文的青铜礼器，为研究山东东周时期的历史和物质文化面貌，提供了极其重要的资料。三是围绕农业、手工业等课题研究进行的考古工作取得重要进展，如围绕盐业考古开展的寿光双王城、广饶南河崖遗址的发掘研究工作，围绕铁器、铜器制作对济南东平陵城、临淄齐故城遗址进行的发掘，等等。

　　入选百年百项重要考古发现的夏商周时期的遗址主要是周代城址、墓葬考古项目，其他有东夷文化的一些地方类型和专题考古项目。

六

秦汉考古，延续着齐鲁文化的历史辉煌

　　山东地区的秦汉物质文化研究始于一些历史典籍的记载和金石学的研究。其中主要是对汉代画像石的著录和记载。北魏郦道元的《水经注》中记载了巨野、金乡一带的汉荆州刺史李刚、司隶校尉鲁峻等墓室、祠堂的石刻画像。宋代金石学兴起后，一些金石学家如赵明诚、洪适等对孝堂山郭氏祠、嘉祥武梁祠的画像石均作了著录。到清代，金石学重新兴盛起来。黄易发现并发掘出了湮没已久的武氏祠画像石，并对武氏祠进行了修复，其后关于武氏祠的著录和研究日渐增多，山东地区的汉画像石也引起了人们的注意。

　　现代考古学兴起后，1933年，中央研究院历史语言研究所在滕州发掘一座画像石墓（传称曹王墓），是山东地区秦汉考古的首次发掘。中华人民共和国成立后，特别是改革开放以来，随着国家大型基本建设工程的开展，大批秦汉物质文化遗存被发现、发掘，秦汉考古研究领域不断的拓展、深入，重大考古发现不断涌现。山东秦汉考古的成就主要体现在以下几个方面：

　　一是秦汉城址的勘探发掘工作。东周时期，山东有许多诸侯国及其城邑，这些城址到秦汉时期仍被利用，如临淄齐故城、滕州薛故城、济南平陵城、郯城郯故城、平度即墨故城、莒县莒故城等；有的在原来的基础上扩大了城的规模，如费县故城等；也有的在原有规模上缩小了，如曲阜鲁国故城等。许多城址保存较好，现在地面上还保存有原来的城墙。以秦汉城址为中心进行的考古工作，从21世纪济南东平陵城及费县故城的勘探、发掘开始，基本搞清了城址的基本布局，发现了城门、道路、宫殿区、手工业作坊区等重要遗迹。

　　二是汉代王陵的发掘和研究工作。从战国到两汉时期，山东有大量的封土墓葬，2001年，山东省文物考古研究所与德国合作在临淄地区开展遥感考古，出版了中国第一本航空遥感考古图集。根据研究结果，发现该地区到20世纪30年代还保留封土墓葬1380余座，其中大部分是战国至汉代时期的墓葬。在配合工程建设和抢救性发掘中，山东地区发掘了一批明显属于汉代王陵级的墓葬，主要有临淄大武汉墓、巨野红土崖墓葬、曲阜九龙山汉鲁王墓、任城萧王庄墓群、长清双乳山汉墓、章丘洛庄汉墓、章丘危山汉墓、定陶王墓地（王陵），它们分别应该属于汉代齐、巨野、鲁、任、济北、济南、定陶等诸侯王的王陵。这些墓葬大部分都被盗或破坏，但仍然出土了一批高规格的随葬品，为了解汉代王陵的形制、结构及埋葬制度提供了丰富的资料，也大大提升了汉代文化的研究和影响力。值得注意的是，在临淄山王、青州香山发现汉代车马兵俑坑，也应与西汉王陵有关。

　　三是秦汉中小型墓葬及汉代画像石墓葬的发掘研究工作显著。由于秦存在时间较

短，山东地区除临淄商王等墓地发现少量中小型秦墓外，其他地区尚未见明确的秦墓。汉代中小型墓葬发掘的数量已经有数万座。就目前考古发掘资料分析，山东地区汉代墓葬大致可以分为鲁北地区的土坑墓、鲁南及鲁中南地区的汉画像石墓、鲁东南及胶东地区的土墩墓三种不同的类型。土坑墓以临淄周围的汉代墓葬为代表，有的有砖室、砖椁。画像石墓以安丘董家庄汉画像石墓、沂南北寨墓群等为代表，大量的画像石为研究汉代社会的政治、经济、文化、艺术等提供了丰富的资料。土墩墓一般在一个封土墓下有数座或数十座墓葬，以日照海曲墓地、黄岛土山屯墓群为典型代表。21世纪以来，在鲁西地区还发现数量不多的汉代壁画墓，如东平后屯壁画墓、金乡县羊山墓地等。

四是以专项课题研究进行的发掘工作。21世纪以来，围绕秦汉时期"八主"祭祀，对"八主"祭祀场所及周围相关城址进行了调查，并对青岛琅琊台遗址进行了大规模的发掘工作；与日本合作开展的山东地区汉代铜镜研究，对齐故城内相关遗址进行了发掘；围绕汉代画像石石料来源，对滕州母祖山汉代采石场遗址进行了调查。

七

三国至隋唐考古，见证着多民族交流融合和手工业的持续发展

汉代以降，随着北方民族多次入主中原，多民族国家在文化上不断融合，物质文化的多样性更加凸显。山东地区与全国其他地区一样，考古资料丰富多彩。

这一时期的考古工作，始于20世纪20年代瑞典学者喜龙仁、日本学者常盘大定对驼山石窟进行的实地考察。20世50—70年代，主要在佛教考古及墓葬考古方面有一些工作。在佛教考古方面，主要对济南近郊摩崖石窟造像、广饶、博兴北朝石造像、济南大佛寺等进行了调查、发掘工作。在墓葬发掘方面，主要对东阿曹植墓、苍山元嘉元年墓、临淄北朝崔世家族墓、高唐东魏房悦墓、嘉祥英山隋墓等进行清理发掘。此外，还对泰安中淳于古窑址进行了调查。改革开放后，随着大规模经济建设和考古学课题研究，这一时期的考古工作逐渐得到重视，许多重要遗址得到发掘和保护，一些重大课题研究不断深入。这一时期的考古成果主要表现在以下几个方面。

一是城址考古。由于三国至隋唐时期一些城址沿用了汉代以前的城址，因此在对两周秦汉城址发掘中，也发现了这一时期的城址，如东平陵城、齐故城等大都延续至隋唐时期。在大遗址保护中，对一些城址进行了调查勘探和发掘工作，如德州陵城区唐代城址、庆云唐无棣故城址都进行了调查勘探工作。

二是佛教考古。佛教自东汉晚期传入山东以后，从南北朝以来，在山东境内留下大量佛教遗迹。主要有石窟寺造像、寺院遗址、造像窖藏、摩崖刻经等。石窟寺造像主要集中在北朝后期至隋唐时期，比较重要的有济南黄石崖造像、东平棘梁山造像、白佛山造像、青州驼山石窟、云门山石窟等；寺院遗址的发掘工作主要集中在济南周

边的长清灵岩寺、济南神通寺及鲁北地区的博兴龙华寺、高青胥家庙；造像窖藏的发掘工作主要集中在青州周边包括青州龙兴寺佛像窖藏、诸城体育场佛像窖藏、博兴龙华寺佛像窖藏和济南县西巷佛像窖藏的发掘；摩崖刻经主要分布在泰安经石峪、邹城四山、东平洪顶山等地。这个时期山东的佛教考古资料，数量较多，地域特色鲜明。其中博兴龙华寺遗址，遗址面积120余万平方米，发掘出土的造像材质类型丰富。青州龙兴寺窖藏造像，题材丰富，雕刻工艺精湛，蜚声海内外。

三是墓葬发掘。此时期的墓葬大部分为石室墓或砖室墓，较重要的有东阿曹植墓、临沂洗砚池西晋墓、临淄崔氏家族墓、临朐崔芬壁画墓、济南章丘城角头唐代墓地等。曹植墓的发掘，从墓葬形制到随葬品都堪称标准器，对于研究曹魏时期的丧葬制度、社会历史都有着重要意义。洗砚池晋墓是山东地区晋代考古的重要发现，对于研究晋代社会、特别是晋代琅琊国的政治、经济、文化具有重要意义。临淄北朝崔氏家族墓地是山东迄今发现规模最大、时间跨度最长的北朝时期家族墓地，为研究北朝时期的墓葬形制和典型器物提供了珍贵的实物资料。临朐崔芬壁画墓中壁画保存较完整，对于研究当时的社会生活、风俗习惯及绘画艺术等具有重要的价值。

四是陶瓷考古。山东是北方地区瓷器手工业生产较早的地区之一，至少在北朝晚期，瓷器手工业已经在山东兴起。因各地发现窑址均是民窑，文献记载较少。考古发掘的北朝晚期到隋唐时期的窑址有淄川寨里、枣庄中陈郝、曲阜宋家村等窑址。枣庄中陈郝窑从北朝一直延续到宋元时期，地层、遗迹打破关系清楚，出土遗物丰富，各期窑具和瓷器特点明显，为山东地区古代瓷器和窑具断代提供了重要资料。

八

宋至清考古，谱写山东融合与发展的历史印记

宋至清时期是中国历史上各民族逐渐融合最后形成大一统的时期。金大定八年，设山东东西路统军司，"山东"一名正式为地方行政区划。随着经济的发展和物质生活的不断提高，山东地区在这一时期的考古材料呈现出丰富多彩的特点。

山东这一时期的考古工作主要包括古代城址的调查勘探和明清海防卫所的调查、墓葬的调查与发掘、京杭大运河山东段的调查试掘、内河内海沉船调查与发掘及水下考古工作。

在城址考古方面，对青州宋代城址、无棣县惠民古城、曲阜宋代仙源县城等都进行了调查勘探，并对茌平府前广场宋金元县城遗址进行了发掘工作。明代山东沿海地区出现了加强海防设置的卫、所等防御城堡，周围还密集分布着军寨、烟墩等附属防御设施。近年来已对山东地区的明清海防卫所进行了全面的考古调查。

墓葬发掘是这一时期考古工作进行得最多的内容，如章丘女郎山墓地、济南元代张荣家族墓地、高唐金虞寅墓、邹城鲁王朱檀墓等。这个时期的墓葬以砖室墓为主，

有的墓室中有仿木结构砖雕或壁画。邹城鲁王朱檀墓规模大，出土器物丰富，是山东省迄今发现最大的明代藩王墓，对于研究明代皇室丧葬制度提供了重要实物资料。

对京杭大运河山东段进行调查试掘。京杭大运河山东段全长约643千米，是运河沿线地形最复杂和水工设施最多的河段，至今保留下了闸、坝、码头、管理设施等大量遗迹遗物。运河南旺分水枢纽遗址位于济宁市汶上县，是被文物、水利等领域专家公认的"大运河上科技含量最高"的古代水利工程，它的建成，破解了京杭大运河上"水脊"难题，引汶河水济运河，确保运河全线通航，被誉为"可与都江堰相媲美的治水工程"。为配合运河申遗和南水北调工程，对汶上南旺枢纽、聊城土桥闸、临清戴湾闸、阳谷七级码头等运河水工设施进行了发掘，为运河保护展示提供了重要资料。

开展了对内河、内海沉船的调查与发掘。山东境内大运河纵贯南北，河海相通，自改革开放以来对于古沉船的发掘也是这一段考古工作的一个亮点。内河沉船发掘主要有菏泽元代沉船、梁山宋金河明初古船，内海沉船发掘主要有蓬莱水城元、明古船发掘和昌邑廒里古船发掘。菏泽元代沉船是山东省内已发掘的保存最好、出土器物数量最多、考古研究价值最高的内河古船。蓬莱水城发掘的四艘明代海船，对于研究中国古代船的类别及造船技术、海防史和古代海上交通具有重要意义。结合水下调查和甲午海战课题研究，对威海湾水域进行调查，发现定远舰、经远舰等甲午海战时遗留的战舰，其中对发现的"定远"舰进行了2次水下考古发掘，出土各类文物1700余件，包括大量弹药类文物、船舰残骸构件和生活用品，提取了重达18.7吨的单块船体护甲、通风管、船体钢板等重型文物，"定远"舰沉没位置的发现和出水的各类文物，为研究甲午海战史提供了重要的考古实物材料。

海上丝绸之路考古是落实"一带一路"倡议的重要举措，围绕这一课题，近年来分别对利津铁门关遗址、垦利海北遗址、淄川昆一窑址进行了发掘。铁门关和海北是宋至清时期大清河入海的港口、码头和关口，出土了大量不同时期、不同窑口的瓷器，昆一窑址是明清以来瓷器制作手工艺作坊，展示了明清以来完整的瓷器制作流程。

百年艰苦历程，铸就山东考古辉煌；百项重要发现，彰显山东考古成就。百年征程中，一代又一代考古人接续奋斗，继往开来。回顾百年考古，我们无限怀念先我们而去的傅斯年、梁思永、吴金鼎、王献唐、杨子范、刘敦愿、郑笑梅、张学海等先生。同时，我们欣喜地看到，我们的考古队伍在壮大、基础设施在完善、科技水平在提高、课题意识在加强，一代年轻的考古人正以饱满的热情、昂扬的斗志，奋发有为，戮力前行。我们也欣喜地看到，百年百项重要发现中有近50项成果得到展示利用，且大多免费对社会开放，考古成果转化越来越受到社会各界的关注。考古事业迎来了希望的春天，中国特色、中国风格、中国气派的考古学正以新的姿态立足当今，走向未来。

旧石器时代

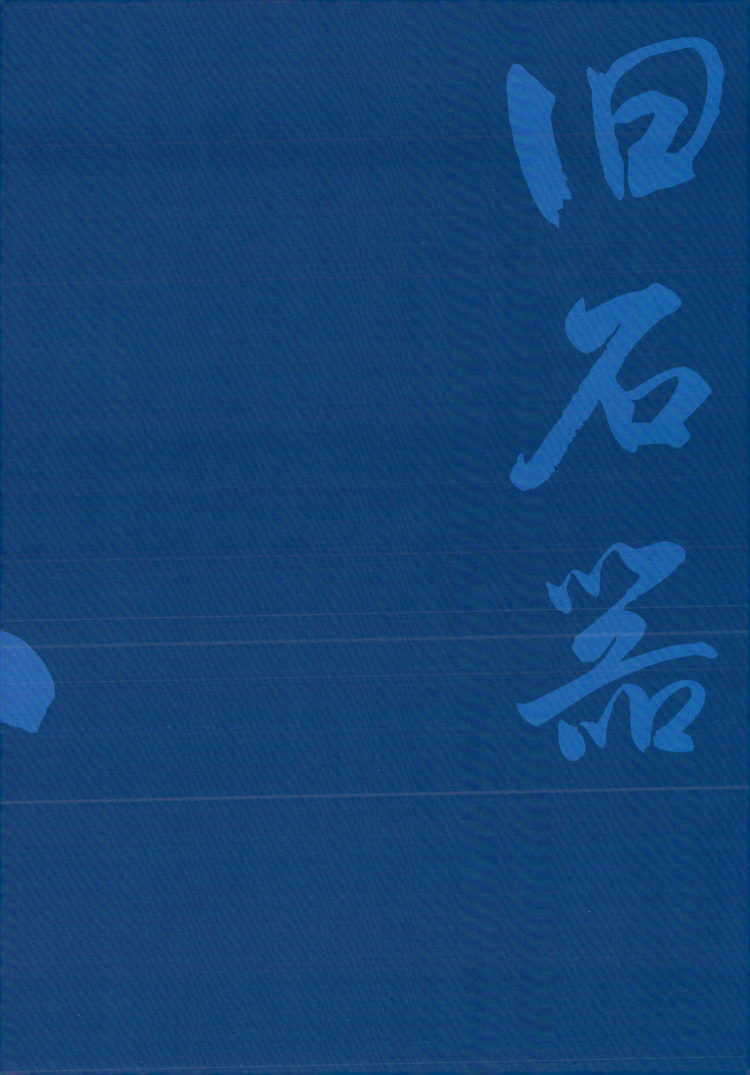
旧石器

1 沂源
[猿人遗址]

历年主要发掘单位

北京大学历史系考古专业　山东省文物考古研究所　沂源县图书馆

历任发掘领队及主持发掘者

吕遵谔

主要参与发掘人员

黄蕴平　　李平生　　夏竞峰　　水　涛　　关学军　　孟振亚　　张　生　　栾丰实

张文明　　杨　雷　　柴向荣　　徐淑彬

"沂源猿人遗址"全国重点文物保护单位标志碑

沂源猿人遗址第二次发掘合影

全国"沂源猿人"学术研讨会

沂源猿人遗址位于淄博市沂源县土门镇骑子鞍山东麓，面积约 200 平方米，属石灰岩洞穴或裂隙，是一处旧石器时代的人类遗址，化石测定年代为距今 50 万—40 万年。

1981 年 9 月 18 日第二次全国文物普查时发现，1981年、1982 年先后进行了两次发掘。出土一批猿人化石以及肿骨鹿、李氏野猪、巨河狸等十几种伴生动物化石。出土的古人类化石后被命名为"沂源猿人"。2006 年被公布为全国重点文物保护单位。

1981 年冬，山东省文化局、沂源县文化部门共同组成发掘小组，进行了第一次试掘，共出土各种遗物 97 件。其中主要有人类牙齿 5 颗，以及各种动物肢骨、牙齿等化石。

沂源猿人头盖骨第一发掘点

1982 年，北京大学历史系考古专业和山东省文化部门，以及山东大学、沂源县文化部门共同组成发掘小组，进行了第二次考古发掘。出土了 2 颗人类牙齿化石，同时发现了 1 颗猕猴的牙齿化石，

沂源猿人遗址第二发掘点

以及大量动物骨骼化石。

两次发掘共出土人类头盖骨化石 1 块，眉骨 2 块，牙齿 7 颗，肱骨 1 块。经鉴定，头盖骨包括有大部分顶骨、部分枕骨和额骨。7 颗牙齿分别为：右下犬齿 1 颗，右上第一前臼齿 1 颗，左上第一前臼齿 1 颗，左上第二前臼齿 2 颗，右上第一臼齿 1 颗，右下第一或第二臼齿 1 颗。从化石的颜色、重复的左上第二前臼齿，以及不同的出土地点，可以断定这些化石分属两个成年猿人个体。在与猿人化石共生的哺乳动物化石中，发现了 1 颗猕猴的牙齿，猕猴常见于安徽和县猿人动物群；在伴生动物化石中发现的肿骨鹿、李氏野猪和巨河狸等动物，则均属于北京猿人动物群中的成员，据此可以断定该遗址的时代应为更新世中期。

对沂源猿人的研究始于 20 世纪 80 年代，从发现沂源猿人头盖骨化石至今，已在专业期刊中发表多篇专业论文。相关研究表明，沂源猿人遗址保存较好，是迄今为止山东地区发现最早的古人类化石，经测定，年代均为距今 50 万—40 万年。该遗址的发现填补了山东地区在全国古人类地理分布上的空白，为研究我国古人类的演化提供了珍贵的资料。同时也对研究第四纪（200 万年前以来）哺乳动物群的分布和当时的地貌环境、气候状况等具有重要学术意义。

（孙倩倩）

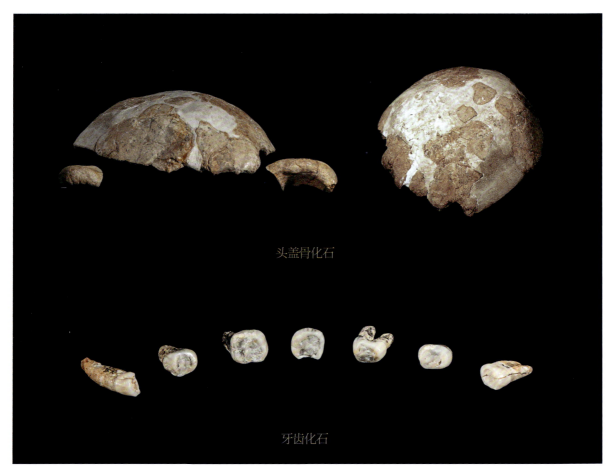

头盖骨化石

牙齿化石

沂源猿人遗址出土化石

2 沂水
[跋山遗址]

历年主要发掘单位

山东省文物考古研究院　沂水县文化和旅游局

历任发掘领队及主持发掘者

孙　波　李　罡

主要参与发掘人员

颜世全　尹纪亮　刘　禄　刘春宇　薛超伟　胡　忠　武进河　等

跋山遗址位于临沂市沂水县沂城街道河奎村，北靠跋山水库溢洪闸约 300 米。经 2021 年第一阶段发掘，确认遗址的文化遗存十分丰富，是目前山东地区发现的十分重要的具有原地埋藏性质的旧石器时代中晚期遗存。遗址的地层堆积厚约 8 米，分为南北二区，初步划分为 14 个层位。2022 年被公布为省级文物保护单位。

2020 年 7 月，水库汛期调洪放水，泄洪河道岸边台地经水流冲刷露出化石及石英，沂水县文化和旅游局协同山东省文物考古研究院对现场进行勘查，确认此为一处旧石器时代遗址。经国家文物局批准，2021 年 4—6 月对该遗址进行了抢救性发掘。鉴于跋山遗址在山东乃至全国的重要意义，山东省文物考古研究院制定了五年发掘和研究规划，考古工作由抢救性发掘改为有计划的主动性发掘，并采用多学科参与的方式，来全面、系统地发掘和揭示遗址的文化内涵。

截至 2022 年 6 月，已揭露文化层 8 个，人类活动面 1 个，发现疑似用火遗迹 3 处，出土、采集石制品及动物化石 5000 余件。石器种类十分丰富，包括锤击石核、砸击石核、盘状石核及各类石片，以及石球、刮削器、砍砸器、尖状器、石钻、锯齿形器等工具。除石制品外，还发现大量动物化石及一定数量的骨器，其中尤以在南发掘区南部探沟发现的一件用古菱齿象门齿修制而成、并保存基本完整的铲形器最为重要。依铲面光滑程度和尺寸特征来看，其人工性质十分明确，这在全国范围内也是首次发现。

此外，还清理出探沟 3 南邻区域内的 3 个古菱齿象下颌骨及 1 段股骨化石，在古菱齿象化石周边还散落大量石英制品及原始牛、赤鹿等动物化石，呈现出一幅生动的古人类狩猎、肢解动物的活动场景。目前对遗址剖面采集的 6 个光释光样品，测年数据显示遗址中上部堆积年代跨度为距今 10 万—6 万年。石制品原料绝大多数为脉石英，来自 2 千米外的西跋山。

跋山遗址地层堆积厚，古人类活动持续时间长；石制品及动物化石数量丰富多样，且含有动物骨、角、牙等制作的工具；存在古人类活动面，揭露疑似用火遗迹和肢解动物的人类行为；尤其是以古菱齿象骨骼为主的动物化石与大量石器间杂分布，对复原、研究晚更新世中晚期古人类对遗址的利用情况及生计方式提供了极为重要的考古学材料。

遗址中上部堆积年代跨度为距今 10 万—6 万年，下文化层时代应更早。因此，跋山遗址所处文化时段关键，地质埋藏堆积过程复杂而丰富，为认识中国及东亚现代人出现与发展提供了重要的新证据；对回答晚更新世中晚期山东地区的自然环境变化，末次冰期东亚现代人起源、迁徙等国际热点问题具有重要的学术价值。

遗址沉积环境为河流相堆积，可见规律清晰的二元结构，属于沂河Ⅱ级基座阶地，基座为古生代石灰岩。依探沟可见，部分以粉砂为基质的文化层为原地埋藏可能性极大，保留的古人类活动信息应更为丰富。最下部底砾层及上覆河沼相静水沉积环境是古人类首次利用的活动面，初步判定为古人类对大型哺乳动物的狩猎、肢解场所。数量丰富的人工制品被发现，反映了古人类在生存策略和行为活动方面具有计划性和前瞻性。同时以象牙铲形器为代表的骨器的制作和使用为探讨现代人行为模式的研究提供了极为重要的实物资料。

（李罡、孙波）

无儿岗

沂

河

跋山遗址旧石器时代中期航拍（由南向北）

跋山遗址旧石器时代中期象牙制铲形器

跋山遗址 2020 年出土旧石器时代中期鹿角

跋山遗址 2021 年上文化层出土
旧石器时代中期披毛犀下颌

跋山水库

溢洪闸

跋山遗址

T2

西跋山

东跋山

象股骨

象下颌2

象下颌3

象下颌1

跋山遗址 2021 年清理下文化层古人类活动面

跋山遗址 2021 年发掘区域及遗迹现象

跋山遗址 2021 年上文化层出土石核

跋山遗址 2021 年上文化层出土石片

3 临沂
[凤凰岭遗址]

细石器遗址历年主要发掘单位
山东省文物考古研究所　中国社会科学院考古研究所山东队
中国科学院古脊椎动物与古人类研究所　临沂市沂州文物考古研究所
临沂市文化和旅游局　临沂市河东区文化和旅游局
历任发掘领队及主持发掘者
陈福友
主要参与发掘人员
孙启锐　李　罡　邢增锐　任进成　张子晓

东周墓发掘单位
山东省兖石铁路文物考古工作队
主要参与发掘人员
杨子范　王树明　刘一俊　李玉亭　张　路　张雪莲　冀介良　李胜利
韩树鸣　王占芹　王省文　姜宏伟　等

　　凤凰岭遗址位于临沂市河东区凤凰岭街道王家黑墩村东一处名为"凤凰岭"的土岭之上，处于沂、沭河之间，最高海拔 75 米。岭上原有五座高大的封土墩，平整农田时将其中三座夷为平地，1981 年发现时仅存两座，一座为后来确认的东周墓，位于凤凰岭中部的最高峰；另一座位于东周墓北 250 米处，封土高 5 米许。2013 年被公布为省级文物保护单位。

　　1982—1983 年，山东省兖石铁路文物工作队对凤凰岭墓葬进行了抢救发掘，清理战国至汉代小型墓葬 88 座，出土陶器、铜器、钱币等文物 100 余件，并在墓葬填土中发现细石器，随即掀开了山东细石器遗址的发掘和研究工作的序幕。2015—2016 年，临沂市沂州文物考古研究所对凤凰岭遗址进行了全面勘探。凤凰岭遗址文化内涵丰富，主要包含早期的细石器遗存和东周墓葬两个部分，因此分别予以介绍。

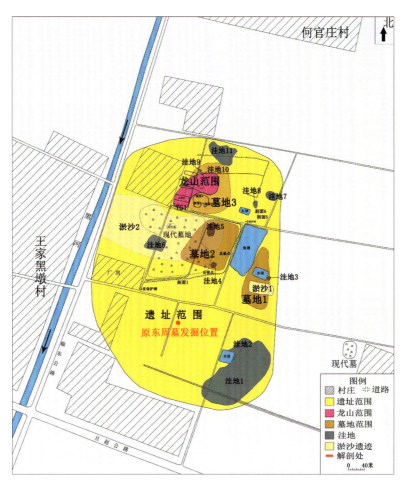

凤凰岭遗址勘探示意图

凤凰岭细石器遗址

凤凰岭细石器遗址是山东省发现的第一处细石器遗址。其中心坐标为北纬35° 04′ 32″，东经118° 29′ 03.8″。主要发掘工作大致可分为两个阶段。

1982年，临沂地区文物管理委员会工作人员发现并采集700余件石制品。包括细石核16件，其中船形5件、楔形2件、锥形8件、柱形1件，另有25件细石叶。石器包括拇指盖刮削器、圆头刮削器、雕刻器及尖状器等。另有几件器形较大的石器，包括7件刮削器和1件砍砸器。此外还有4件磨制石器及1件哺乳动物化石。石制品原料不见于本地，研究者推测来源于几十里或数百里外。

同年，中国社会科学院考古研究所山东队对该遗址进行了发掘，揭露面积400余平方米。出土石制品1493件，地表采集265件，共1758件。石料以燧石及玛瑙为主。石制品半数为石片类，另外有细石核84件，细石叶92件，细石器剥片技术是该遗存

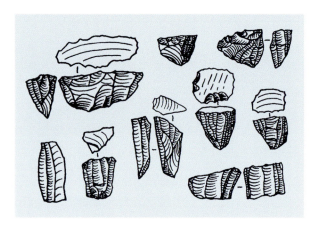

凤凰岭细石器遗址出土的细石核

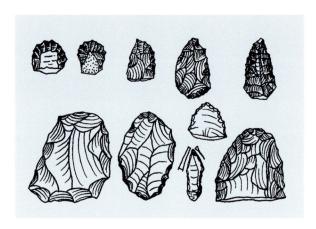

凤凰岭细石器遗址出土的细石器工具

的主要制作工艺。研究者认为楔形石核占全部细石核数量的近 1/3，石片工具包括锥形器、刮削器、单面器、尖状器等。

2017 年 4—5 月，山东省文物考古研究所、中国科学院古脊椎动物与古人类研究所及临沂市沂州文物考古研究所等单位对遗址进行再次发掘，揭露面积 264 平方米，出土各种石制品 400 余件，主要分布于发掘区西南部。石制品种类丰富，包括石锤、普通石核、细石叶石核、普通石片、细石叶、石器、断块及残片等。原料主要为变质砂岩、燧石、石英及石英岩等。石锤直接使用石英岩类砾石；细石核尤具特色，系以燧石质小砾石为原料加工，形状不固定，多为块状、片状，尺寸小，台面和剥片面远端均有修理；与之对应的细石叶也很细小，宽度不足半厘米。石器以刮削器为主，尺寸较大，加工精致，多为单面加工；另外还出土有少量锛状器和矛头状两面器。这些石器多以变质砂岩石片为毛坯，加工精致，形状规整，尺寸较大。本次发掘最重要的收获是确定了凤凰岭遗址的原生地层，并初步确定了细石器遗存的年代。在多个探方系统采集了光释光样品，初步结果显示文化层绝对年代约为距今 1.9 万—1.3 万年。

自 1982 年首次发现以来，凤凰岭细石器遗址受到史前考古学界的广泛重视，有学者提出"凤凰岭文化"概念，用以概括沂、沭两河间的分水岭及附近地带的旧石器时代晚期的细石器遗存。但近年来的工作和研究显示，沂沭河流域细石器遗存的文化内涵并不一致，甚至区别较大。与此同时在其他区域，如汶、泗河流域也存在与凤凰岭遗址相似的细石核类型。山东旧石器时代晚期的文化传统远比以往认识的要复杂，仅用"凤凰岭文化"概括是不全面的。就目前发现及初步研究来看，在更新世末期和全新世初期，山东地区可能有几种文化因素共存，同时伴有细石器工艺与非细石器工艺的交流。

凤凰岭遗址前后两个阶段的考古工作为研究鲁南—苏北区域细石器遗存的存在时间、区域适应特点提供了坚实的基础，对研究中国北方细石器遗存的分布、技术扩散等课题具有重要价值。

凤凰岭细石器遗址 2017 年出土典型器物   凤凰岭细石器遗址采集光释光土样

凤凰岭东周墓

  1982 年 5 月—1983 年 1 月，由山东省兖石铁路文物考古工作队发掘了凤凰岭东周墓葬。该墓葬位于遗址的中南部，由车马坑、器物坑及墓室等组成。

  车马坑位于墓室西部偏北，暴露在断崖上，与墓室相距 20 米许，因早年动土被破坏，仅存两车轮痕迹。

  器物坑位于墓室北 25 米处。长 4、宽 3.01、深 2.05 米，坑内填灰色花土，未经夯打。坑东、西、北三面椁木保存尚好，唯南壁椁木腐朽严重。器物坑内随葬器物放置有序，坑南侧及西南角放乐器，坑北侧及西部放置兵器，坑东部放铜礼器。另有铜削、骨管、骨料、串珠等杂器。

  墓室口大底小，四壁向内倾斜，呈斗形，四周有熟土二层台。墓口南北长 11.2、东西宽 9.45 米。墓室的构筑方法是：挖好墓室之后，在墓底夯筑 0.4 米厚的白膏泥，其中夹有很多柞树叶，在夯打的白膏泥之上用木板架起前后室，后室放置墓主棺椁及 1—4 号殉人与随葬品。前室之底垫以席子，席子之上放置器物。西部随葬陶器，均破碎，有的陶器尚有彩绘图案，在陶器碎片上发现铜剑 4 把、玉器剑饰 2 件。东侧成排、成行放置牛骨等动物骨骼。

  墓室方向朝北，墓主头向东，一棺一椁，放置于后室偏北一侧。棺长 2.5、宽 1.45 米，棺上绕以三匝锡链。棺内发现的随葬器物有玉玦、玉璜、玉佩、玉环等。在后室东南角，发现随葬铜器一宗，多破碎。

墓室内殉 14 人。出土遗物总计 329 件。器物坑出土铜器有鼎、甗等烹饪器，盆、簠、舟、敦等盛食器，纽钟、镈钟等乐器，弓、矢、戈、矛等兵器，以及竹木器、髹漆器物残片。墓前室出土大量牛骨、陶器、4 把铜剑，陶器均破碎；墓后室出土有鼎、盘、簠、镳壶、壶、卣等铜器，还有玉、石一类装饰品及骨角器等。

铜器主要出土于器物坑内，保存状况一般较好，墓室内的铜器残朽严重，多无法复原，仅可辨器物名称和纹饰特点。铜器纹饰以蟠螭纹、蟠虺纹为主体花纹，另外有云雷纹、三角形纹、兽面纹等。器形美观大方、制作精致、工艺水平高。部分铜器有曾被人毁坏的痕迹。玉石器因被盗，多不成组、成套，无法串缀。装饰花纹有虎纹、三角形纹、云雷纹、绳索纹、蟠螭纹等。

陶器主要出于墓内前室，多泥质灰陶，少量陶器陶胎呈黄褐色，质地疏松，烧制火候低。制法以轮制为主，鬲腹足部分和盖钮采用模制或手制。以素面为主，部分陶器饰绳纹兼附加堆纹，陶罐残片上有彩绘图案。

根据出土器物，以及有殉狗、设置腰坑等葬制葬俗，凤凰岭墓葬应为春秋晚期东夷小国的墓葬，结合文献记载及地望，发掘者认为此处可能是妘姓鄅国的墓葬。该墓葬结构复杂，随葬品丰富，使用了多达 14 具殉人，且出土凤头斤、吴越风格的菱形暗纹矛等彼时较为难得之物，推测其为鄅国国君之墓。

（李罡、徐倩倩）

矛　　　　凤头斤

簠

凤凰岭东周墓出土铜器

甗

鼎

凤凰岭东周墓出土铜器

新石器时代

新石器

4 沂源
［扁扁洞遗址］

历年主要发掘单位

山东省文物考古研究所　中国科学院古脊椎动物与古人类研究所　淄博市文化和旅游局

沂源县文化和旅游局　沂源县文物事业综合服务中心

历任发掘领队及主持发掘者

王守功　孙　波

主要参与发掘人员

高　星　刘　武　杨　雷　陈福友　崔圣宽　李　罡　郑德平　刘鸿亮　等

扁扁洞遗址位于淄博市沂源县张家坡镇北桃花坪村北侧一处洞穴内。2004 年发现，2005—2011 年山东省文物考古研究所、中国科学院古脊椎动物与古人类研究所组成考古队进行了三次发掘。发现人类顶骨、枕骨、眉骨、牙齿等化石和动物化石，以及陶器和石磨盘、磨棒等石器。^{14}C 测年数据表明其绝对年代为距今 10000—9500 年，为山东地区发现及确认的第一处新石器时代早期遗址。

扁扁洞遗址远眺

扁扁洞遗址的文化堆积分为4层。表土层中可见新石器时代早期及龙山、春秋时期的陶片等。第2层为黄褐色土，顶部与钙板胶结，出土兽骨和石块及数量稀少的陶片，表面有烧土面和灰烬层痕迹。第3层土色最深、包含物最丰富，含较多兽骨、灰烬及少量陶片，底部常见烧土面及灰烬堆积。第4层为黄色黏土，颗粒细腻，包含物较少，夹杂一些烧土粒和兽骨，陶片甚少见，与下面的

扁扁洞遗址新石器时代早期灶

黄土层较为接近。第5层初步推断为次生黄土堆积，也是最初被人类使用的地表。第6—9层应与洞穴内部地质活动、流水夹带沙土及落石堆积有关。

遗迹有烧土面、灰坑、灶坑等，其中灰坑18座，烧土面和灶坑10余个。烧土面大多直径在0.5—1.2米，厚10—20厘米，灰堆中可见烧骨及炭屑，灶坑周围分布石块，可见垒砌痕迹，坑中多见烧骨。

出土遗物比较丰富，包括石、陶、骨器以及较多的石块、动物骨骼、螺蚌壳、植物果壳等。石器包括磨制石器、打制石器、细石器三类，数量都不多，但以打制者略占优势。石料多选脉石英，另有少量燧石、石英岩。器形有石核、石片、断块、碎屑及3件刮削器和2件不甚规整的细石核。

陶器无复原或完整器，共计160余件。多数为器物的腹部残片，也有口沿、器底及錾手。均夹砂陶，砂为石英砂，伴有少量云母。砂粒一般较粗，器表和内壁往往经过整修。陶片多为红色、褐色，也有红褐、黄褐、灰褐之分。陶质普遍较松软。陶片绝大多数为素面，仅见个别饰以附加堆纹和压印纹，附加堆纹仅一例。陶片厚度普遍接近1厘米，变化范围在0.5—1.6厘米。器形包括釜和钵，可能还有大型的盂、罐等，主要是平底器，造型比较规整，圜底器很少见。

出土的骨器包括骨针、骨锥、骨镖等，都是将动物肢骨劈裂后磨制而成。此外，还清理出很多动物骨骼，但多数都破碎，除了被钙板胶结的外，石化程度普遍不高，很多碎骨都有火烧痕迹，特别是那些出土于烧土圈和灰烬中的碎骨。已鉴定出的动物种类有哺乳类、鸟禽类、鱼类、螺蚌类等，其中以哺乳类动物为主，且多为中小型动物。

扁扁洞遗址是目前山东地区新石器时代最早的一处遗址，

扁扁洞遗址 2006 年发掘现场

处于旧石器时代向新石器时代过渡、农业起源的关键时期，对于研究山东地区新石器时代文化早期状况，早期农业及当时的社会情况具有重要的学术价值。发现的陶器不仅器形上已具有后李文化釜、钵两种主要器物的雏形，器物装饰的素面风格也开创了海岱地区注重器物造型而少着意于器物表面装饰的先河。同时出土的大量兽骨表明狩猎是当时主要的生产活动，而石磨盘、石磨棒的发现证明采集经济亦为当时基本的营生手段之一。

（李罡、孙波）

扁扁洞遗址出土的新石器时代早期器物

5 —临淄
［后李遗址］

历年主要发掘单位

山东省文物考古研究所

历任发掘领队及主持发掘者

王永波　李振光

主要参与发掘人员

王守功　　倪国圣　　刘延常　　靳桂云　　张振国　　张启龙　　董文斌

新
石
器
时
代

　　后李遗址位于淄博市临淄区齐陵镇后李官庄村西北，淄河东岸一片呈半岛状外凸的二级台地上。遗址现存范围东西约 400、南北约 500 米，总面积约 20 万平方米。2006 年被公布为全国重点文物保护单位。

后李遗址车马坑全景

后李遗址 2016 年发现后李文化墓葬

1988—1990 年，为配合济青高速公路建设，对临淄后李遗址进行了连续 4 次较大规模的发掘，揭露面积达 6900 余平方米，被评为 1990 年全国十大考古新发现。

1988 年冬进行的第一次发掘揭露面积近 500 平方米。这次发掘的主要收获是基本了解了后李遗址的堆积状况，在鲁北地区首次发现北辛文化晚期的遗存。更为重要的是在北辛文化晚期地层下发现了一种文化特征和性质尚不明确的文化遗存，尽管由于晚期遗存的破坏，这种堆积在发掘区内保存得极少，出土物也极为贫乏，但其器类单调、陶质疏松、不见泥质陶和三足器的特色，却预示着一种前所未识的新石器时代考古学文化将在这里"诞生"。

1989 年进行的第二次发掘揭露面积近 1200 平方米。此次发掘进一步确认了第一次发掘所取得的认识，发现了商末周初的平民墓地，并在东部探方内发现较大面积的夯土，初步认定为一座大墓的墓道。

1989 年进行的第三次发掘揭露面积 2700 余平方米。此次发掘的主要收获是进一步巩固了第一、二次发掘的主要认识，清理了一大批商末周初的平民墓和部分金代墓葬，发现了较多东周时的居址遗迹。

1990 年进行的第四次发掘，揭露面积 2500 余平方米，清理了两座春秋大型墓和一座春秋大型车马坑。并于 10 月 9—10 日对大墓周围进行了简单钻探，以期进一步了解两座春秋大型墓和车马坑的相互关系和总体布局。

后李遗址连续四次发掘，揭露总面积约 6900 平方米，清理各类墓葬 193 座、水井 43 座、灰坑和窖穴 3764 个、房址 9 处、陶窑 6 座、大型车马坑 2 座、大型围壕 1 座。发现并确认了后李文化，取得了可喜的收获。

1993 年对二号车马坑进行了清理。共出土六匹马、两辆车，埋葬方式为车在下面、马摆放在车上。发掘主要是清理了上部的马骨架，并通过盗洞剖面，了解到下面有车摆放。

2016—2017 年，为配合济青高速公路拓宽工程，对后李遗址进行了第六、七次发掘，实际发掘面积 1075 平方米。发现大量后李、北辛和东周时期遗迹遗物，少量汉代及唐宋时期遗存。共有灰坑 245 个、灰沟 8 条、墓葬 14 座、窑址 2 座，出土陶、石、骨、蚌、铁器等 200 余件。其中，后李文化时期的灰坑 45 个，墓葬 4 座；北辛文化时

山东

百年百项

重要考古发现

1901—2021

036

期的灰坑 23 个，墓葬 4 座；东周时期遗存最为丰富，灰坑较多，墓葬仅发现 1 座未成年人墓葬。

　　在后李遗址首次发现了山东地区早中期新石器时代的考古学文化，并命名为后李文化；同时，首次在鲁北地区发现了层位关系明确的北辛文化遗存，为探讨后李文化与北辛文化的相互关系提供了可靠的地层年代依据。后李遗址也是山东地区首次出土成批的商末周初平民墓葬的遗址，所出随葬品显示出当地土著、殷商和周人的不同风格，为研究周初夷夏交争、民族融合，以及齐地物质文化分期、建立编年标尺等提供了宝贵的实物资料。首次发现并成功清理出的车马配套的大型车马坑，为研究春秋时期齐国的车马制度提供了新的资料。

（李振光、王永波）

钵　　　　盆

大口缸　　　罐　　　瓶

釜　　　　釜

后李遗址出土后李文化陶器

6 — 章丘

［西河遗址］

历年主要发掘单位

山东省文物考古研究所

历任发掘领队及主持发掘者

佟佩华　魏成敏　刘延常

主要参与发掘人员

郑笑梅　郑同修　李曰训　李振光　孙　波　郝导华　兰玉富　高明奎　李鲁滕　王泽冰

张　溯　张子晓　张宗国　宁荫堂　孙　涛　等

西河遗址位于济南市章丘区龙山镇龙山三村西北 500 米处，东距龙山文化命名地——城子崖遗址约 1600 米，坐落在巨野河的支流——西河东侧，属典型的河旁台地遗址。遗址东西 300 余米，南北 400 余米，东北部被窑场取土破坏，现存面积 10 余万平方米，包括后李文化、大汶口文化、龙山文化、隋唐和清代遗存，其中以后李文化遗存最为丰富。2001 年被公布为全国重点文物保护单位。

西河遗址于 1987 年被发现，1991 年进行抢救性发掘，1997 年和 2008 年为配合省道 102 建设进行了两次较大规模的发掘。1997 年的发掘被评为全国十大考古新发现。西河遗址文化层堆积比较水平，大致分为 6 层，其中第 3—6 层、开口 3 层下的房址、灰坑及其出土遗物属于后李文化遗存。

后李文化遗存中，房址最为重要，三次共发掘出 31 座。它们均开口于第 3 层下，打破第 4 层，相互之间少有叠压和打破关系，皆为半地穴式，保存较好，极少发现柱洞。按照形状、面积可分为两类：第一类为大房子，平面呈圆角长方形，面积一般为 25—50 平方米，个别达 70 余平方米，门道在东南或西南部，居住面、穴壁加工较好，居住面可分为居住区、烧灶区、活动区和器物摆放区。居住面、穴壁涂抹一层 0.02—0.05 米的泥，经烧烤呈青灰、黄褐和红褐色，形成坚硬的烧结面。烧灶区位于居住面中央，有 1—3 组灶，每个灶由三个石支脚呈三角形半埋于地下，有主灶、副灶之分。主灶大致与门道相对，支脚较大，埋藏深，使用痕迹明显，有的灶上还置有陶釜。居住面的一角或两角较整齐地摆放着陶器，有釜、罐、碗、壶等，釜的底部多置于地下。

西河遗址后李文化房址 F301

西河遗址后李文化房址 F1 主灶

居住面的一角往往有2—4平方米的范围较平整，多经过烧烤，当为居住区。居住面其他区域多出土石磨盘、石磨棒、石斧等。门道位于南壁东部或西部，有台阶式和斜坡式，有的地面经烧烤。第二类为小房子。平面有的为圆角长方形，有的呈不规则圆形或椭圆形，面积一般10—20平方米，个别有斜坡门道，居住面、穴壁无烧烤等加工现象。居住面上没有灶，但有三石块或石片呈三角形组成的支垫，应是放置圆底陶器，有些房内地面存有大量陶片。此类房子填土为较纯净的浅灰褐土，出土物较少。

陶器造型古朴，制作规整。陶色以红褐色和青灰色为主，火候不匀，器表色彩斑斓，陶胎内外往往呈两三种颜色。陶质较细，多用未经淘洗的原生黏土烧制而成。陶器为手制，烧成温度较低，大多器物破损严重。纹饰以素面为主，有的釜沿下饰一堆锥刺纹或指甲纹，有的釜颈部饰一圈菱形纹或半圆形或鱼刺状的划纹。

陶器以圆底和圈足器居多，平底器很少，目前已发现十几种器形。陶釜是新石器时代早期最主要的陶器，约占总数的2/3以上。大型陶釜一般作为盛器，大者器高超过 50 厘米，发掘时在许多房址中发现此类陶釜完好地半埋在墙内壁下。小型陶器一般作为炊器，高 20—30 厘米，外表多见烟熏痕迹。匜形器也是整个陶器群中最具特征的器物之一，器体大致呈椭圆形。长径一侧为宽口流，另一侧为提梁；短径两侧为叠唇。腹底连成一体，整器重心略偏向有提梁的一侧。高领蛋形壶，方唇直口，叠唇下饰一周戳印纹，颈肩处饰附加堆纹。器身呈鸭蛋形，高约 40 厘米。小口壶，直口圆唇鼓腹圈足，腹部饰一对小横耳，高约 10 厘米。双耳圈足罐，敛口叠沿、鼓腹、矮圈足，腹部饰一对横耳，有的耳两端压成泥饼，以增大同器身的黏合范围。陶支脚有圆柱状、蘑菇状和牛角状三种，前两种长 15—20 厘米，多发现在灶边，其用途有待进一步确定。

据已有的 ^{14}C 测年数据，后李文化的绝对年代在距今 8400—7700 年之间，上限可能已经达到 9000 年，下限延续到同北辛文化早期年代衔接。后李文化延续时间可能长达 1500—1800 年。章丘西河遗址丰富的后李文化遗存，对研究后李文化、完善山东地区考古学文化谱系、聚落考古等都具有重要的学术意义。

（刘延常）

石磨盘、石磨棒

直口蛋形陶壶

陶匜

陶罐

陶釜

西河遗址出土后李文化器物

$\mathcal{7}$ —— 章丘
[小荆山遗址]

历年主要发掘单位

济南市文化局　山东省文物考古研究所　章丘县博物馆

历任发掘领队及主持发掘者

刘伯勤　王守功

主要参与发掘人员

刘善沂　孙亮　于茸　宁荫堂　王芳　等

　　小荆山遗址位于济南市章丘区刁镇茄庄村西南及韩庄村南，因南临长白山余脉小荆山，故名"小荆山遗址"，是以后李文化为主要遗存的遗址。历次调查、钻探、发掘资料表明，小荆山后李文化时期遗址的范围约东西350、南北500米，总面积约14万平方米。在遗址的东部及南部，有大量汉至唐宋时期的墓葬，后李文化环壕以外的西部地区也有少量龙山文化时期的遗存分布。2006年被公布为全国重点文物保护单位。

小荆山遗址全景

小荆山遗址场景展示模型

小荆山遗址环壕展示模型

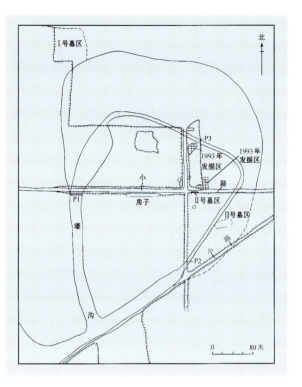

小荆山遗址环壕平面图

　　小荆山遗址经过两次发掘及一次勘探工作。1991年，济南市文化局文物处、章丘县博物馆对小荆山遗址进行了抢救性发掘。发现后李文化时期墓葬21座，采集大量石器标本。1993年秋，山东省文物考古研究所、章丘县博物馆对该遗址进行了第二次发掘，揭露面积450平方米，发现后李文化房址8座，灰坑22个，其中对灰沟（环壕）剖面进行了清理。发掘过程中，对窑场取土坑断崖进行了调查与清理，发现房址31座，墓葬8座。1999年，为配合后李文化课题研究，山东省文物考古研究所对小荆山遗址进行了勘探，确定了以往发现的灰沟是后李文化时期环壕的一部分。为进一步确定环壕的年代和性质，对三段环壕剖面进行了试掘，进一步确定小荆山遗址是后李文化时期的环壕聚落。

　　小荆山遗址后李文化时期的重要遗迹有环壕、房址、墓葬、灰坑等。

　　环壕1座。平面呈圆角等腰三角形，周长约1130米，面积约12万平方米。环壕分为自然冲沟与人工开挖两部分，北部较为规整部分系人工开挖，南部基本利用了原来的自然冲沟。人工开挖部分较规整，上口宽4—6、深2.3—3.6米。自然冲沟部分宽19—40、深3—6米。环壕内分布有大量的房址、墓葬、灰坑等。

　　房址39座，对其中8座进行了发掘。多为圆角方形或长方形半地穴建筑，有的发现柱洞。比较完整的11号房址，长6.32、宽5.25米，面积约33平方米，门道向南。房内有比较明显的布局，在房屋的中部是灶坑，沿四周摆放一些陶器，应为储藏区。房屋的北部地面经过烧烤，应是休息区。

墓地分为三个墓区，共发现墓葬 29 座，其中三号墓区发现 21 座。三号墓区位于环壕内东南部，由于墓区在窑场取土时遭破坏，仅在土场残留的土梁上残存三排墓葬。墓葬呈东西向有序排列，墓圹为长方形竖穴土坑墓，均为单人仰身直肢葬，头向大部分偏东 6°—18°，没有发现葬具痕迹，多无随葬品，个别墓主人手握一蚌壳，有一人头上饰圆骨饼。二号墓区位于三号墓区东北部，在断崖上发现 2 座墓葬。一号墓区位于环壕外的西北部，调查发现 6 座墓葬。

后李文化时期的遗物主要有陶、石、骨、角、牙器等。陶器均为夹砂陶，手制。以素面为主，纹饰有指甲纹、戳印纹、压印纹、刻划纹。器类有釜、匜形器、罐、钵、壶、碗、盆、盘、杯等，以陶釜为主要器类。石器十分丰富，有斧、锤、凿、犁形器、磨盘、磨棒、研磨器、磨石、支脚等。骨、角、牙器主要有锥、镖、镞、匕、凿、刀、柄首器等。

小荆山遗址后李文化房址 F11 平面图

小荆山遗址文化堆积较厚，出土遗迹遗物丰富，为后李文化分期提供了重要的依据。后李文化墓地的发现与发掘，为墓葬习俗及体质人类学研究提供了资料。小荆山后李文化环壕聚落是目前山东地区发现最早、结构最清楚的居址，它的发现，为中国早期新石器时代环壕聚落的研究提供了重要的资料，必将带动海岱地区史前聚落形态及环壕聚落的研究。

（王守功、郭静）

壶　　　　　　　　釜　　　　　　　　盆

小荆山遗址出土后李文化陶器

8 —— 长清
［月庄遗址］

历年主要发掘单位

山东大学东方考古研究中心

山东省文物考古研究所　济南市考古研究所　北京大学考古文博学院

历任发掘领队及主持发掘者

栾丰实　王建华　崔大庸　张江凯　燕生东

主要参与发掘人员

高继习　兰玉富　陈洪波　郭俊峰　付　欣　刘　斌　等

　　月庄遗址位于济南市长清区归德镇月庄村东南，北距长清城区约 10 千米，南大沙河自东南向西北围绕遗址流过。经系统钻探初步确定遗址南北长约 1400、东西宽约330 米，面积约 46.2 万平方米。2006 年被公布为省级文物保护单位。

月庄遗址全景

月庄遗址最早由济南市文物处在 20 世纪 80 年代末文物普查时发现，发现时将其与只有一路之隔的张官遗址分别命名。后经过系统钻探发现，月庄遗址和张官遗址的文化堆积连续分布，因此，可以将其作为一个遗址看待，统称为月庄遗址。1999 年秋北京大学考古文博学院进行了试掘，2000 年春济南市考古研究所进行了抢救性发掘。2003 年 3—6 月，山东大学东方考古研究中心、山东省文物考古研究所、济南市考古研究所联合对遗址进行了较大规模发掘，发掘面积近 800 平方米。

　　遗址的文化层一般厚约 2 米，有的地方达 3 米多。第 1 层为耕土层（扰土层），第 2 层为明清文化层，第 3—5 层为东周层，第 6 层为淤积层（间歇层），第 7 层及其以下层位都为后李文化层。后李文化层和东周文化层之间的间歇层，是一层纯净的黏土层，厚 0.2—0.3 米，里面基本没有人类遗存，二者之间的时间间隔近 5000 多年。月庄遗址以后李文化时期的遗存学术意义最为重要。

　　后李文化时期的遗迹主要包括灰坑、灰沟及墓葬。墓葬形制为土坑竖穴墓。葬式为单人仰身直肢葬，墓内没有随葬品。灰坑以圆形和椭圆形为主，另有少量长方形和不规则形。灰坑中出土有大量的兽骨，经鉴定主要有鱼、鸟、鹿等骨骼。同时，浮选出炭化稻、黍等农作物遗存，为北方地区的农业起源和早期发展研究提供了重要资料。

灰坑 H76

灰坑 H204

墓葬 M5

灰坑 H195

月庄遗址后李文化灰坑及墓葬

　　后李文化地层中，夹砂陶器占绝大多数，泥质陶仅发现十几片。陶色以红褐色和红色为主，另有少量黑褐陶、黄褐陶及极少量的青灰陶。纹饰以素面为主，其次为附加堆纹和压印纹，还有少量戳印纹和泥饼，部分陶器上有饰陶衣和磨光现象。器形主要有釜、钵、罐、壶、碗等，釜的数量最多，形制有带鋬釜、叠唇釜等几类。陶器制法主要为手制，多数器物口部不圆。从陶器来看，此遗址未发现北辛文化的典型器物三足鼎，因而其相对年代应早于北辛文化早期，但与章丘小荆山、西河和淄博后李等遗址出土的后李文化器物相比，这些陶器似乎要稍晚一些，应属后李文化晚期遗存。后李文化其他遗址的器物以叠唇、圆底为主，而月庄遗址的陶器除圆底外，也有叠唇趋势，但不是很典型。

　　月庄遗址出土的后李文化时期石制品较多，石器以磨制为主，大多还经过琢制，器形有磨盘、磨棒、磨石、斧、锛、球等，其中磨盘、磨棒、磨石数量较多。磨盘较有特色，分为有足和无足两类，尤其是有足磨盘的发现，为研究后李文化与中原地区考古学文化之间的关系提供了非常重要的实物证据。

（王强、栾丰实）

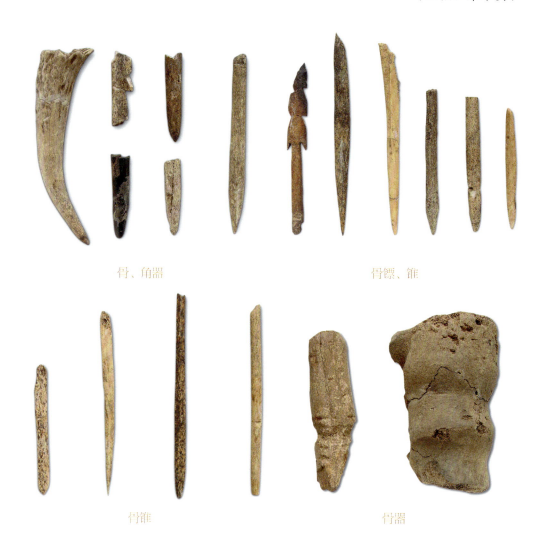

骨、角器　　　　　　　　　　　　　　　　　骨镖、锥

骨锥　　　　　　　　　　　　　　骨器

月庄遗址出土后李文化骨角器

锛　　　　　　磨棒　　斧

石器　　　　　　支脚　　　　　　磨盘

磨棒　　　　　　　　球

月庄遗址出土后李文化石器

釜

圈足钵

碗

钵

罐

釜

釜

釜

釜

釜

月庄遗址出土后李文化陶器

9 潍坊

[前埠下遗址]

历年主要发掘单位

山东省文物考古研究所　　潍坊市寒亭区文物管理所

历任发掘领队及主持发掘者

王守功

主要参与发掘人员

王永波　刘延常　李繁玲　胡常春　党　浩　李胜利　孙来会　潘　波　等

　　前埠下遗址位于潍坊市寒亭区朱里镇前埠下村西 50 米，地处潍河西岸一个东北—西南向的高埠顶上，埠顶高出村庄 16 米。遗址总面积约 10 万平方米，但由于自然冲刷和人工挖土，现存面积不足 2 万平方米。遗址的文化层厚约 1 米，文化内涵以大汶口文化为主，也包含后李文化和汉代遗存。2006 年被公布为省级文物保护单位。

前埠下遗址位置图

　　1996年为配合潍莱高速公路建设文物普查发现前埠下遗址，1997年4月进行勘探，同年5—8月，山东省文物考古研究所与潍坊市寒亭区文物管理所联合对遗址东北部进行发掘，发掘面积约1700平方米。揭露出丰富的大汶口文化遗存，并首次在潍河流域发现后李文化遗存。

　　后李文化遗存仅发现灰坑、柱洞等遗迹，未见文化层。遗物以陶器为主，均为手制，器类单调，主要有釜、钵、器盖等，并以釜居多；均是圜底器。另出土有石斧、凿、锛、锤、磨盘、磨棒、支脚，玉斧、凿，骨凿、镖、镞、刀等器物，以及大量鹿、猪、龟、鱼动物骨骼等。

陶釜　　　　　　　　　　　　　　陶饼形器

玉斧　　　　　　　　　　　　　　玉凿

骨锥　　　　　　骨镖　　　　　　骨镞　　　　　　骨镞

前埠下遗址出土后李文化器物

大汶口文化遗存主要是与居址相关的遗迹与墓葬。遗迹主要有房址 2 座、柱洞及柱坑 206 个、灰坑 224 座等。房基均呈圆角长方形，基槽内面积近 15 平方米，仅保存四面基槽内竖柱，应是方形木骨泥墙四角攒尖顶房屋结构。柱洞和柱坑遍布整个发掘区，分布零散且无规律，很难判断其之间的关系。灰坑集中分布在发掘区南部，根据其用途可分为垃圾类灰坑、祭祀性灰坑、柱坑、窖穴四类。墓葬 33 座，与居址遗迹存在相互叠压与打破关系。这批墓葬均为竖穴土坑，无二层台，无葬具；埋葬方式比较复杂，存在多人合葬墓、双人并穴合葬墓、单人一次葬墓、单人二次葬墓及迁出墓等；大致可分为北、中、南三个墓区，相互间基本在同一条南北线上，各墓区葬俗不同，区内墓葬有早晚之别。

　　前埠下遗址中的后李文化遗存是潍坊地区时代最早的文化遗存，填补了该地区早期史前文化的空白，为山东新石器时代早期考古学文化的研究提供了新的认识和重要实物资料。该遗址的发现，也使得后李文化的分布范围从原来的小清河流域向东推进至潍河流域。其文化面貌特征与其他地区相似，但差异也很明显，可能代表了后李文化在潍河流域的一个类型。后李文化玉器的发现，对我国玉器史编写有重要价值。

　　大汶口文化居址与墓葬时代大致相同，均属大汶口文化中期阶段，遗址出土的陶鼎、豆、罐、壶、杯、器盖等，与汶泗流域的大汶口文化存在着共性，陶器器类与鲁中南大汶口文化中期基本一致，与胶东地区同期文化遗存在器物类型、组合等方面存在一定区别。前埠下遗址中的大汶口文化遗存虽然与鲁北地区同期的对比资料较少，但为研究该地区大汶口文化的区系类型、文化特征等提供了研究线索，具有重要的学术价值。

（党浩、吴文谦）

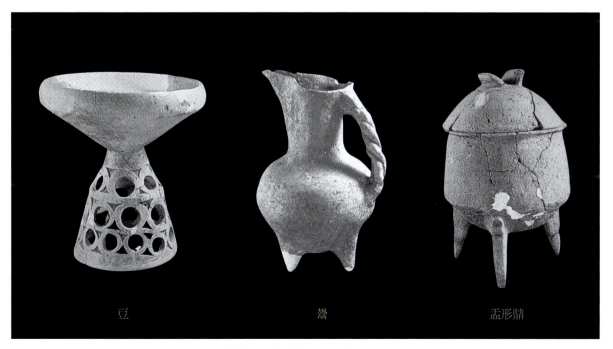

豆　　　　　　　　　鬶　　　　　　　　　盂形鼎

前埠下遗址出土大汶口文化陶器

双系小壶

鬶

深腹钵

矮足鼎

鬶

盂形鼎

前埠下遗址出土大汶口文化陶器

10 滕州
[北辛遗址]

历年主要发掘单位

中国社会科学院考古研究所山东队　山东省滕县博物馆

历任发掘领队及主持发掘者

吴汝祚

主要参与发掘人员

高广仁　胡秉华　万树瀛　霍力民　枣庄市文物管理站的业务人员

　　北辛遗址位于枣庄市滕州市官桥镇北辛村北，地处泰沂山系余脉西南麓延伸地带的山前冲积平原，是滕州东部低山丘陵与滕西平原的过渡地带，地势相对平坦，土地肥沃。遗址东西长约 400、南北宽约 200 米，总面积约 7.5 万平方米。2006 年被公布为全国重点文物保护单位。2022 年入选山东省第一批省级考古遗址公园。

北辛文化遗址公园（由东向西）

北辛遗址发掘现场（由西向东）

吴汝祚先生北辛遗址现场工作照

　　1964 年春，中国科学院考古研究所山东队会同滕县文化馆在滕县境内进行考古调查时发现北辛遗址。1978—1979 年，中国社会科学院考古研究所山东队与滕县博物馆联合对北辛遗址进行了两次发掘，发掘面积 2583 平方米。发现的文化遗存以北辛文化为主，另有少量大汶口晚期文化遗存。

　　北辛遗址发掘面积较大，文化内涵比较单纯，出土遗物数量多，是截至目前发现最为丰富的一处北辛文化遗址。该遗址北辛文化层分为 3 层，厚度达到 1.5 米以上，反映了当时的居民曾在这里生活了相当长的时间。发现了窖穴、墓葬、灰坑等遗存，出土大量石器、陶器、骨角器、蚌器等遗物。经 ^{14}C 测定，其早期距今 7345 年 ±215 年，晚期距今 6300 年 ±200 年，延续 1000 余年，与大汶口文化有着直接的传承关系，是大汶口文化的源头。

　　北辛遗址的石器分打制和磨制两种，打制石器有斧、铲、刀、敲砸器和盘状器等，其中数量最多的是器身扁薄、平面略呈梯形、横剖面为扁椭圆形的石斧，用于砍伐树木或开辟耕地，是一种用途较广泛的工具。磨制石器制作比较精细，有铲、刀、镰、斧、磨盘、磨棒、磨球等，其中铲的数量最多，以硅质灰岩为主要石材，是一种翻土工具。用于粮食加工的磨盘种类有圆角长方形、靴底形、长三角形，其中以长三角形居多；底部有矮足者较为少见。另外，还发现了翻松土地的工具鹿角锄。

　　此外，还出土骨器、角器、牙器和蚌器等工具，制作精致，形制复杂，有骨镞、鱼镖、鹿角锄、蚌铲、蚌镰等与农业、渔猎有关的器物，还有骨凿、锥、匕、针、笄、梭形器等用具。

北辛遗址出土的陶器多为手制，陶色多呈黄褐或红褐色，器类主要有鼎、釜、深腹圆底罐、小口罐、钵、碗、盆、盘、壶和支座等。体型大的陶器多采用泥条盘筑法，器形不甚规整，手制痕迹比较明显。陶器纹饰集中体现了北辛文化先民的审美意识，主要有堆纹、篦纹、乳钉纹、压划纹、指甲纹、锥刺纹、剔刺纹、席纹等，在堆纹装饰中，以窄堆纹最富有特色。另外，个别陶器上遗有酷似鸟类"足迹"的刻划符号，是黄淮地区时代较早的刻划符号。

北辛遗址的纺织、缝纫和制骨等手工业也有了初步发展，在一些陶器的底部清晰地印下了规整的席纹，主要采用一经一纬的人字形编织法，还有的为多经多纬织法。遗址中还出土了一定数量的磨制精细、尾部有穿孔的骨针。发掘中还发现有较多的动物骨骼，其中的猪头骨，被鉴定为"家猪型"；同时还发现了狗、鸡等动物遗骸。

北辛遗址的发现确立了全新的北辛文化，也为大汶口文化找到了来源，对于进一步寻找海岱地区新石器文化的源头，探索东方农业起源等课题，具有十分重要的价值和意义。

（吕文兵）

红顶陶钵

石磨盘与石磨棒

指甲印纹陶钵

三足陶釜

橙红陶盖鼎

北辛遗址出土北辛文化器物

11 烟台
［白石村遗址］

历年主要发掘单位
烟台市博物馆

历任发掘领队及主持发掘者
王锡平

主要参与发掘人员

李前亭　邢宗岱　曹仁敬　迟乃邦　宋芝武　吴洪涛　宋玉娥

孙春源　常永淑　唐巧云　黄美丽　等

　　白石村遗址位于烟台市芝罘区白石街道办事处西南金黄顶北麓的坡地上，总面积2.2万余平方米，是胶东地区目前发现时代最早、最为典型、性质单纯的贝丘遗址。2006年被公布为全国重点文物保护单位。

　　白石村遗址发现于1962年。1975年山东博物馆与烟台地区文管组联合试掘，发现了部分遗迹遗物。1980—1981年，为配合施工建设，烟台市博物馆进行了两次抢救性发掘。1995—1996年，中国社会科学院考古研究所环境考古研究课题组对白石村等贝丘遗址进行了调查和试掘。

白石村遗址全景

白石村遗址断崖

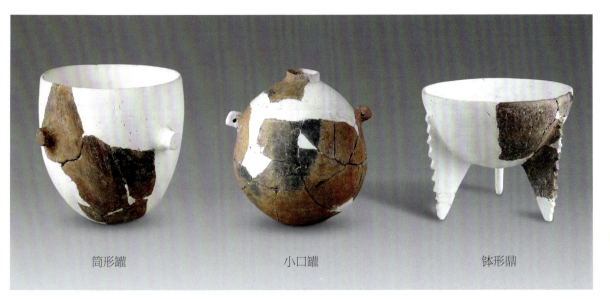

筒形罐　　　　　　　　小口罐　　　　　　　　钵形鼎

白石村遗址出土北辛文化陶器

1980 年和 1981 年的两次发掘，揭露面积 227 平方米。发掘分为东、西两区，全部文化遗存分为两个时期。

一期遗迹仅 2 座墓葬。陶器以夹砂红褐陶为主；多素面，纹饰主要是附加堆纹和乳钉纹；流行柱形器耳；器形有钵形鼎、筒形罐、小口罐、盆、钵、支座等，具有鲜明的文化特征。石器以琢制为主，兼有打制，仅刃部磨光，有斧、铲、锛、锤、砺石、磨棒、网坠、石球等。骨器数量较多，有锥、镞、棒、管、匕、笄等。家猪遗骸的出土说明当时已有了家畜饲养。

二期发现分布密集的柱洞、柱坑房屋遗迹。陶器早、晚段变化比较明显。早段以夹云母红褐陶为主；纹饰以刻划纹、乳钉纹为主，次为附加堆纹；器形有釜形鼎、盆形鼎、筒形罐、小口罐、钵、三足钵、器盖、支座、网坠、纺轮等。晚段夹云母红褐陶减少，夹滑石红褐陶增多；纹饰以附加堆纹为主，次为乳钉纹、刻划纹；出现彩陶，图案以黑色单彩的三角加平行斜线纹和弧边三角双勾涡纹为主；器形中釜形鼎消失，新出现罐形鼎、鬶、觚形杯等。早、晚段均流行蘑菇形器耳。石器早、晚段变化不大，以琢制刃部磨光为主；斧与磨盘、磨棒的数量较多。骨器早段较多，晚段较少，有锥、针、镞、矛、匕等。地层中粟、黍植硅体的发现，证实已有旱作农业。家畜主要为家猪。

白石村遗址的揭露面积虽然不大，但地层关系清楚，出土遗物丰富，对其文化内涵有比较全面的认识。一期文化是胶东地区最早的新石器时代遗存，年代相当于北辛文化中期。二期文化分早晚两段，分属于胶东地区的邱家庄一期文化和紫荆山一期文化，年代相当于北辛文化晚期和大汶口文化早期。尤其是在胶东第一次发现了早于福山邱家庄、蓬莱紫荆山等遗址的白石村一期文化，为建立胶东原始文化序列、探讨胶东原始文化的起源提供了非常重要的材料，也是探索我国早期新石器文化形成与发展的珍贵资料。

（赵娟）

12 汝上

[贾柏遗址]

历年主要发掘单位

中国社会科学院考古研究所山东队　山东省文物考古研究院　济宁市文物考古研究室
汝上县文物旅游局

历任发掘领队及主持发掘者

胡秉华　高明奎

主要参与发掘人员

梅圆圆　孙启锐　孙倩倩

贾柏遗址航拍图（由南向北）

贾柏遗址北辛文化墓葬

贾柏遗址北辛文化房址

贾柏遗址局部断面暴露文化堆积

贾柏遗址位于济宁市汶上县城东郊苑庄镇东贾柏村东南的高台地上，遗址现存面积约 3.5 万平方米，文化内涵以北辛文化为主，是一处保存较好、堆积丰富、结构完整的北辛文化聚落遗址。2006 年被公布为全国重点文物保护单位。

贾柏遗址为 1986 年文物普查时发现。1989 年春和 1990 年春，中国社会科学院考古研究所山东队对遗址进行钻探和发掘，证明该遗址是一处北辛文化聚落遗址，出土一批典型的北辛文化陶器、石器、骨角牙器等文化遗物，尤其是墓地的发现，在山东地区尚属首次，对深入研究北辛文化的葬俗具有重要意义。

1989 年春、夏之际，在遗址东侧地面上陆续采集到百余件小石器，有石核、石片、刮削器、尖状器、雕刻器等，多由黑色燧石和石英石直接打制而成，此后经大范围调查，在汶上、兖州、宁阳等地相继采集到此类标本。

2017 年冬至 2018 年春，山东省文物考古研究院对遗址保护范围内进行考古调查和勘探，确认包括贾柏遗址在内的遗址及墓地 8 处，同时确认小石器地点 8 处。本次考古工作的收获在于，进一步明确了遗址的范围和聚落结构，虽未发现相关文化层，但通过调查基本摸清了分布范围，同时通过对周边地貌环境的详细记录和考察，为进一步探究小石器源流问题奠定了环境基础。

遗址中部和外围发现两条壕沟。内圈位于遗址中部，外圈位于遗址东侧、南侧和西侧，与遗址外围的大片洼地相连，从而对遗址形成环抱之势。发掘与勘探资料显示，遗址的核心区位于内圈壕沟以内，遗迹较多、种类丰富，内圈壕沟与外圈壕沟之间仅

贾柏遗址采集石器标本

东贾柏村东南细石器地点

见少量遗迹，外圈壕沟以外则鲜有文化堆积发现，推测贾柏遗址应经历了由内向外逐步扩张发展的过程。

　　贾柏遗址是汶泗流域典型的北辛文化遗址，完善了北辛文化谱系，对海岱地区北辛文化研究具有重大贡献，尤其是环壕聚落的发现，为探讨北辛文化聚落形态提供了重要资料。墓葬的发现为探讨北辛文化的葬制、葬俗及反映的社会形态提供了重要资料。尤其是墓葬与居址区分离，且单独形成墓地，排列整齐，随葬品数量普遍较少或没有，显示出一种较为平等有序的社会关系。发现的人骨拔除侧门齿习俗，也为北辛文化与大汶口文化的承袭关系提供了例证。贾柏遗址的发掘为追寻汶、泗流域新石器时代文化的渊源问题提供了新线索，也为小石器研究增添了重要实物资料。

（梅圆圆）

13 泰安
[大汶口遗址]

历年主要发掘单位

山东省文物管理处　　济南市博物馆　　山东省博物馆
山东省文物考古研究所　　泰安市岱岳区文化和旅游局

历任发掘领队及主持发掘者

杨子范　　张学海　　张江凯　　孙波　　高明奎　　崔圣宽

主要参与发掘人员

殷汝章　　刘锡曾　　郑笑梅　　吴诗池　　朱超　　吕凯　　曹军　　杨小博　　梅圆圆

　　泰安大汶口遗址位于泰安市岱岳区汶口镇南端的卫驾庄和宁阳县堡头村之间，平面略呈东南一西北方向的圆角长方形，大汶河从中部自东向西穿过，将遗址分为南北两部分，北岸面积约 25 万平方米，南岸约 20 万平方米。1982 年被公布为全国重点文物保护单位。

　　1959 年在汶河南岸宁阳堡头村村西进行首次发掘，发现一处大汶口文化中晚期完整墓地，清理出 133 座墓葬，出土了极为丰富的具有代表性的随葬器物，墓地内精美的随葬品及巨大的贫富差距引起了当时学界关于我国古代社会性质和私有制起源的大讨论。

　　1974 年、1978 年，在卫驾庄南紧靠汶河北岸一带，进行了第二、三次发掘。是发现了大汶口文化早期墓地中存在分组埋葬现象及一批随葬器物丰富的早期大墓，为研究大汶口文化早期的社会结构和形态变化提供了新线索，提示大汶口文化早期遗址中即表现出社会分化的明显迹象，证明当时已成为一处聚落的中心。二是获取了一批北辛文化的房基、灰坑等遗迹和石、骨、陶器等文化遗物，为了解北辛文化的面貌、特征及其与大汶口文化的因袭关系等提供了珍贵资料。

　　2009 年，为配合大汶口遗址保护规划的制定，山东省文物考古研究所对遗址进行了全面考古勘探，基本摸清了遗址的规模和文化堆积的分布状况，对聚落布局也有了初步认识。

大汶口遗址 1959 年发掘现场

大汶口遗址 1974 年发掘区

大汶口遗址合葬墓 M2002

大汶口遗址大型墓葬 M10

大汶口遗址墓葬 M1013

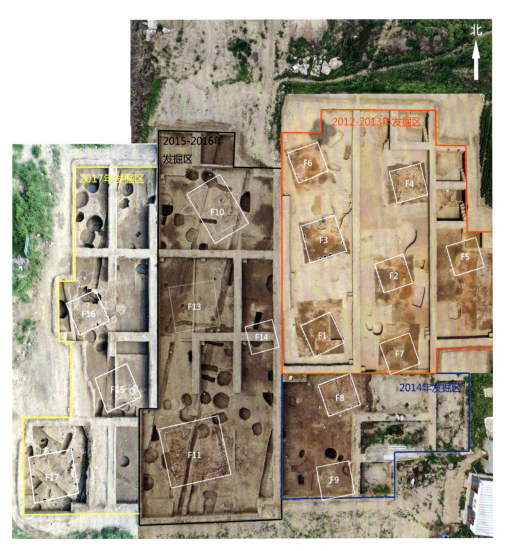

大汶口遗址早期居址区房址分布图

2012—2017 年，为配合大汶口国家考古遗址公园的建设，山东省文物考古研究所连续六年对该遗址进行考古发掘，发掘位置选取汶河北岸、泰曲公路东侧的红烧土分布密集区。此次发掘最重要的发现是揭露出一片较完整的大汶口文化早期的居住区。该居址位于遗址最上层，基本属于一次集体性建筑行为。里面的房址分布密集且规律，其中房址 F11 面积约 30 平方米，形制考究，与其他小房址形成明显反差。该居住区的发现进一步丰富了对大汶口文化聚落形态和社会性质方面的认识。

历年发掘表明，大汶口遗址延续时间长久，文化序列完整，从出土地层和遗物的关系中找到了大汶口文化承袭自北辛文化的确凿证据，并且可将大汶口文化早、中、晚三期的文化面貌进行完整补充，为构建并完善海岱地区史前考古学文化谱系提供了重要的材料支撑。大汶口遗址作为大汶口文化的命名地，丰富的文化内涵实证了海岱史前文化谱系的清晰脉络，为探索中华文明起源提供了重要资料，在中国考古学史中具有里程碑的意义。

（梅圆圆、高明奎）

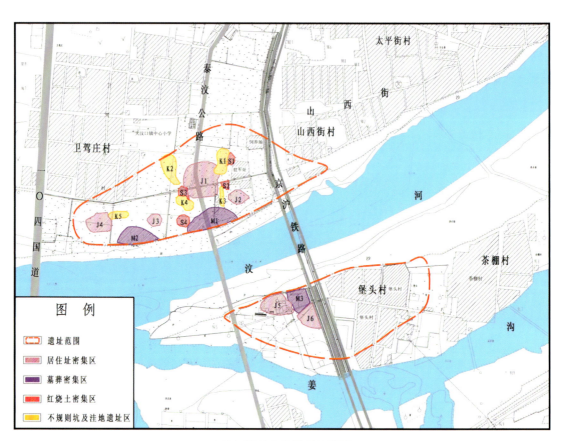

大汶口遗址文化堆积示意图

大汶口遗址早期房址 F6

陶觚形杯

彩陶八角星纹豆

彩陶釜

彩陶鼓

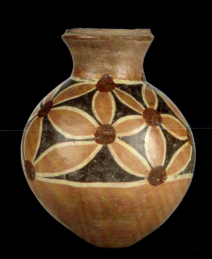

彩陶壶

大汶口文化早期器物

大汶口文化中晚期器物

象牙梳

白陶鬶

骨雕筒

彩陶背壶

红陶兽形鬶

大汶口文化中晚期器物

14 兖州
［ 王因遗址 ］

历年主要发掘单位
中国社会科学院考古研究所山东队 济宁行署文化局文物科及各县文物干部
山东大学历史系 吉林大学历史系 等
历任发掘领队及主持发掘者
高广仁
主要参与发掘人员
胡秉华 吴汝祚 韩榕 沈强华 蔡凤书 孟祥才 马良民 张文军
山东大学历史系考古专业 75 级学生 济宁地区文物训练班学员及各地文物干部 等

  王因遗址位于济宁市高新区王因街道王因村东南，以新石器时代大汶口文化早期遗存为主，兼有少量北辛文化晚期遗存，周边还有少量汉及宋代遗存。遗址南北长约300、东西宽约 200 米，总面积约 6 万平方米。地势较周边稍稍隆起，高差约 1 米，属台地地貌，东距泗河 4 千米，北边与村庄临近，其间有一条东西向洼沟向遗址西南延伸，沟崖多处暴露出砂层，可能为一条古河道，东、南两侧地势平坦。2006 年被公布为全国重点文物保护单位。

  1975 年秋，遗址偏东处修建一条南北向道路，在挖掘两侧排水沟时露出数座新石器时代墓葬。同年冬，中国科学院考古研究所山东队会同济宁市文物局进行实地考察，确认为一处大汶口文化遗址，并于同年 12 月进行试掘。1976 年春至 1978 年秋，又先后进行了六次发掘，发掘总面积约 10180 平方米。1975 年冬与 1976 年春所开探方均为 5 米 × 5 米，由于墓葬叠压打破关系复杂，在清理时常需要扩方，为此，自 1976 年秋，均以 10 米 × 10 米为一方。因遗址发掘面积大、文化遗存丰富，发掘工作任务量大，先后有十多家单位参加了该遗址的发掘工作，当地各级领导也给予了充分的帮助，极大推进了此项考古工作开展。

  遗址文化堆积大致分为 5 层，第 1 层为耕土层，第 2—4 层为大汶口文化早期，第5 层为北辛文化晚期，以下为生土层。

提梁陶鬶鼎

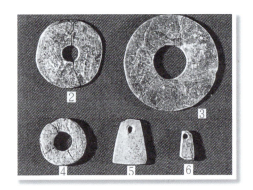

石环及绿松石耳坠

其中，北辛文化晚期遗存包括 6 处柱洞、34 处灰坑，出土相当数量的陶、石、骨、角、牙、蚌等生产生活用器，以及 3000 余件动物遗骸。当时，在鲁中南及苏北地区，典型的北辛文化遗址仅发现 10 余处，因此这批资料十分珍贵。其显示出北辛文化遗存被直接叠压在大汶口文化早期地层之下，明确表明大汶口文化早期晚于北辛文化，为进一步认识北辛文化面貌特征提供重要资料。同时，这批北辛文化遗存在面貌特征上起到承上启下的作用，为研究当地史前文化发展序列增添了重要的一环。

王因遗址清理出大汶口文化墓葬 899 座、房址 14 座、灰坑 389 座以及少量柱洞，出土石、陶、骨、玉、蚌、牙、角等不同质地的器物，以及大量动物遗骸。遗存以大汶口文化早期为主，其中揭露出一片较为完整的大汶口文化早期墓地，为认识鲁中南地区大汶口文化早期的文化面貌及葬俗提供了丰富资料。同时，遗址中出土的各类生产、生活用具、墓葬内随葬品及亚热带动物遗骸，对史前生活习俗、埋葬方式、人类体质特征和史前环境等的研究，均具有重要意义。

（刘晨、郭静）

彩陶钵

彩陶盆

彩陶觚形杯

彩陶杯

王因遗址出土大汶口文化陶器

15 邹城

[野店遗址]

历年主要发掘单位
山东省博物馆　邹县文物保管所
历任发掘领队及主持发掘者
郑笑梅
主要参与发掘人员
韩树鸣　吴诗池　张江凯　各地市文物干部　等

　　野店遗址位于济宁市邹城市（原邹县）城南 6 千米的野店村村南。遗址现存东西宽约 700、南北长约 800 米，总面积约 56 万平方米，呈北部向南倾斜的慢坡状。时代主要为大汶口文化和龙山文化时期。2013 年被公布为全国重点文物保护单位。

　　遗址发现于 1965 年。1971 年春，试掘中发现了丰富的大汶口文化遗存。1971—1972 年春，连续揭露面积达 1660 平方米，遗迹以大汶口文化时期为主，计有灰坑 17 个、陶窑 1 座、房址 6 座、猪坑 2 个、墓葬 89 座，另有龙山文化灰坑 6 个、房址 1 座，以及零星周代、汉代遗存。

　　大汶口文化灰坑以圆形袋状平底为主，体型较小。陶窑仅残存火膛和五条火道，具备了横穴窑的基本特征，窑室结构先进。房址有圆形和方形两种：方形房址均为残基，仅存方形柱洞；圆形房基原为半地穴式建筑，其中 F2 有柱洞圈、斜坡门道及居住面。另发现猪坑，内均埋一只整猪。

　　大汶口文化墓葬主要分布于三个发掘区内，其中 Ⅱ 区与 Ⅳ 区最为集中。墓葬特征表现在：（1）空间上为分群埋葬，Ⅱ 区与 Ⅳ 区中，大型墓葬、儿童墓葬、成人中小型墓葬分区清晰，排列规律；Ⅰ 区墓地叠压打破关系复杂。（2）大汶口文化墓葬均为长方形竖穴土坑墓，部分有二层台；有二层台的墓葬，大多有木质棺椁葬具；婴幼儿墓葬多用残陶器覆盖，应与瓮棺葬俗有关。（3）墓葬方向以东西向为主，少量为南北向。（4）葬式以单人仰身直肢葬为主，十座合葬墓均为男左女右陈放。（5）墓主人有手握獐牙，随葬猪下颌骨、肢骨或整猪，随葬龟甲等现象。（6）随葬器物中，生产工具多放置在墓主腰部或身旁一侧，男性多随葬石斧、铲、锛等，女性多随葬纺轮；玉、石及陶制装饰品佩戴于墓主身体上；日用陶器放置于人骨左侧或头端、脚端；另有二层台四角放置同类陶器的现象。

大汶口文化遗物包括生产工具和生活用具、装饰品与其他器物四类。生产工具以石器为主，包括铲、锛、刀等，另有少量骨角器及陶纺轮。生活用具主要为陶器及骨器。陶器分泥质与夹砂，偏早阶段主要为红陶；中期为青灰陶，黑陶以黑皮陶为主；晚期灰陶、黑陶成为主要陶色，白陶、乳黄陶数量少。彩陶纹饰多样，包括云雷纹、ㄹ形纹、ㄷ形纹、花瓣纹、旋涡纹、八角星纹等。陶器制法以手制为主，少量慢轮修整，晚期阶段有少部分轮制陶器。陶器器形有觚形杯、鼎、豆、盘、鬶、盉、罐、壶、单把钵等。装饰品材质包括玉、石、骨、角、牙、陶，器形有笄、束发器、镯、环、坠、管等。另有骨牙雕筒、龟甲器、獐牙、鹿角坠形器等。

野店遗址中的龙山文化遗存地层叠压在大汶口文化地层之上，证明了山东地区龙山文化相对年代普遍晚于大汶口文化晚期，为进一步探讨龙山文化与大汶口文化的渊源关系提供了证据。另外，遗址中发现的大汶口文化各个阶段的墓葬资料，为研究大汶口文化的文化序列、社会结构与分层提供了重要依据。

（张强）

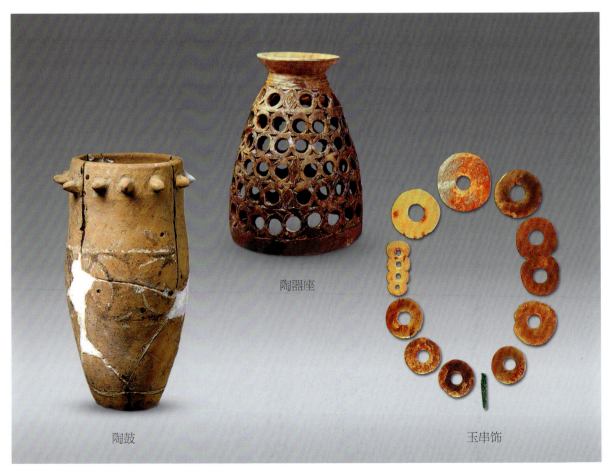

陶器座

陶鼓

玉串饰

野店遗址出土大汶口文化器物

16 即墨

[北阡遗址]

历年主要发掘单位

山东大学考古学系　青岛市文物保护考古研究所

历任发掘领队及主持发掘者

栾丰实　王　芬

主要参与发掘人员

林玉海　宋艳波　靳桂云　王　强　彭　峪　陈章龙　郑禄红

山东大学考古学系 2004、2006、2008、2010 级本科生、2005—2012 级研究生　等

新
石
器
时
代

　　北阡遗址隶属于青岛市即墨区金口镇，位于胶东半岛南部五龙河入海口之丁字湾西南侧。遗址中部略隆起，往东 5 千米即为海岸线，其他三面为低山丘陵。现存遗址面积约 5 万平方米，文化遗存的时代主要为北辛文化晚期、大汶口文化早期和周代。2001 年被公布为全国重点文物保护单位。

北阡遗址发掘现场

北阡遗址大汶口文化柱洞或柱坑

北阡遗址大汶口文化基槽式房址 F44

遗址于 1979 年文物普查时被发现，2007—2013 年，山东大学考古学系和青岛市文物保护考古研究所对其进行 4 次发掘，发掘面积共计 2450 平方米。遗址堆积分为两个时期，下层为北辛文化末期至大汶口文化早期阶段，上层为西周晚期到春秋时期。

北辛文化末期至大汶口文化早期阶段遗存仅存 2000 多平方米，为一处比较完整的沿海贝丘聚落。在聚落中部，发现两处呈西北—东南走向的椭圆形活动场地（小型广场），广场 1 面积约 200 平方米，广场 2 面积约 100 平方米，两者相距约 15 米。广场堆积均为层层筑打而成，中间夹杂有成层的红烧土铺垫层，十分坚硬。广场堆积比较简单，基本没有遗迹；但广场周边却分布着较多的房址和墓葬，且具有错综复杂的打破、叠压关系。

其中房址 100 多座，可以分为早晚五期。建筑类型既有地面式、半地穴式，也有基槽式和柱洞式，有的还前后分间。房址面积大小不一，大的可达 20 多平方米，小的不足 10 平方米。房址显现出两个显著特点：一是发现数量甚多且特别深的柱洞。如有的在 16 平方米的发掘区域中就发现有 30 多个开口于同一层位的柱坑和柱洞，有的则在一个探方内就发现 200 多个柱洞和柱坑。这些柱洞或柱坑的平面形状、大小、坑内填土、坑的深度存在差别，有的坑与坑之间还存在打破关系，说明这片区域作为当时人们的主要居住区曾被多次使用。二是部分房址上堆积有大量红烧土。红烧土呈碎块状，大小不一。有的红烧土外表光滑，当为墙壁的表面，破碎的位置处或有圆形柱子和植物秸秆的痕迹，证明存在墙内柱和草拌泥墙体。红烧土多十分坚硬，表明烧成火候较高。

发掘墓葬197座，其中多人二次合葬墓51座，单人二次葬1座，迁出葬137座，火烧葬8座，未见同时期其他地区流行的单人一次葬。可鉴定人数达44人。二次葬墓以二次合葬最为多见，形制较为复杂，墓坑一般较浅，墓内人骨多为单层放置，也有分两层和三层摆放的现象。除了个别合葬墓的人骨放置较为规则之外，绝大多数人骨摆放十分凌乱，无规律可循。墓主个体人骨缺失十分严重。无葬具痕迹，多数墓葬没有随葬品，有者也极少，随葬有鼎、鬶、罐、觚形杯等陶器和石器，亦有骨器、海螺、猪下颌骨、陶纺轮等。

北阡遗址大汶口文化多人二次合葬 M32

北阡遗址大汶口文化房址 F75 废弃堆积

北阡遗址大汶口文化火烧葬 M102

周代遗存为一环壕聚落，发现围墙基槽、沟、窑、窖穴、灰坑和墓葬等，遗物包括陶器、石器、骨器，少量铜器、蚌器等。6座周代墓葬中多为一椁一棺，均为单人葬，头向东，随葬有铜鼎、铜戈、铜剑等，器物群体现出周文化和土著文化两种风格。

发掘过程中采集了大量的自然样本，并围绕人骨、陶器、石器、动物、植物、环境等开展了深入的多学科综合研究。研究表明，在北辛文化晚期和大汶口文化早期，农业经济以种植黍、粟类作物为主，兼有少量其他类农作物，采集的对象既有禾本科类植物，也有坚果类和水果类植物果实等。动物遗存可以分为陆生和水生两大类。陆生动物中的家畜饲养动物多于野生动物。前者以猪最多，占全部陆生动物的60%左右，家猪和野猪并存。野生动物以獐和梅花鹿最多，约占总数的1/4强。捕捞海水和淡水动物是当地先民重要的生产活动，遗址里发现了众多的各类鱼骨，贝类遗存的数量更是十分可观，多达十万余件。稳定同位素结果表明，先民的食物主要有三个来源，海生动物类资源、陆生C4类植物资源和陆生动物类资源，且三者所占比例大体相当。

北阡遗址是我国北方地区第一次得到完整揭露并最早系统开展多学科合作的贝丘遗址。大汶口文化早期较完整的基层沿海聚落和墓葬资料，对研究胶东地区大汶口文化早期贝丘聚落的发展模式、社会形态、生业经济、人与自然、资源（特别是海洋资源）之间的动态联系等课题具有重要的学术意义。

（王芬、林玉海）

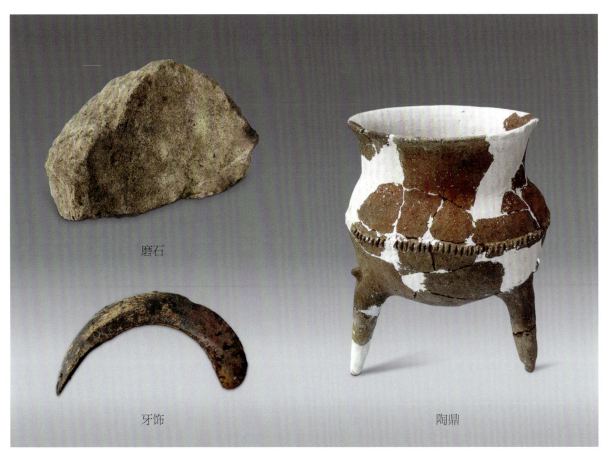

磨石

牙饰

陶鼎

北阡遗址出土大汶口文化器物

17 长岛
［北庄遗址］

历年主要调查、发掘单位

北京大学考古系　　烟台地区文管会　　长岛县博物馆

历任发掘领队及主持发掘者

严文明　　赵朝洪　　张江凯

主要参与发掘人员

葛英会　　赵　辉　　宋向光　　佟伟华　　李权生　　王建新　　王锡平

林仙庭　　所属各县的文物干部

北庄遗址位于烟台市长岛大黑山乡北庄村。遗址南北宽 160、东西长 140 米，总面积约 2.24 万平方米。文化内涵包括新石器时代晚期文化的"北庄一期""北庄二期"及龙山和岳石三个文化时期的遗存。1996 年被公布为全国重点文物保护单位。

北庄遗址发现于 1978 年春。1980 年冬，北京大学考古实习队会同烟台地区文管会（即今烟台市博物馆）和长岛县博物馆的业务人员首次对遗址进行了较全面的考察，并在一处断面上发现了保存较好的房屋建筑遗迹。

1981—1984 和 1987 年，北京大学考古系分别组织本系 77—79 级、81 级、85 级本科生及部分研究生组成考古实习队，与烟台市博物馆及长岛县博物馆合作，对遗址进行了 5 次发掘。除第一次发掘的 7 个探方外，多数探方的编号基本上按照先自西而东、再由南向北逐排顺序编号。5 次发掘共计布方 140 个，连同扩方在内揭露遗址面积累计 4000 余平方米。

共清理出房屋建筑遗迹 94 座，不同时期的灰坑与窖穴 130 余个，墓葬 62 座，猪葬坑 6 座，获得石、骨、蚌、陶以及铜器等遗物 3000 余件。北庄村落遗址是继西安半坡、临潼姜寨之后的又一重大发现。尤其是属于北庄一期文化的海岛村落，是沿海地区迄今发现的一处保存较好的聚落遗址，其年代从公元前 4000 年延续至公元前 1600 年，为山东沿海地区史前时期至青铜时代早期阶段较为完整的文化发展序列，在我国考古史上具有较为重要的意义。同时，考古发现的大量房屋、墓葬、祭坑等遗迹以及各个时期的人工制品，为研究胶东地区新石器时代晚期文化的面貌、特征、房屋建筑技术和聚落形态提供了丰富的实物资料。

（刘长庆）

玉铲

陶鸟形鬶　　　　　陶觚形杯

北庄遗址出土一、二期器物

18 章丘
[焦家遗址]

历年主要发掘单位

山东大学历史文化学院 济南市章丘区城子崖遗址博物馆

历任发掘领队及主持发掘者

王 芬 路国权 唐仲明 宋艳波

主要参与发掘人员

武 昊 陆青玉 边荣伟 高鸿儒 黄梦雪

2013 级和 2014 级本科生 2014—2019 级研究生 等

　　焦家遗址位于济南市章丘区西北 20 千米处、泰沂山系北侧的山前平原地带,主要分布于焦家、苏官、董家和河阳店等村庄之间,南距著名的城子崖遗址约 5 千米,以西约 500 米处有巨野河自东南向西北流过。遗址中部略隆起,总面积超过 100 万平方米。文化遗存主要属于大汶口文化中、晚期阶段,并存在龙山文化、岳石文化和汉代遗存。2019 年被公布为全国重点文物保护单位。

　　遗址于 1987 年考古调查时发现,20 世纪 90 年代进行过调查和试掘工作。2016—2021 年,山东大学历史文化学院考古学与博物馆学系结合学生考古实习,先后 4 次对遗址进行系统调查和发掘,发掘面积共计 2841 平方米。2016 年春,第 1 次对遗址进行系统的调查、勘探和发掘,发掘面积 1100 平方米。发现了丰富的大汶口文化中晚期墓葬、房址、灰坑、灰沟等。2017 年春,对遗址进行第 2 次考古发掘工作,发掘面积 1017 平方米。发现大汶口文化中晚期的城墙和壕沟、墓葬、房址、灰坑、灰沟、陶窑等,确定了目前黄河下游地区年代最早的史前城址,获得了较为丰富的关于聚落范围、布局、结构及内涵等方面的信息。2020 年秋,为配合"中华文明探源工程"等项目的实施,对遗址进行了第 3 次发掘,发掘面积 524 平方米。发现了南城门(通道)、墓葬、房址、灰坑、灰沟等。2021 年春,继续开展第 4 次考古发掘,发掘面积 200 平方米,新发现人工堆筑土台 1 处以及墓葬、房址、灰坑、陶窑等遗迹。

历次发掘发现了丰富的大汶口文化遗存和一批龙山、岳石文化遗存。重要考古发现均属大汶口文化时期，包括大汶口文化中期城墙、壕沟及南城门（通道）、人工堆筑土台、墓葬、祭祀坑、房址、陶窑等。发掘墓葬300余座，其中随葬品较多的大型墓葬数十座，常见玉钺、玉镯、骨雕筒、陶高柄杯、白陶鬶、白陶背壶、白陶杯和彩绘陶器等；祭祀坑十余座，分布于大墓周边，坑内或堆满打碎的陶器，或埋葬整狗、整猪、鹰等；房址百余座，分为半地穴式建筑、基槽式和柱坑套柱洞式地面建筑。灰坑千余座，另有2座陶窑等。出土了大量的大汶口文化遗物，包括陶器、玉器、石器、骨角牙蚌螺器等。

焦家遗址的考古发掘及相关研究取得了丰硕的学术成果：第一，对发掘区域内的聚落布局和聚落变迁有了较为清楚的认识，遗址从早到晚经历了Ⅰ居住期—Ⅱ埋葬期—Ⅲ居住期三个大的发展阶段。第二，明确了城墙的分期和建筑方式及南城门的准确范围、分期和通道上的部分路土。第三，确定了南城门、人工堆筑土台、墓区等遗迹的层位关系。第四，取得一批系统的大汶口文化中晚期的埋葬和祭祀资料。第五，发现了一批大汶口文化中晚期的房址，填补了鲁北地区大汶口文化中晚期阶段居住形态研究的空白。第六，采集了大量人工和自然遗物，积累了较为完整的多学科合作研究的基础资料。

夯土城墙、环绕城墙的壕沟和一批高等级墓葬，大批量高等级器物，如玉器、白陶和彩陶的发现，显示该遗址属于大汶口文化中晚期阶段，为鲁北古济水流域具有政治、经济和文化意义上的大型中心聚落。

焦家遗址大汶口文化大型墓葬

M224

M184

焦家遗址大汶口文化大型墓葬

陶器祭祀坑

H605 第②层

H880 第①层

焦家遗址大汶口文化祭祀坑

　　大汶口文化中晚期大型墓葬直接打破夯土城墙。^{14}C 测定墓葬的年代为公元前 2900—前 2500 年，据此推测焦家大汶口文化城址的始建年代约在公元前 3000 年，应是目前海岱地区发现的年代最早的一处城址。

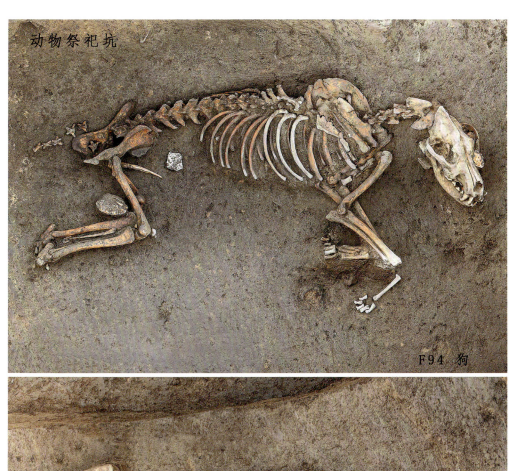

动物祭祀坑

F94 狗

H1105 猪

焦家遗址大汶口文化祭祀坑

　　长期、系统地围绕焦家遗址开展聚落考古和多学科综合研究，对于完整认识大汶口文化的文化内涵、区域联系和社会性质，以及探讨鲁北地区聚落结构和人地关系、深化中国东部地区的文明起源和形成研究具有重大意义和价值。

（王芬、唐仲明）

彩陶壶

玉钺

彩陶尊

白陶鬶

焦家遗址出土大汶口文化器物

19 滕州
[岗上遗址]

历年主要发掘单位
山东省文物考古研究院　滕州市文物局
历任发掘领队及主持发掘者
朱　超
主要参与发掘人员
孙启锐　张　强　房书玉　魏恒川　杨兆国　等

　　岗上遗址位于枣庄市滕州市东沙河街道陈岗村东部漷河两岸。遗址平面呈不规则形，东西最大跨度 1500、南北跨度 1000 米，总面积约 80 万平方米，以大汶口文化中晚期为主。2019 年被公布为全国重点文物保护单位。

　　2020 年 9 月—2022 年 1 月，山东省文物考古研究院连续对该遗址进行发掘，揭露面积约 1100 平方米，发现了丰富的大汶口文化中晚期遗存，包括一圈夯土城墙与壕沟、2 处墓地、31 座墓葬、7 座房址及大量与房址相关的柱坑或柱洞遗迹。

　　城址位于漷河西岸，呈台地状，平面近长方形，东西长约 800、南北宽约 550 米，面积 40 多万平方米。城墙宽度 10—22 米，残高多不足 1 米，壕沟宽度 10—60 米，最深处 2.8 米。城墙有明显夯打加工痕迹，城墙和壕沟也存在多次补筑与清淤现象。

　　发掘时，分南、北两区对城内东南区域居址区与墓地及城外南侧一处墓地进行发掘。南区墓地属大汶口文化晚期偏早阶段，有竖穴土坑墓 16 座，其中，四人合葬墓 1 座，其余均为单人葬。墓葬分布集中，有明显成列排布规律。墓葬等级差异巨大，主要表现在体量、葬具结构及随葬品等多个方面。大型墓葬分布密集，葬具齐全，有器物箱或棺下放置枕木结构。随葬有成套的陶、玉礼器。男性均随葬玉钺或石钺，女性随葬玉器以饰品为主。中型墓多为一棺，随葬品较少。小型墓多无葬具和随葬品。大型四人一次合葬墓极为特殊。该墓长 3.3、宽 3.2 米，葬具为三联棺，带有头箱及边箱，随葬陶器数量超过 300 件。4 人均为男性，自北向南年龄呈递减之势，随葬玉钺从类型、数量、玉质及大小等方面也表现出梯次递减特征，不同墓主间表现有明显差异。

岗上遗址南区大汶口文化墓葬分布

| SM8 | SM10 | SM2 | SM7 |

岗上遗址南区大型墓头箱、脚箱及棺下枕木

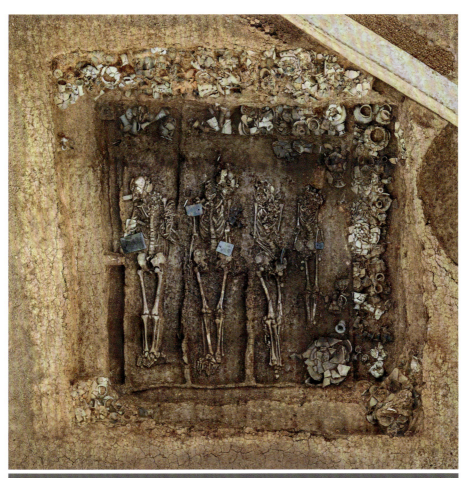

岗上遗址南区四人合葬墓 SM1 及其随葬玉钺排列

岗上遗址北区大汶口文化遗迹分布

北区遗存属大汶口文化中期阶段，房址与墓地相配，集中分片分布。房址错落有致，平面多近方形，可分为基槽式、基槽与柱坑组合式、柱坑式及柱洞式四类，面积多为25—35平方米，可辨门道多为西或北向。墓葬集中分布于房址西部，分为竖穴土坑墓与瓮棺葬两大类，已发掘的12座竖穴土坑墓均为成人墓，又可分为单人大墓、男女双人合葬中型墓和单人小墓三类，不同类型墓葬有明显成组分布规律。特别是单人大墓发现有脚箱及棺下枕木结构，除随葬大量陶器和较多玉器外，另有鹿角锄、鹿角叉形杖、鳄鱼骨板、骨杖形器、陶鼓、龟甲器等礼制随葬品。7座合葬墓都是年龄相近的成年男女双人合葬，有随葬龟甲器、猪、狗的现象。单人葬规模略小，均有彩陶出土。另有3座瓮棺葬位于成人墓东侧房址附近，葬具均为倒扣陶鼎，人骨经鉴定均为不足月胎儿，初判为流产所致。

大汶口文化中晚期（距今5000年前后）是中华文明起源与早期国家形成的关键节点。岗上遗址大型城址的发现，连同一批显示了社会剧烈分化、财富集中于大墓、突出器物箱的棺椁制度及一整套陶玉骨牙器为代表的礼器等，为实证海岱地区以至中华文明五千年历史提供了第一手材料。两处墓地墓葬分群现象格外清晰，这是墓地空间布局经过规划的结果，对研究大汶口文化中晚期墓地性质、家族人群结构及社会组织形式具有非常重要的意义。明器化陶器批量生产及高等级玉、石、骨、角器的出现，显示了岗上大汶口时期聚落手工业的专业化发展，加上以岗上城址为中心的区域聚落群的调查，有助于我们在社会生产和区域聚落形态上理解岗上的中心属性。岗上遗址的发现对于个体聚落形态研究和区域聚落形态研究的结合，以及考察其背后的社会组织结构和变迁等具有重大意义，同时为海岱地区古代社会文明化进程研究提供了一批重要的考古资料。

（朱超、张强）

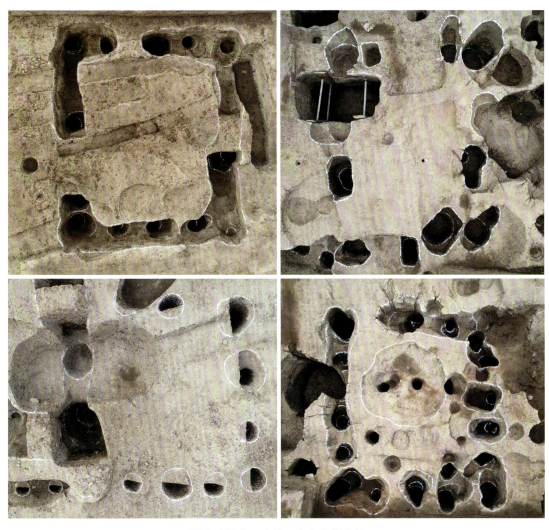

岗上遗址北区大汶口文化中期房址

岗上遗址北区大汶口文化单人二次葬大墓 NM14 及其棺下枕木

岗上遗址北区成年男女双人合葬墓

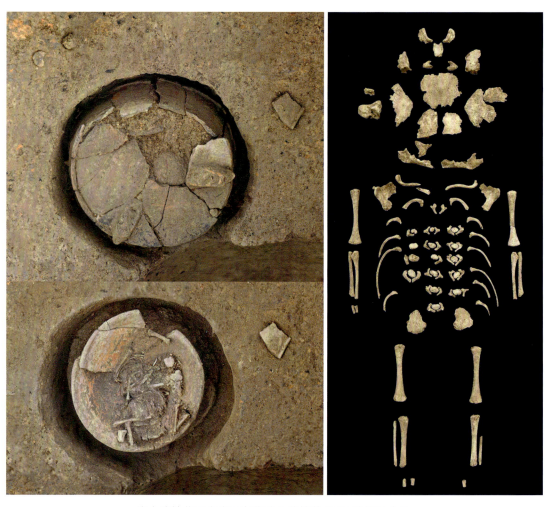

岗上遗址北区大汶口文化胎儿瓮棺葬 NW7 瓮棺及人骨

鹿角锄

玉人面

陶鼓

玉钺

岗上遗址出土大汶口文化器物

20 滕州

［西康留遗址］

历年主要发掘单位

山东省文物考古研究所　滕州市博物馆

历任发掘领队及主持发掘者

王守功　孙　波　李鲁滕　赵国靖

主要参与发掘人员

高明奎　李曰训　魏慎玉　杨广海　杨爱国　蒲坤杉　李　强　魏鑫鑫

西康留遗址位于枣庄市滕州市官桥镇西康留村北，北距滕州市区约 18 千米。遗址南邻薛河故道，西邻小魏河，地处两河交汇处，向东 5 千米为北辛遗址，西南 2 千米是薛国故城，京福高速公路南北穿过遗址东侧。遗址面积约 21 万平方米，包含北辛文化、大汶口文化、商周时期文化遗存。2006 年被公布为省级重点文物保护单位。

1964 年由中国科学院考古研究所山东队会同滕县文化馆进行文物普查时发现，采集了部分大汶口文化陶器标本。1992 年春季，为配合滕州市南部中低产农田改造调水

西康留遗址保护范围示意图

西康留遗址省级保护标志碑

建设工程，山东省文物考古研究所鲁中南考古队与滕州市博物馆合作，对该遗址进行了较为详细的调查和抢救性发掘。此次发掘共发掘面积100平方米，发现灰坑、墓葬（汉代石椁墓11座、大汶口晚期墓葬6座）、夯土等遗迹。

1999年秋季为配合京福高速公路建设，山东省文物考古研究所与滕州市博物馆对遗址进行第2次调查、勘探、试掘工作。此次试掘共开掘探沟4条，发掘面积约为120平方米。发现北辛文化的房子4座、灰坑9个；大汶口文化的夯土台基2个，以及灰坑、墓葬等遗迹。北辛文化遗存的发现和大汶口文化夯土台基的确定，是这次发掘的重要收获之一。对遗址的进一步勘探，确定西康留遗址大汶口文化遗存分为东、西两区，西区面积约8万平方米，东区面积约3.5万平方米。西康留遗址发现的北辛文化遗存主要分布于遗址的西侧，靠近小魏河，发现少量灰坑和房址，时代从早期延续至中期；发现的大汶口文化遗存分布范围较大，时代属大汶口文化晚期；另发现两处夯土台基，夯层明显，从夯层的结构及台基边缘的文化堆积分析，2号台基至少经过三次修筑（或修补），夯土台基被大汶口文化晚期地层叠压，台基下又叠压了大汶口文化晚期的地层和墓葬，可知台基的相对年代也应为大汶口文化晚期。

2010年3月—2012年4月，中国国家博物馆田野考古研究中心和山东大学考古学系合作，在薛河流域开展了为期三年的区域系统调查。调查划定的西康留遗址总面积为57.7万平方米，核心区面积13.7万平方米。

2014年，为加强大遗址保护工作，山东海岱文化遗产保护咨询中心对遗址进行详细勘探。发现大汶口文化城址（4万平方米），遗址总面积21万平方米。

2019年为配合京福高速扩宽工程建设，山东省文物考古研究院对高速路扩建占压区域进行第3次考古发掘。发掘区位于西康留遗址东北部，沿高速桥两侧布设5米×10米探方23个，共发掘面积1300平方米。发掘区域地势南高北低，发掘区中部为一条东西向的明清时期冲沟，冲沟北部多分布大汶口文化时期灰坑和少量汉代墓葬，冲沟南部多分布大汶口文化时期的房址、灰坑、墓葬以及汉代墓葬。

西康留遗址位于薛河出山后和小魏河汇合共同形成的冲积扇平原上，地势平坦、水源丰富，区位优势明显，比较适宜聚落的孕育和发展。区域系统调查和研究的结果进一步表明，西

西康留遗址大汶口墓葬 M27

康留遗址为其周边小聚落群内规模最大的聚落，也是整个薛河流域内目前已知的面积最大的聚落；且根据前期发掘工作，遗址内发现疑似夯土城墙和两处确定的夯土建筑基址，发掘有随葬器物100余件的大汶口文化时期墓葬。可以判断，西康留遗址应为薛河流域内本时期最具影响力的中心性聚落。

西康留遗址的文化遗存分属于北辛文化、大汶口文化、龙山文化、商代、东周和秦汉等多个时期，文化序列较为完整，是考察鲁中南地区社会发展的阶段性演变等问题的代表性遗址。同时，遗存中发现了海岱地区年代较早的大汶口文化晚期阶段的重要城址，出土城墙、夯土建筑台基和规格较高的墓葬等标志性遗迹，周围还有西公桥和小丰山等同时期较小的遗址拱卫，表明其在薛河流域大汶口文化聚落中占据了"中心性"地位。对该遗址开展持续深入的学术研究工作，为探究薛河流域的史前文化、社会、经济、人地关系及其与周邻同时期文化的交流与互动关系，并进—步窥见大汶口文化晚期文明社会的产生背景、社会经济等重要问题具有重要价值和意义。

（赵国靖）

鬶　　　　　高柄杯　　　　　鼎

西康留遗址出土大汶口文化陶器

21 枣庄
［建新遗址］

历年主要发掘单位
山东省文物考古研究所　枣庄市文物管理委员会　枣庄市文化局　枣庄市博物馆
历任发掘领队及主持发掘者
何德亮
主要参与发掘人员
孙波　燕生东　石敬东　李兰昌　郭景新　苏昭秀　徐加军　郝建华　甘志友　朱超　等

建新村（原称前伏村）位于枣庄市西北约 18 千米的山亭区西集镇。遗址坐落在村北侧一片高出周围 1.5 米的平坦台地上，海拔约 94 米。东、南、北三面群山环绕，西部为开阔平原，遗址北侧有一条小河。经钻探，遗址平面呈椭圆形，东西长 205、南北宽 155 米，现存面积 3 万余平方米。文化内涵以大汶口文化、龙山文化为主。2013 年被公布为全国重点文物保护单位。

建新遗址发掘现场

建新遗址大汶口文化房址（由北向南）

建新遗址大汶口文化墓葬

　　为配合枣庄至木石一级汽车专用公路建设，1992—1993 年山东省文物考古研究所对建新遗址进行了两次考古发掘。2006 年为配合枣石高速公路后伏立交建设工程，对该遗址进行了第 3 次考古发掘。总计发掘面积 2000 多平方米，发现大汶口文化、龙山文化房址、灰坑、陶窑、水井、墓葬等，出土陶、石、骨、角器等各类文化遗物 1000 多件。

　　大汶口文化的房址分长方形、方形、圆形 3 种，以长方形为主，方形和圆形次之。房址均为平地起建，有的为防潮，先挖浅穴，垫上红烧土后再建。以单间为主，个别双间。多数面积 10—20 平方米，小者仅 10 余平方米，大的约 40 平方米。房屋门道以西向为多，次之朝北。房基墙体大部不存在，只残留基槽、柱坑和一些柱洞。一般是四周挖基槽，槽内立木柱；有的无基槽，仅挖柱坑，然后栽木柱；也有的基槽、柱坑和柱洞并用。所有居住面不进行加工，室内未见灶址，有的仅发现火烤痕迹，并放置有鼎、罐、背壶、豆、杯等陶质生活用具。

　　灰坑多分布在房基附近，坑口形状有圆形、椭圆形、长方形和不规则形。其中圆形和椭圆形居多，方形较少。有的圆形灰坑制作规整，周围有柱洞和台阶式出入口，个别底部发现木质支架顶部塌落的腐朽痕迹，可能是储藏物品的窖穴，废弃后作为灰坑使用。

　　墓葬均为土坑竖穴墓，东西向，墓坑排列整齐，多数有熟土或生土二层台，分为一侧至四侧，个别发现木质葬具。墓主头向一般朝东或偏东南，方向 90°—110°，面

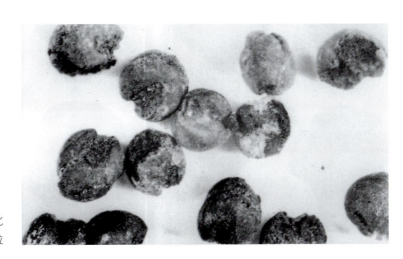
建新遗址出土大汶口文化
炭化粟粒

向上或偏左右。葬式以单人仰身直肢葬为主，亦有成年男女合葬墓。墓内多数放置随葬品，小墓10件以内，大墓100多件，一般为20—30件，个别一无所有。随葬品以陶器居多，有鼎、鬶、罐、尊、瓮、单把杯、筒形杯、圈足杯、碗、钵、薄胎高柄杯、厚胎高柄杯和器盖等；石质生产工具较少，仅发现铲、斧、锛、凿、砺石和纺轮。陶器一般放在墓主脚下，多数置于二层台上，个别陈放在骨架上面；生产工具多置于墓主腰间；陶、石环一般套在手腕或前臂上，石笄插于头部；有的墓主人手握獐牙，个别墓内有龟甲，还用猪下颌骨随葬。有的墓主颅骨枕部人工变形，还有拔牙现象。小孩墓葬一般是用大型陶器打碎后铺盖在死者身上。

大汶口文化的陶器主要有鼎、鬶、豆、背壶、壶、罐、盂、瓶、尊、盆、瓮、碗、甗、缸、钵、薄胎高柄杯、厚胎高柄杯、圈足杯、筒形杯、器盖等。器表装饰以素面磨光为主，纹饰有篮纹、绳纹、方格纹、瓦纹、凹凸弦纹、附加堆纹、锥刺纹、刻划纹、指甲纹、凸棱、乳钉、盲鼻、镂孔、按窝、鸡冠耳、压印纹、篦纹等。

大汶口文化时期的社会经济以农业为主，粮食主要是粟。经过水洗法选出的60粒轻度炭化的粮食籽实，鉴定确认是粟（小米）。此外，还种植有豆类作物。遗址发现较多家猪骨骼，说明当时已有家猪饲养；但同时，还需要狩猎各种野生动物，遗址出土的鹿骨占有较大比重，表明其应是人类肉食的主要来源；另外，作为食物的补充，鱼和各种蚌类在当时的经济生活中也占据重要地位。

龙山文化时期的遗迹比较简单，仅见灰坑，未见相应地层堆积。遗物只有陶器和石器。陶器有鼎、鬶、甗、罐、盆、盒、尊、匜、盘和器盖等。石器较少，器形有斧、锛、镞和砺石等。

建新遗址的大汶口文化年代处于中期偏晚至晚期阶段，为距今5000—4500年，前后延续约500年；其龙山文化的年代则处于中期，相当于兖州西吴寺龙山文化第二期2、3段，泗水尹家城龙山文化第二期。

建新遗址的发现与发掘，对于研究鲁南地区大汶口文化和龙山文化的特征、埋葬习俗、社会性质、聚落形态以及文明的起源等，提供了重要的实物资料。

（何德亮）

石铲

陶鼎

薄胎陶高柄杯

陶壶

陶鬶

陶豆

建新遗址出土大汶口文化器物

22 广饶
[傅家遗址]

历年主要发掘单位
山东省文物考古研究所　　东营市博物馆
历任发掘领队及主持发掘者
张振国　　魏成敏
主要参与发掘人员
冀介仁　李振光　王建国　赵政强　刘桂芹　石念吉　苏凡秋　张宪英
王会田　崔水源　刘志标　闫启新

　　傅家遗址是鲁北地区一处重要的大汶口文化遗址，位于东营市广饶县城南1.5千米的傅家村，潍坊至高青公路的南北两侧，东距广饶南立交约1千米。遗址由东、西高地和洼地组成，面积近20万平方米。2006年被公布为全国重点文物保护单位。

　　傅家遗址在1980年潍高公路拓宽时发现，1984年进行了文物调查，1988年进行了勘探和试掘，1985、1995、1996年多次对遗址和墓地进行了发掘。

　　遗址东侧高地呈南北长椭圆形，南北长约450、东西宽约350米，面积约14.8万平方米。周围分布有洼地，宽30—140米，在高地的北部有出入口，东西宽约100米。洼地的西侧有半圆形高地，南北长约270、东西宽约180米，面积约5万平方米，隔水洼地与东侧高地相对。勘探确知，墓葬区分布在东侧高地的东部和北部，陶器烧造区分布在西侧高地上。

　　发掘出大汶口文化时期房址5座、三联坑1个、水井3眼、墓葬391座，以及少量灰坑、窖穴。

　　房址保存较差，残存有房基、活动面和柱洞。房址呈圆角方形或长方形，南向门道，有的发现有基槽。水井口部呈圆形、椭圆形或长方形，直壁，下部外斜。三联坑的发现较为罕见，呈半地穴式，坑底部有生土棱相间隔，口部有柱洞，填土连成一体。其临近水洼地，应非正常居住址，可能与用水较多的加工作坊有关。

　　墓葬皆为长方形竖穴土坑墓，有的有木棺。发现双人一次合葬墓4座；其中1座

5000 年前开颅术成功的个例

为男性合葬，3 座为异性合葬；1 座为双人叠压在一起埋葬，3 座为二人并列埋葬；随葬品较少或无随葬品。单人一次葬 237 座，其中 120 座无随葬品。单人二次葬 134 座，小孩二次葬 2 座。还有多人二次葬墓。

傅家墓地存在如下特点：（1）墓葬为密集埋葬，且多层、多次埋葬。（2）墓葬分上下 4 层，下面的墓坑深而规整，有葬具；上面的墓坑浅，且不规整。（3）墓葬上层多为二次埋葬，单人二次埋葬占墓葬的 1/3；还有二人或多人二次埋葬。（4）墓葬中存在因战事死亡的现象，如有的骨架上还有石镞和骨刀，有的则存在肢骨缺失的情况。（5）墓葬以平民墓为主，随葬三四件陶器，大量墓葬无随葬品。

墓中随葬品多为陶器，以夹砂或泥质红陶、褐陶为主，器形有鼎、豆、壶、罐、盂、盉等。有的泥质陶器物表面施陶衣、装饰彩绘纹饰。彩陶以红陶衣或褐陶衣为底彩，使用红彩、白彩、赭彩绘制纹饰，如网格纹、涡纹、水波纹、三角纹、竖条纹和圆点纹。夹砂褐陶器物有鼎、豆、罐、钵等，器形齐全，与泥质红陶、褐陶类器物可能分属不同的人群使用。发现较多的玉石器，有玉斧、铲、环、镯、耳坠等，还出土少量的骨锥、匕等骨器。

傅家墓葬中的头骨普遍存在枕骨变形，还有少量的拔牙习俗。M392 出土的头骨上有一圆孔，边缘愈合圆润，经鉴定为人工开颅，将我国人工开颅术提早至五千年前，是我国史前医学的重要发现。

傅家遗址的发现对于研究鲁北地区大汶口文化具有重要意义。遗址外围有水洼地环绕，北面留有出入口，是古人借用自然地形进行改造后对居住址形成的环壕式保护和防御措施。陶器烧造区分布在西侧高地上，实现功能分区。墓葬多而密，分层埋葬，出现大量二次合葬墓，具有浓重的地方特色。出土的器物与鲁南大汶口文化相比独具特色，因此，常兴照先生将广饶的五村、傅家及周边同时期遗存定名为大汶口文化"五村类型"。

（李振光）

山东
百年百项
重要考古发现
1921—2021

玉璧

玉镯

彩陶双鋬罐

彩陶盂

彩陶单耳杯

彩陶鼎

傅家遗址出土大汶口文化器物

23 曲阜
[西夏侯遗址]

历年主要发掘单位

中国科学院考古研究所山东队　曲阜市文物管理委员会

历任发掘领队及主持发掘者

高广仁　任式楠

主要参与发掘人员

薛金度　胡秉华　吴汝祚　冯秉刚

西夏侯遗址位于济宁市曲阜市息陬乡西夏侯村西约 500 米，沂河南岸约 500 米。遗址 1957 年被发现，从地表散布陶片的范围推测，遗址东西约 300、南北约 400 米，面积约 12 万平方米，年代主要属于大汶口文化和龙山文化时期。2013 年被公布为全国重点文物保护单位。

1962 年 9 月，中国科学院考古研究所山东队对西夏侯遗址进行了第一次考古发掘，发掘面积 89 平方米；1963 年 10 月进行了第二次发掘，发掘面积共计 325 平方米。

西夏侯遗址航拍照

发掘资料显示，西夏侯遗址地层共分4层，主要为大汶口文化遗存，遗址第2—4层为文化层。第2层为深灰土，土质较松，厚0.1—0.38米，遗物仅见陶片，遗迹有商代灰坑、龙山文化灰坑等。第3层为黄灰土，土质较上层稍硬，厚0.3—0.53米，遗迹有灰坑、墓葬（上层墓）等，系大汶口文化层。第4层为红黄土，质较纯净，厚0.42—0.6米，遗迹有窑址、墓葬（下层墓）等，属大汶口文化层。两次发掘出土遗物比较丰富，有陶器、石器、骨器等，按用途可分为炊器、盛器、生产工具、装饰品等。

西夏侯遗址保护标志碑（由南向北）

西夏侯遗址的大汶口文化遗存，含10个灰坑、1座陶窑和32座墓葬，出土鼎、鬶、盉、壶、罐、缶、豆、钵、杯等陶器800余件，铲、斧、锛、环、坠、纺轮等石器10余件。

陶窑仅存窑壁基部、火膛和火门，火门正视略呈上宽下窄的梯形，其西上侧与窑壁基部相连，窑址内填满红烧土块，以及松软黑灰土和少量碎陶片。

10个灰坑均位于遗址第3层，坑口呈椭圆形和圆形，多口大底小，坑深一般不足1米，出土陶片、完整猪骨架及蚌料等。

墓葬分为上、下两层。随葬品以陶器为大宗，多为实用器及小鼎和少量背壶等明器。夹砂陶多含细砂，一般火候较高，陶质坚硬；泥质陶多较细腻，绝大多数是素面，有少量彩绘陶。陶色分为红、橙红、橙黄、灰白、青灰、褐、灰、灰黑和黑色9种。陶器多镂孔，纹饰有阴弦纹、齿纹、竹节纹、附加堆纹、隐绳纹、窝纹等。

下层墓葬多为东西向，长方形竖穴，坑底四周留有生土二层台；陶器以灰陶为主，红陶次之，手制，大多经轮修。上层墓葬多为长方形竖穴土坑，墓底四周以熟土二层台居多；陶器以灰陶、灰黑陶为最多，红陶极少，有相当比例的黑陶，手制，普遍使

黑陶镂孔杯

陶鬶

用轮旋修整，出现硬胎橙红陶鬶、白陶背壶、细泥薄胎黑陶高柄杯等制作较精致的器物。上层墓随葬陶鼎多为1—2件，小鼎数量较多，每墓固定随葬1—2件带盖大陶豆，另有大量的中型豆，小型豆较少。下层墓葬中虽也见陶鼎和小鼎一起随葬，但数量不及上层墓悬殊，大型陶豆和小型豆共存。

从墓葬材料中可知，下层男、女墓葬中的随葬品数量差距较小，上层男性墓葬中随葬品数量则普遍增多；下层男、女墓葬中均随葬石斧，而上层则只在男性墓葬中有生产工具。

西夏侯遗址的龙山文化遗存仅见3个灰坑，出土罐、盆、盘、杯等陶器和斧、纺轮、针等石器及少量骨器。陶器以泥质黑陶和灰陶为主，次为夹砂灰陶、黑陶和红褐陶，再次为泥质红褐陶和细泥薄黑陶，白陶较少。夹砂陶掺和的砂粒多而细，多为轮制，少数手制。器表除大量素面外，纹饰有篮纹、凹凸弦纹、堆纹、划纹等，还有镂孔装饰。

西夏侯遗址的大汶口文化墓葬分为上下两层，且遗物变化明显，为大汶口文化的分期研究提供了有力证据；而龙山文化层打破大汶口文化层的发现，为大汶口文化与龙山文化前后发展序列提供了确凿的地层依据，具有重要研究价值。

（刘汝国）

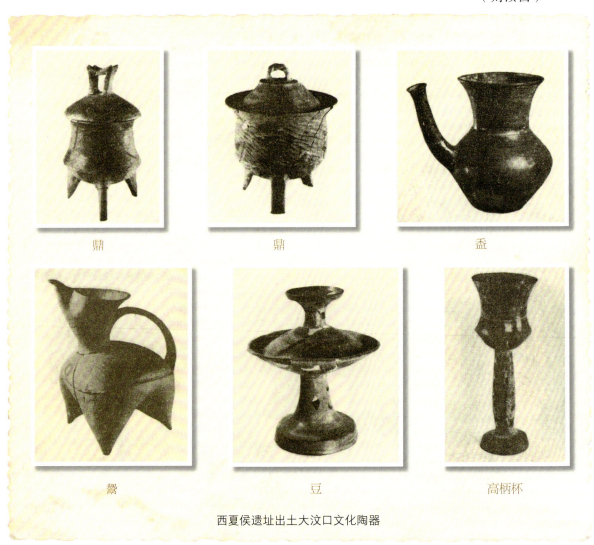

鼎　　鼎　　盉

鬶　　豆　　高柄杯

西夏侯遗址出土大汶口文化陶器

24 莒县
［陵阳河遗址］

历年主要发掘单位
山东省博物馆　山东省文物考古研究所　莒县文物管理所
历任发掘领队及主持发掘者
王思礼　等
主要参与发掘人员
王树明　赖　菲　何德亮　万　良　苏兆庆　等

　　陵阳河遗址位于日照市莒县城东约 10 千米的陵阳镇驻地，陵阳河由东向西穿过遗址北部。因河道改迁，许多遗迹在河床中发现。遗址东西长约 1000、南北宽约 400 米，面积 40 万平方米。年代约相当于大汶口文化晚期阶段，绝对年代在 4800—4600 年，延续时间约 200 年。1992 年被公布为省级文物保护单位。

　　1963、1979 年，遗址分别进行过 3 次抢救性考古发掘，在陵阳河河床南岸河滩、遗址东南和东北部边缘地带，清理出大汶口文化墓葬 45 座，获取陶、石、玉、骨等各类随葬品 1400 余件。

　　墓葬排列比较整齐，但在遗址南部发现较少，且多为小墓，无一定规律，应为墓区边缘地带。大部分墓葬，特别是大、中型墓葬，多集中埋葬在陵阳河河滩南侧，仅在东西长 70、南北宽 30 米的范围内便清理出 25 座墓葬，约占全部墓葬的 71.4%。根据墓葬的平面布局，可分为 4 组：第一组位于河道南岸河滩内，有 25 座墓葬；第二组在第一组西北约 50 米处，为 1963 年发掘的 10 座墓葬；第三组在遗址东北，距离第一组约 60 米许，有 6 座墓葬；第四组葬于遗址东北处，距第一组墓葬 150 余米，有 3 座墓葬。墓葬均为长方形竖穴土坑，一般深 0.3—0.5 米，最深不过 1 米。河滩内清理的墓葬更浅，清除淤沙即到墓口。墓坑一般约长 3、宽 1.7 米，最大墓长达 4、宽 3 米以上。其中有 9 座墓葬有木质葬具。

　　这批墓葬均为单人葬，未见合葬墓。葬式绝大部分为仰身直肢，头向东，方向为 100°—125°，墓主年龄多为青壮年，仅 M16 为老年女性。墓中未见手握獐牙习俗，但盛行用鬶足随葬，并且发现拔牙和枕骨变形的现象。其中拔牙7例，未拔5例。墓内多放置数量不等的随葬品，生产工具多放在棺外，小型器物则放置棺内。随葬品少者5—6件，一般30—40件，最多的160余件。随葬品主要为陶器，有鼎、鬶、罐、盉、尊、匜、瓶、背壶、双耳壶、圈足盘、单耳杯、豆、高柄杯和器盖等，次之为石钺、石斧、骨矛、骨笄、骨雕筒、玉笄和玉坠等。另外，有些墓大量使用猪下颌骨进行随葬，放置部位多在棺外左右两侧。据统计，25座墓葬共随葬164个猪下颌骨，每墓平均6个以上，最多者30余个。中型墓M19，墓室长3.3、宽1.76米，使用长方形木椁，随葬品70多

陵阳河遗址大汶口文化墓葬 M19

件，有石钺、骨筒、骨梳、骨瓶、玉坠和猪下颌骨等。在66件陶器中，有鼎、鬶、豆、壶、罐、瓮、盆、单耳杯、厚胎和薄胎高柄杯以及刻画图像文字的大口尊等。引人注目的是，随葬一件陶质牛角形号。牛角形号为黄褐色夹砂陶，手制，整体呈弯曲水牛角状，喇叭口，中空，一端细。口径8.5、通长39厘米。号身刻划三组微凸的弦线、间刻斜线纹，外形美观，写实风格明显，是一件模仿牛角的实用品，属首次发现，弥足珍贵。墓葬内所放置的大量随葬品，已远远超出个人生活所需，表明墓主人应是具有一定身份和地位的富有者，反映出当时社会地位的差别已十分明显。墓葬中随葬的大量猪下颌骨，同样表明当时养猪业的发达以及财产占有不平等的社会现象。

墓葬中发现了许多与酿酒有关的器物，如酿酒用的陶尊、陶漏缸，盛酒的陶鬶和陶盉，以及饮酒器皿陶高柄杯、筒形杯等，为深入研究我国古代酿酒的起源与发展等提供了重要的实物资料。而陶尊上刻画的图像文字，有的像自然物体，有的像工具和兵器，如斤、斧、锛、戉、戊、旦、封、皇、凡、南、享等，这些图像文字的发现，一度引起学术界的广泛关注，曾被称为"古代文明的火花"。

陵阳河大汶口文化墓葬的发现与发掘，对于研究大汶口文化的社会性质、中国古代文明的起源以及贫富分化的出现等均具有重要意义。有学者认为大汶口文化图像文字的出现与使用，标志着人类社会已经进入或者接近文明时代的门槛。

（何德亮）

黑陶高柄杯

骨梳

玉璧

玉饰件

陶盉

陶牛角形号

陶酿酒缸

大口尊

陶鬶

陶尊

陵阳河遗址出土大汶口文化器物

25 五莲

［丹土遗址］

历年主要发掘单位

山东文物考古研究所

历任发掘领队及主持发掘者

罗勋章　　刘延常

主要参与发掘人员

王学良　　张子晓　　胡常春　　郭公仕　　石念吉　　苏凡秋

　　丹土遗址位于日照市五莲县潮河镇丹土村，西北距县城约 40 千米，东南距日照市两城镇遗址约 4.5 千米，西南为五莲山脉，东距黄海约 15 千米。遗址地处鲁东南砂土丘陵地带，以南、以西为低矮岭地，向东为宽阔平地，两城河自遗址西部绕到北部向东流过。遗址中南部被丹土村叠压，北部地势较高，面积约 33 万平方米。主要包含大汶口、龙山、东周和汉代文化遗存，其中以大汶口和龙山文化遗存最为丰富。1996 年被公布为全国重点文物保护单位。

　　遗址于清末（约 1900 年）由著名学者王献唐之父王廷霖发现。1934 年中央研究院历史语言研究所王湘、祁延霈调查山东沿海地区时该遗址被正式确认。1954、1957 年，山东省文物管理处和山东大学刘敦愿分别进行调查，采集到石器、玉器、陶器等标本。

　　1995、1996—2000 年，山东省文物考古研究所连续对丹土遗址进行 3 次大规模的考古发掘。发现文化堆积厚 0.5—2 米，个别深达 4 米以上。1995—1996 年的普探和试掘，发现了丰富的龙山文化遗存，确认了龙山文化中期城址，在遗址东北部清理大面积夯土（房址垫土）；首次发现大汶口文化晚期遗存，东北部探沟内见有龙山文化早期或更早时期城址的线索。2000 年春的重点勘探，发现大汶口晚期、龙山早期、龙山中期阶段三个连续扩展的城址；在西部、北部和东部发掘的四条探沟，从层位关系和出土遗物证明三座城址的早晚对应关系。2000 年秋的发掘，主要揭露龙山文化中期西城门通道，解剖西部出水口。历次考古勘探与发掘确认大汶口晚期至龙山中期阶段三圈城

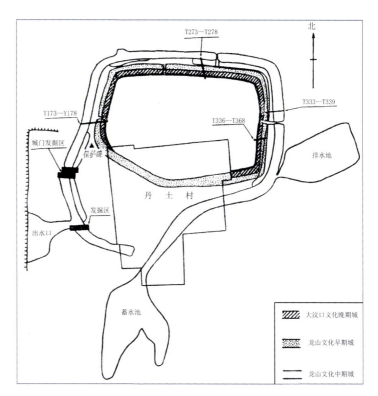

1995—2000 年
丹土遗址平面图

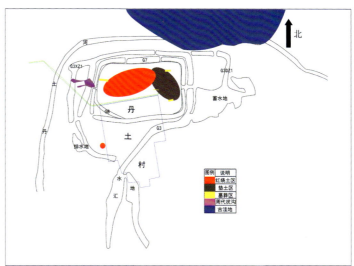

丹土遗址 2015
年勘探城址壕沟
示意图

丹土遗址保护标
志碑

墙与城壕，包括城门通道、蓄水池、排水口等设施；清理房址 46 座，灰坑 160 余个，墓葬 37 座。大汶口文化晚期城址平面略呈椭圆形，面积约 9.5 万平方米；龙山文化早期城址平面呈椭圆形，面积约 11 万平方米；龙山文化中期城址平面呈不规则刀把形，面积约 23 万平方米。

2015 年，山东省文物考古研究院对丹土遗址进行全面系统勘探，确认了丹土遗址的三个时代城圈，新探出了外围的壕沟体系和遗址内部的主要功能分区。

丹土遗址大汶口文化—龙山文化遗存丰富，出土了一批精美的大汶口文化晚期至龙山文化早中期的陶器、玉器、石器等。征集到一批器体大而扁薄、规格高、制作精良的大汶口文化晚期和龙山早期的玉器，如玉刀、钺、璇玑、琮、镯、镞形器等，部分还镶嵌绿松石、带扉棱等，代表了海岱地区制玉的最高水平。

经过多年对丹土遗址的考古调查、勘探、发掘以及研究，学术界对大汶口—龙山文化的面貌特征有了比较完整的认识，了解了大汶口文化末期至龙山文化时期基本的内在特征，为鲁东南地区大汶口—龙山文化过渡阶段文化面貌、聚落形态等研究提供了一批重要的实物资料。连续发展的三重城墙和壕沟，对于研究海岱地区大汶口—龙山文化城址的聚落布局、组织结构的演变、社会经济形态、城址之间的贸易和交流以及文明起源等，具有重大意义和价值。

（赵国靖）

玉琮

玉璇玑

双孔玉钺

丹土遗址出土龙山文化器物

26 诸城
[呈子遗址]

历年主要发掘单位

山东省博物馆　　昌潍地区艺术馆

历任发掘领队及主持发掘者

杜在忠　　王思礼

主要参与发掘人员

昌潍地区文物管理组　　诸城县博物馆　　潍坊市博物馆

寿光、临朐、潍县、昌乐、胶南、平度、五莲、安丘、昌邑等县的文化馆或图书馆的业务人员

昌潍地区诸城呈子遗址工地文物训练班的学员

新石器时代

呈子遗址位于潍坊市诸城市城南 15 千米、皇华镇呈子村西 100 米。遗址分布在呈子村西的河边台地上，东西长约 200、南北宽 100 米，面积约 2 万平方米。文化内涵主要为大汶口文化和龙山文化。2006 年被公布为省级文物保护单位。

诸城呈子遗址

呈子遗址出土大汶口文化骨锥

呈子遗址出土龙山文化鸟形红陶鬶

遗址发现于 1965 年，1973 年昌潍地区文化局对遗址进行了复查。1975 年昌潍地区文化局责成文物管理组对呈子遗址进行探掘，文物管理组调集各县文物干部，组成文物发掘工作队于 1976 年 9—12 月和 1977 年 3 月先后两次对呈子遗址实施发掘，共揭露面积 1300 多平方米，发现大汶口文化墓葬 12 座、房基 1 处、龙山文化墓葬 87 座、房基 2 处、灰坑 16 个，出土陶器、石器、骨器和角、牙、蚌等器物 700 余件。

1976 年的发掘区主要在遗址中心区的东南部，有 3 层文化堆积，下层属大汶口文化，中层属龙山文化，上层有龙山文化晚期和商周的遗迹、遗物。

1978 年，山东省博物馆对呈子遗址进行了第三次发掘，发现灰坑 44 个、房基 4 处、墓葬 22 座，并出土了陶、石、骨、蚌等众多遗物。

呈子遗址的大汶口文化和龙山文化面貌都具有鲜明的当地特色，因此被分别称为呈子第一期文化和呈子第二期文化，以示有别于其他地区。

呈子第一期文化为大汶口文化。墓葬排列有序，头向西北，多为仰身直肢葬，流行不同性别及年龄的同穴合葬，此现象不见于其他遗址。大汶口文化中其他遗址常见的陶器，如背壶、瓠形器、漏器、器座等，在呈子遗址中不见，反而是一种像鬶的实足圆腹盉是这里的独有器物。呈子遗址中的陶器多为素面，纹饰简单，不见彩陶。

呈子第二期文化为龙山文化。墓葬分区埋葬，头向绝大部分为东南向，大多是仰身直肢单人葬，儿童也葬入氏族公共墓地内，多数为一次葬。此时期，呈子遗址的墓葬基本特征与胶县三里河等遗址大致相似，属于典型的龙山文化；但呈子遗址中墓葬的头向却与其他遗址迥然不同。

呈子遗址出土的遗物中，陶器制作精美，其中鸟喙足盆形鼎、弦纹黑陶壶、黑陶四耳壶被鉴定确认为国家一级文物，鸟形红陶鬶、蛋壳黑陶杯被确认为国家二级文物。呈子遗址发掘为研究当时的农业、制陶技艺、葬制葬俗等，提供了极其珍贵的实物佐证。

（姚志平）

110

黑陶四耳壶

鸟喙足盆形陶鼎

弦纹黑陶壶

蛋壳黑陶杯

呈子遗址出土龙山文化器物

27 — 胶州
［三里河遗址］

历年主要发掘单位

中国社会科学院考古研究所　　潍坊地区艺术馆

历任发掘领队及主持发掘者

吴汝祚

主要参与发掘人员

高广仁　　任式楠　　韩榕　　杜在忠　　邵望平　　徐鹏志　　于长海　　张文喜　　夏名采　　等

历年调查勘探单位

山东大学　　青岛市文物保护考古研究所　　胶州市博物馆　　等

主要参与调查勘探人员

方辉　　林玉海　　彭峪　　王政良　　杜义新　　于超　　王磊　　吕荐龙　　杨晨曦　　等

三里河遗址位于青岛市胶州市区南部北三里河村西侧河旁高地上，南临三里河河道，东南约 10 千米处为胶州湾。遗址面积近 9 万平方米，年代为大汶口文化到龙山文化时期。2006 年被公布为全国重点文物保护单位。

20 世纪 60 年代，山东大学历史系调查时发现三里河遗址；1973 年和 1974 年春，中国科学院考古研究所进行复查，1974 年秋和 1975 年春进行两次发掘，发掘面积 1570 平方米，总计出土文物 2000 余件；2014—2021 年，山东大学、青岛市文物保护考古研究所、胶州市博物馆等机构多次开展考古调查勘探工作，基本确认了遗址的保存范围、文化堆积情况，并发现疑似环壕的迹象。

三里河遗址文化层分为两层：龙山文化层，浅灰褐土，质较松软，出土遗物主要有陶、石、骨、铜器等，陶器有甗、鼎、罐、豆、盆、单耳杯等，石器有钺、锛、斧、铲、刀、铲、矛等，骨器有凿、镞、矛、刺、削、刮器、磨器、锥等，另发现有铜钻形器；大汶口文化层，浅灰黄土，质较硬，出土遗物主要有陶、石、骨、玉器等，陶器有鼎、罐和鬶，石器为钺、镞、锛以及骨针、骨镞、骨锥和玉管等。

在遗址西侧勘探发现有古河道，宽约 60、深 4 米，北向南流入三里河；在遗址北、东两侧发现有大汶口文化—龙山文化时期疑似环壕的遗迹，宽 12—40、深约 3.8 米，

三里河遗址大汶口文化墓葬 M279

三里河遗址大汶口文化房址 F201 和灰坑 H203

北侧长约 150、东侧长约 300、总长约为 450 米。其南端与三里河故道相连，北端与遗址西侧的古河道相连，占地面积约 11500 平方米。

三里河遗址大汶口文化遗迹有房址、窖穴、墓葬和疑似猪圈等。

房址 5 座，2 座呈东西向、3 座呈南北向排列。F201 保存比较完整，系半地穴式建筑，即从地面向下挖约 0.25 米，室内南北长 3.06、东西宽 2.56 米，门道设在房屋东壁中部，东西长 0.7、南北宽 0.6 米，屋内西北部有一个圆形窖穴，遗留有 1.2 立方米的炭化粟粒。

窖穴 31 个，多为平底，少数圜底，穴壁和底部都较平整，仅少数有加工痕迹。窖穴内出土陶、骨和石器等，部分窖穴发现有大量贝壳及鱼鳞片。

墓葬 66 座，墓坑为长方形或近梯形的竖穴，长多为 2.5—3、宽 0.6—1、深 0.2—0.5 米，均呈东西向，排列较整齐；其中 17 座墓葬发现有葬具遗迹；葬式以仰身直肢葬为主，少数为屈肢葬；有的墓葬人骨上遗留有朱红色遗迹；部分墓葬设置二层台，有些台上放置随葬品；部分墓葬壁上有竖穴或小龛。随葬品多放于墓主脚下，随葬品有石、玉、骨、角、牙、蚌、陶等器物和猪骨、海螺、蛤壳、鱼骨等，其中以陶器为主，其次为石、骨和角器。

陶猪形鬶

陶狗形鬶

镂孔黑陶高柄杯

三里河遗址出土大汶口文化器物

114

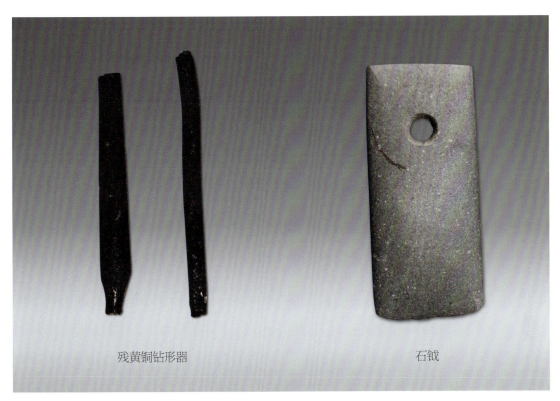

残黄铜钻形器　　　　　　　　　　石钺

三里河遗址出土龙山文化器物

另发现疑似猪圈 H227，剖面呈袋状，口径 0.8、底径 1.1、深 0.86 米。坑内距口 0.6—0.86 米处，发现 5 具完整的幼猪骨架。

三里河遗址的龙山文化遗迹有房址、窖穴、墓葬等。

房址仅发现柱洞 41 个，形制均为筒形圜底，有两层或以上的加工硬土层，硬土层上铺有碎陶片和红烧土末或黄褐色土的黏结层，最外一层是细密的黄褐色土或小块红烧土层。

窖穴 37 个，多为平底，圜底较少，穴壁和底部多较平整，少数有加工痕迹。出土有陶、石、骨器及大量贝壳等遗物。

墓葬 98 座，多为长方形或近梯形竖穴墓，一般约长 2 米，宽以 0.7—0.9 米为多。墓向大多东西向，仅 2 座为南北向；能辨别葬式的墓葬有 77 座，其中单人仰身直肢葬 75 座，屈肢葬和俯身葬各 1 座，葬式不明者 21 座。11 座墓有二层台，随葬品多数放置在二层台上；多数墓葬随葬品位于人骨脚下，有的随葬品向上延伸到小腿两侧。随葬品有石、玉器、骨、角、蚌和陶器等。

三里河遗址历年的田野考古工作，明确了大汶口文化与龙山文化的相对年代，厘清了该地区大汶口文化和龙山文化的基本面貌以及龙山文化对大汶口文化的继承关系，明确了本区域大汶口文化和龙山文化的生业方式，揭示了鲁东南沿海与鲁中南地区大汶口文化、龙山文化的地区性差异，具有重要的研究价值。

（于超）

28 日照
[尧王城遗址]

历年主要发掘单位

中国社会科学院考古研究所　　临沂市文物管理委员会

山东省文物考古研究院　　日照市文化和旅游局

历任发掘领队及主持发掘者

韩　榕　李玉亭　梁中合

主要参与发掘人员

付群启　杨结实　毕道传　杜康佳　岳洪彬　马　明　张　新

尧王城遗址位于日照市岚山区高兴镇南辛庄子和安家尧王村周围。西倚老牛头顶、双山、白云寺等山系，南望竹子河和天台山，北靠付疃河和奎山，三面环山，一面向海。遗址核心分布区位于南辛庄河东、北岸的岗地前缘，南北落差明显，最大高差为 10 米，总面积约 400 万平方米。遗址文化堆积厚 2—3.5 米，以龙山文化为主，并有大汶口文化、商周、汉代遗存。2006 年被公布为全国重点文物保护单位。

1934 年春，中央研究院历史语言研究所考古组的王湘、祁延霈在鲁东南沿海地区进行考古调查时发现尧王城遗址。1978—1979 年临沂市文物管理委员会对尧王城遗址进行了抢救发掘，发掘面积 200 平方米，揭露了少量龙山文化时期房址、墓葬。

1992—1993 年，中国社会科学院考古研究所山东队对尧王城遗址进行了 2 次发掘，发掘面积 400 平方米。遗址堆积主要以龙山文化早期阶段为主，发现龙山文化房址 20 多间、各类墓葬 50 余座。

2012—2020 年，中国社会科学院考古研究所山东队对尧王城遗址累计连续进行了 9 次发掘，其中 2012—2015 年，发掘面积近 5000 平方米。发掘出城墙、环壕、道路、建筑基址、祭祀遗迹、器物坑、灰坑、墓葬等遗迹，清理器物坑和灰坑 542 个、墓葬 51 座、房址 48 座、祭祀台基 3 座。出土遗物近万件，主要有陶器、石器、玉器、骨器等。

2016 年，发掘区主要集中在内城东北部和外城墙南部。内城东北部的发掘以了解城内堆积为主，揭露面积 400 平方米，包含龙山、汉代和明清时期的文化遗存，但以龙山文化遗存为主。明清时期仅有几座墓葬，汉代堆积较薄，龙山时期堆积主要为房址、

尧王城遗址出土大汶口文化扁玉琮

发掘表明城内西北部在龙山时期为人类的生活区。

2018—2020 年，揭示了较丰富的大汶口、龙山、汉代文化遗存，尤其是 2019 年在内城东北部的发掘，揭露面积近 500 平方米，清理了 30 余座墓葬，其中 3 座属汉代，8 座属龙山文化时期，其余属大汶口文化晚期。

经过长期的田野考古工作，尧王城遗址相关研究逐渐深入，产生了一系列研究成果：一是发现的尧王城城址面积近 400 万平方米，是目前黄河下游地区史前时期规模最大、等级最高、保存最完好的城址；二是尧王城遗址的发掘建立了鲁东南地区文化编年体系和年代框架，确立了龙山文化"尧王城类型"；三是尧王城遗址的发掘推动了龙山时代研究的深入，对于阐释"多元一体"文明格局具有重要意义；四是深入实践多学科合作研究，对出土陶器、动物、植物、人骨等相关遗存进行重点关注和研究，为全面揭示与复原尧王城遗址的社会结构、社会生活的诸多方面提供了坚实的考古学证据。

（张新、马明）

尧王城遗址出土龙山文化
陶高柄杯

29 日照
［东海峪遗址］

历年主要发掘单位

山东省博物馆　　山东大学　　日照县文化馆

历任发掘领队及主持发掘者

王思礼　　张学海

主要参与发掘人员

张江凯　　吴诗池　　苏玉琼　　王树明　　夏名采　　郑笑梅　　刘敦愿　　蔡凤书

宋百川　　于海广　　山东大学历史系 75 级考古专业本科生

东海峪遗址位于日照市经济开发区北京路街道东海峪村，西靠奎山，东临黄海，其东北部高出周围地平面 2.2 米，当地称"鳌子顶"，面积 20 余万平方米。文化遗存主要为大汶口文化晚期至龙山文化时期。1977 年入选省级文物保护单位，2006 年被公布为全国重点文物保护单位。

东海峪遗址现状

东海峪遗址保护标志碑

东海峪遗址钻探

东海峪遗址断崖中的贝壳堆积层

  遗址于1960年考古调查时发现，1973年春、秋两季分别进行了发掘。1975年秋由山东省博物馆、山东大学和地方相关部门进行了第三次发掘，共布探方31个，发掘面积近800平方米。

  1975年的发掘区位于遗址东缘，发现了丰富的文化遗存。文化堆积层厚1—2米，分上、中、下三层。下层遗物稀少，属大汶口文化晚期遗存；中层具有从大汶口文化向龙山文化过渡的性质；上层分布范围广，是本次发掘中最主要的文化层，具有典型龙山文化特征。

  清理出墓葬18座、房基12座。墓葬分属三个层位，随葬器物各自有别，且相互之间有明显的发展演变关系，也证明了三个文化层是属于互相衔接的三个时期的堆积。房基发现于中、上层，时代属大汶口文化向龙山文化过渡时期和龙山文化时期。均为方形土台式建筑，西南向。房基结构包括土台、墙基、墙外护坡、柱洞、室内地基、灶址及出入口等；墙基表面和四个拐角均放置了石块用于加固，护坡呈慢坡状以便散

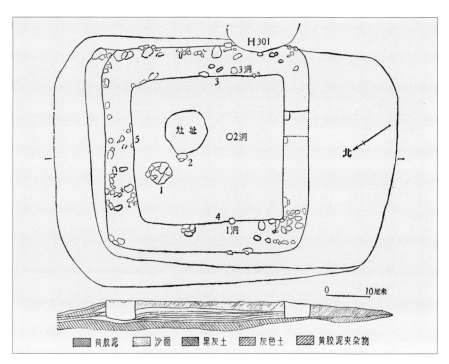

东海峪遗址台基式房址 F301 平、剖面图

水；台基、护坡和室内地基均系分层而筑，层次分明、质地坚硬。

出土大量陶器、石器、骨器等，其中以陶器最为丰富，代表性器物有鬶、鼎、豆、高柄杯等，首次发现较完整的蛋壳黑陶镂孔高柄杯。大汶口文化向龙山文化过渡时期陶器以夹砂黑陶和夹砂褐陶为主，少量泥质黑陶；纹饰以篮纹为主，常见凸弦纹、附加堆纹（主要饰于鼎足），少量压纹；器形有鼎、罐、豆、缸、鬶等，鼎足以扁凿形居多。此时期的器物既具有大汶口文化的特征，如小罐、豆等；又具有承上启下的性质，如大汶口文化的黑陶高柄杯，发展为龙山文化的大宽沿蛋壳杯；觯形杯发展为龙山文化的小平底近直腹的带耳杯；饰堆纹的等腰三角形鼎足发展为龙山文化盛行的鸟首形鼎足等。龙山文化时期的陶器，泥质黑陶数量增加，纹饰以弦纹、附加堆纹、压纹为主，篮纹减少，少量方格纹；器形有鼎、罐、豆、瓮、鬶、甗、杯及器盖等，鼎足以鸟首形和半空心圆锥形居多、扁凿形显著减少。

东海峪遗址的三个文化层，在器物发展上相互衔接，在墓葬、房屋建筑方面也有承袭关系。发现的大汶口文化晚期、大汶口文化向龙山文化过渡期和龙山文化时期相互叠压的"三叠层"地层，为当时认识及分辨大汶口文化和龙山文化间的相互关系提供了地层依据。高等级随葬品的出土，显示了东海峪遗址在龙山文化时期的重要地位。遗址还发现了由台基、土墙、护坡、室内地基构成的台基式建筑，尤其是台基、护坡和室内地基均为分层夯筑，开启了中国传统的夯筑台基式土木建筑的先河，也说明先民已掌握了较为先进的防潮技术，为胶东地区大汶口文化至龙山文化时期居住形态的研究提供了珍贵的实物资料。

（刘晨、刁鹏）

陶响器

豆

鼎

高柄杯

鬶

东海峪遗址出土陶器

30 栖霞
［杨家圈遗址］

历年主要发掘单位

北京大学考古学系　山东省文物考古研究所

历任发掘领队及主持发掘者

严文明　郑笑梅

主要参与发掘人员

高崇文　王树林　吴诗池　张竞放　邵明贵　何德亮　李志勇　司　湘　等

　　杨家圈遗址位于烟台市栖霞市城南 25 千米的杨础镇杨家圈村东侧。遗址高出周围地面约 1.5 米，东西长约 400、南北宽 250 米，总面积约 10 万平方米，是胶东地区一处文化内涵比较丰富的新石器时代遗址。1977 被公布为省级文物保护单位。

　　1981 年秋，山东省文物考古研究所与北京大学考古实习队对遗址进行了一次较大规模的考古发掘工作，历时两个多月，发掘面积 800 多平方米，发现有建筑基址、灰坑和墓葬等遗迹，出土大量大汶口文化、龙山文化时期各类遗物。文化堆积一般厚 1—2 米，遗址西北部最深处约 3 米。地层堆积共分为 5 层。第 1 层为农耕土，第 2、3 层为龙山文化层，第 4、5 层属于大汶口文化层。

　　大汶口文化房屋基址为方形或长方形，均残存部分基槽和柱洞，基槽较浅，柱洞口径也较小，推测房屋面积不会人大。发现的墓葬均属小型墓，分布零散，皆为长方形或梯形竖穴土坑墓。墓内无葬具，亦无随葬品。头向不一，葬式也无规律。这批墓葬有 2 座仰身直肢葬，1 座侧身屈肢葬，另有 1 座五人合葬墓。

　　生产工具多为石质，还有一定数量骨、牙器等。主要有石斧、铲、锛、刀，扁三角状镞形石刀、锤、砺石、矛、镞，陶、石纺轮，骨锥、针、鱼钩、刀、矛、镞及梭形獐牙镞等。

　　陶器主要分为夹砂和泥质两类。陶色有红、褐、灰、黑、白五种。器表装饰以素面磨光为主，纹饰有凹凸弦纹、附加堆纹、拍印篮纹、条纹、划纹、镂孔、锥刺纹等。器形有罐形鼎、盆形鼎、袋足鬶、深腹罐、敞口小底盆，浅盘豆、筒形杯、高柄杯、

杨家圈遗址发掘区（由西向东）

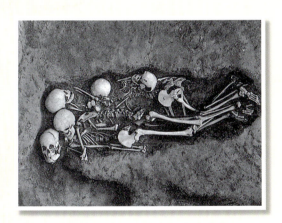

杨家圈遗址大汶口文化五人合葬墓

杨家圈遗址发掘现场（由东向西）

杨家圈遗址龙山文化房址

敞口碗、鼎式甑、钵、器盖、尊形器和缸等。

龙山文化房屋基址皆为深基槽、木骨墙、两面坡屋顶的方形地面建筑。有的房址基槽深达2米以上，槽内柱洞排列密集，规整有序，四角柱坑较大。有的柱洞平整而坚硬，有的铺垫天然扁平石板为柱础，或用碎陶片加工垫洞底，然后夯实，个别的还要经过火烤。房基面积大小不等，一般约30平方米，最大的达50平方米以上。

灰坑有圆形、圆角长方形及不规则形诸种。坑壁一般较直，坑底呈锅底状，有的较平，直径一般1—2米，最大达3米。坑深一般1米左右，浅者0.2—0.5米，最深达1.8米以上。坑内堆积多为红烧土，也有红褐或灰褐土，质较松软。遗物多为陶器，器形有鼎、罐、平底盆、圈足盘、尊形杯、单把筒形杯等。

发现的1座墓葬，为长方形竖穴土坑墓，残长1.2、宽0.98米，葬式属于单人屈肢葬；头向东，方向110°，墓内无葬具，亦无随葬品。

生产工具使用了多种材料，如斧、铲、锤、锛、刀、三角状镞形刀、凿、磨棒、镰、矛、砺石等石器，陶拍、陶网坠、骨针、石镞、骨镞、牙镞、骨鱼镖、骨锥、骨凿、陶石纺轮等。

陶器分为砂质和泥质两大类。夹砂者又分为夹粗砂和细砂两种，还有的用滑石粉、蚌壳、云母作羼和料。陶色分为红、褐、黑、灰、白、橙黄、橘红诸种。器表装饰以素面磨光为主，黑陶衣占一定比例，施红、黄、白等色较少。器形有罐形鼎、盆形鼎、袋足鬶、平底盆、圈足与环足盘、罐、甗、豆、杯、碗、钵、小杯、小瓶、大口缸等。

另外，在灰坑H6、H9红烧土中还发现粟、黍和稻谷的痕迹。经中国科学院遗传研究所李璠先生鉴定，认为都有稻谷的印痕，稻粒已炭化，稻的颖壳呈椭圆形，具二脉，颖壳宽为3—3.5、长为6.5—7毫米。稻壳形态特征与现今梗形稻种相似。说明龙山文化时期，黄河下游地区的水稻栽培已经比较普遍，这为探讨稻作农业在中国的产生、发展、传播等提供了新线索。同时，也进一步证明山东地区是人工栽培稻的重要地区之一，对于深入研究我国稻作农作物的起源与发展具有重要意义。

杨家圈遗址出土的残铜条、铜渣、孔雀石，是继胶县三里河遗址发现的龙山文化铜器之后的又一次重要发现。杨家圈遗址出土的铜条长1.8厘米，两端均残，较粗的一端宽0.05厘米，较细的一端宽0.03厘米，厚仅0.03厘米，剖面似为三棱形，表明此地龙山文化时期的社会生产力已有很大进步，并进入铜石并用时代。

杨家圈遗址出土的水稻、铜器，以及其他遗迹遗物，为研究该遗址的文化内涵、面貌特征、社会性质以及与胶东地区同时期原始文化的相互关系等，提供了一批新的、重要的实物资料。

（何德亮）

陶塑人头

房屋红烧土构件

陶罐

陶鼎

陶鼎

陶鬶

杨家圈遗址出土龙山文化器物

31 —— 章丘

［城子崖遗址］

历年主要发掘单位

中央研究院历史语言研究所　　山东古迹研究会　　山东省文物考古研究所
北京大学考古文博学院　等

历任发掘领队及主持发掘者

李　济　　吴金鼎　　梁思永　　张学海　　孙　波　　朱　超

主要参与发掘人员

董作宾　郭宝钧　王献唐　赵　辉　佟佩华　王守功　何德亮　靳桂云　魏成敏　孙淮生

城子崖遗址岳石文化晚期城址北门址全景（由西向东）

1930 年第一次发掘合影

1931 年第二次发掘合影

  城子崖遗址位于济南市章丘区龙山街道龙山村东侧武源河东岸，遗址普遍高出周边地表 2—3 米，为典型的台地地貌。台地边缘较高，向中心部位缓降，远望状如"城子"。遗址平面近长方形，西北部外凸如舌，南北长约 540、东西宽约 430 米，面积 20 余万平方米。遗址主体时代以龙山文化、岳石文化和东周时期为主，另有少量早商及西周遗存。1961 年被公布为全国重点文物保护单位。

  城子崖遗址自 1928 年吴金鼎发现至今共经历了三个阶段的发掘工作。

  1930、1931 年第一阶段的发掘是由中央研究院历史语言研究所负责进行的，这也是中国考古学家独自发现、独立组织，带有明确学术目的进行的一次考古工作。1934 年出版《城子崖》报告作为"中国考古报告集第一种"，揭示出一个全新的考古学文化——龙山文化，此次发掘对认识中国新石器时期考古学文化面貌起到重大推动作用，具有里程碑意义。

  1989 年随着国保单位"四有"工作的开展，山东省文物考古研究所对城子崖遗址进行网格式普探，探得遗址下层普遍存在龙山文化堆积，重新确定了遗址分布范围。随着 80 年代初岳石文化从龙山文化中分离出来，为了进一步弄清 30 年代黑陶期城址的具体年代，1990、1991 年在张学海先生的带领下，通过老探沟相邻位置新探沟的验证发掘，修正了 20 世纪 30 年代发现的黑陶期城址年代为龙山文化的判断，证明了其应属岳石文化。同时对各期城墙结构、形制及筑城技术有了全面了解。除了龙山城墙之外，在对岳石文化城墙解剖时发现了基槽和版筑痕迹，这使人们首次对岳石文化筑城技术有了深刻认识。另外，在西墙中部岳石文化城址城墙内侧又发现了春秋城墙，确认了城子崖遗址是由龙山文化、岳石文化和周代三期城址重叠而成。其中的龙山文

城子崖遗址 1990 年发掘的岳石文化西城垣剖面

城子崖遗址龙山文化城垣剖面（由东向西）

城子崖遗址西北部岳石文化早期城墙剖面
（由南向北）

城子崖遗址纵中探沟北部岳石文化晚期城墙剖面
（由南向北）

化城址具有早期城市的雏形，说明它已经成为一个权力、经济、文化的中心，具备早期方国的特征。

　　2010 年 12 月—2011 年 1 月，山东省文物考古研究所对以城子崖遗址为核心的100 平方千米范围开展了一次全面的区域调查摸底，对该区域新石器时代不同文化时期遗址分布情况有更进一步的了解，对早年普查得出的龙山文化阶段城子崖遗址核心区域存在一定范围遗址空白区的认识进行了纠正，同时对龙山文化向岳石文化过渡时期的社会状况变化有了新的认知。

2013—2019 年山东省文物考古研究所负责开展了第三阶段考古发掘，这次工作对遗址各个时期文化堆积情况有了新的认识。龙山文化早期在遗址北部首先修建了环壕聚落，环壕将城址北部围出来一块约 3 万平方米的封闭区域，环壕内部正是龙山文化早期堆积最为丰富的区域。中期开始在遗址边缘修筑城墙。城墙为夯筑而成，外侧城壕被岳石文化城墙破坏。龙山文化堆积主要集中于城内北半部，发现有墓葬、灰坑、窖穴、房址、水井等丰富遗迹。岳石文化时期发现早、晚两期城圈，其中早期城圈打破龙山城墙和城壕；晚期城圈位于龙山城墙内侧，与外侧城圈相隔约 10 米。两期城圈在筑城技术上前后传承性较强，均发现明显的定期维护痕迹，城墙形态发生了明显的变化，晚期城垣在结构上更加复杂与成熟，城垣与壕沟的结合方式由城壕相连变为城壕分离，这个变化代表着城址防御模式的变化。

城子崖是龙山文化的发现与命名地，是鲁北地区重要的龙山时期城址，也是岳石文化阶段唯一确定存在大型城址的遗址，早晚两期岳石城址的确定，更加突出了城子崖遗址在岳石文化阶段的重要性，其中岳石晚期城址"一门三道"城门结构的出现，是社会结构分化后礼仪制度在城址结构上的政治表现，为研究岳石文化社会结构、组织形式及礼制发展提供了新的视角。城子崖岳石文化城址的发现，填补了我国城市考古的空白，为研究中国文明的起源、中国城市发展及夷夏关系提供了重要材料。城子崖周代城址的发现，为研究东周时期谭国的历史提供了线索和依据。

（朱超、孙波）

龙山文化 陶圈足盘

龙山文化 陶罍

龙山文化 陶双系瓮

岳石文化 陶甗

龙山文化 白陶鬶

城子崖遗址出土器物

32 日照

[两城镇遗址]

历年主要发掘单位

中央研究院历史语言研究所　　山东省文物管理处　　山东大学　　美国芝加哥菲尔德博物馆

历任发掘领队及主持发掘者

梁思永　　刘　耀　　黄景略　　栾丰实　　文德安　　宋艳波

主要参与发掘人员

祁延霈　　蔡凤书　　于海广　　方　辉　　王　芬　　王　强　　穆东旭

2015 级本科生和部分研究生　　科杰夫（美国）

　　两城镇遗址位于日照市城区东北 10 千米处，西依低山丘陵，北邻潮白河及其支流两城河。重点保护区面积 79.3 万平方米，以龙山文化为主，含周代和汉代文化遗存。2005 年入选"十一五"期间全国 100 处重要大遗址保护项目，2006 年被公布为全国重点文物保护单位。

　　1934 年中央研究院历史语言研究所的王湘、祁延霈在山东东部沿海地区进行田野考古调查，发现包括两城镇在内的十余处遗址。1936 年中央研究院历史语言研究所对两城镇遗址进行正式考古发掘，当时把遗址分成瓦屋村和大埠堆两个部分。瓦屋村北遗迹有房址、灰坑和墓葬等，出土大批陶器、玉器和石器；大埠堆东侧遗迹有灰坑和墓葬，其中 1 座龙山文化墓葬出土有精致的玉钺和绿松石珠。

　　1958 年山东省文物管理处举办全省文物干部训练班，对遗址进行勘探和试掘，揭露面积 40 平方米。

　　1995 年，由山东大学和美国耶鲁大学组成的中美联合考古队，在日照地区开展区域系统调查。

　　1998—2001 年山东大学与美国芝加哥菲尔德博物馆联合组成考古队对遗址进行考古发掘。第一发掘区位于遗址的西部，基本清理到生土面的面积达 320 平方米，主要属于龙山文化时期的居住区，不同时期的房屋基址层层相叠，显现了聚落组成单位的

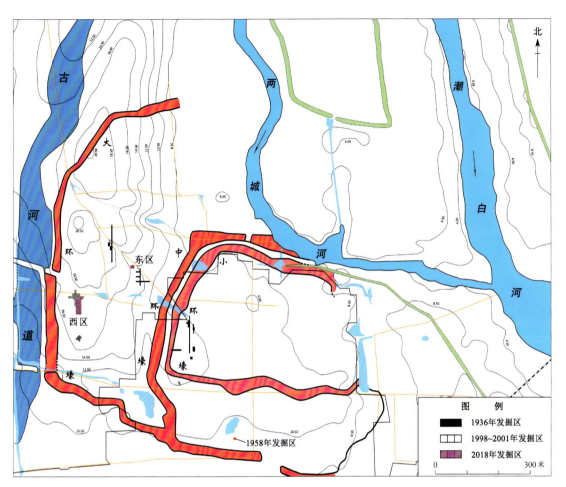

北

古 河 道

大 环 壕

中 环 壕

东区

西区

小 环 壕

两 城 河

潮 白 河

1958年发掘区

图　例

■ 1936年发掘区
□ 1998~2001年发掘区
▨ 2018年发掘区

0　　　　300 米

两城镇遗址分布范围及历次发掘位置图

变迁过程；第二发掘区位于村西部南北走向的岗地中部，在龙山文化时期应属居住区；第三发掘区位于两城镇六村、七村村中东西大路的北侧；第四发掘区（环壕和城墙），经过持续几年的钻探，结合多条解剖沟的资料证实，龙山文化遗址中有大、中、小相套的三道环壕作为不同时期的防御设施，且发现的三道环壕中，共可确定四个通道口，其中有一处为中环壕和大环壕重复使用。

2018 年为配合两城镇国家考古遗址公园建设，山东大学对遗址进行再次发掘，分为东、西两区，揭露面积约 960 平方米。西区紧邻 2001 年第一发掘区的东侧和南侧，为配合遗址博物馆展示需要，绝大部分区域并未清理到生土面。东区发掘面积约 160 平方米，在近代层下揭露出 7 座保存较好的龙山文化房址。

1936 年的发掘，发现了当时最大的龙山文化遗址，发掘出近 50 座龙山文化时期墓葬和其他遗迹，出土大量"黑、光、薄、轻"的陶器和制作极为精致的玉钺和绿松石珠等遗物，使得学术界对龙山文化的整体面貌有了完整的了解和认识。龙山文化墓葬和典型陶器组合的发现，揭示了龙山文化的基本内涵和特征，为龙山文化起源于沿

新石器时代

131

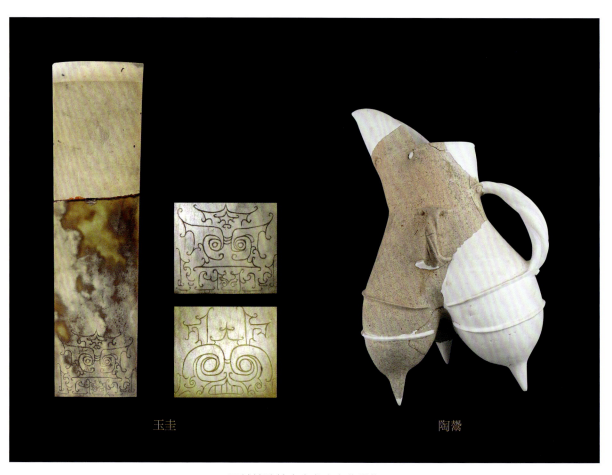

玉圭 　　　　　　　　　　　　　陶鬶

两城镇遗址出土龙山文化器物

海地区提供了依据，也为中国文化本土起源提供了重要资料。

1995年以来，中美联合考古队在鲁东南地区持续进行的区域系统调查，为讨论这一地区的龙山时代宏观聚落形态和古代社会组织研究提供了系统而详细的第一手材料。

1998—2001年和2018年的两次发掘，探索、实践了新的田野考古工作方法，为全面了解和研究遗址存续期间的古代社会提供了基本理论支持；新的发掘、记录方法充分揭示了遗址堆积的共时关系和动态变迁过程，全面的资料收集为多学科合作提供了可能；多学科合作产出了更多的关于古代社会研究的新资料、新信息、新成果，丰富了对两城镇遗址龙山文化遗存的多重认识。

以两城镇遗址为中心的鲁东南沿海地区北区，存在着数量上呈金字塔状分布的三个等级聚落遗址，其中位于顶端的高等级聚落只有一处，即为两城镇遗址。这一聚落形态显示出龙山文化时期的社会已经进入"都、邑、聚"三级控制体系的早期国家阶段。

长期持续的鲁东南地区区域系统调查及两城镇遗址多个年度的发掘和多学科综合研究，对于深入研究龙山文化时期两城镇遗址的聚落布局、聚落演变和社会组织结构，对于进一步探讨鲁东南地区龙山文化时期的经济与社会等具有重大意义和价值。

（宋艳波）

盆形鼎　　　　　　　　鬹　　　　　　　　器盖

鼓腹杯　　　　　　　　罐

圈足盘　　　　　　　　甗　　　　　　　　罐

两城镇遗址龙山文化灰坑 H48 出土陶器

33 — 泗水

[尹家城遗址]

历年主要发掘单位

山东大学历史系考古专业　　山东省文物考古研究所　　泗水县文物管理所　等

历任发掘领队及主持发掘者

蔡凤书　　于海广　　栾丰实　　魏成敏

主要参与发掘人员

刘敦愿　　许玉琪　　宋百川　　刘凤君　　徐基　　任相宏　　崔大庸　　杨爱国　　许宏　　方辉

孙淮生　　李曰训　　孙波　　兰玉富　　山东大学考古专业 1972 级、1978 级、1982 级本科生

尹家城遗址位于济宁市泗水县金庄镇，东北距县城约 8 千米，北距泗河约 3 千米，坐落在村西南一高出地面 10 余米的台地之上，南距兖（州）石（臼所）铁路约 50 米，东、西两侧分别有泗河上游的小支流流过。遗址延续长，其中以龙山文化、岳石文化时期的遗存最丰富，包含大汶口文化、龙山文化、岳石文化、商代、东周、秦汉。遗址现存为不规则形高台地，南北长约 120、东西最宽处 60 米，面积 4000 余平方米。2006 年被公布为省级文物保护单位。

1963 年，中国社会科学院考古研究所山东队在调查时发现该遗址。1971 年以来，山东大学历史系部分教师进行过多次勘察。1973—1986 年，山东大学历史系考古专业先后 5 次对该遗址进行发掘，取得重要收获。

1973 年 3—4 月，进行了第 1 次试掘，将遗址的文化遗存分为三期，辨识出一类晚于龙山文化而早于商周文化的遗存，遂称之为"尹家城第二期文化"。1979 年，为进一步弄清遗址的内涵，进行了第 2 次发掘，在地层上再次确认了"尹家城第二期文化"的存在，还发现了 4 座规模较大的龙山文化墓葬。1981 年 9—12 月，进行第 3 次发掘，发现了时代相当于郑州二里冈上层的灰坑打破尹家城第二期文化（岳石文化）层的重要线索，为确定岳石文化的相对年代提供了可靠的地层学证据。同时，发现两椁一棺的龙山文化超大型墓葬。1985—1986 年开展的第 4、5 次发掘，新发现了大汶口文化

遗存。同时，龙山文化最早期和最晚期遗存的发现，为解决鲁中南地区龙山文化的来源和去向提供了依据。此外，又发现一批棺椁齐备的龙山文化大型墓葬。为配合铁路施工建设，山东省文物考古研究所于 2000 年对遗址开展了第 6 次发掘。清理出一批龙山文化、岳石文化、商周以及隋唐时期的文化遗存，尤其是两周墓葬的发现，丰富了对尹家城遗址文化内涵的了解，也为周代葬俗、葬制的研究提供了一批新的实物资料。

尹家城遗址内涵丰富，文化堆积厚，一般厚度为 2.8 米，最厚处达 4 米以上。自上而下分为 8 个大的文化层，依次叠压着大汶口文化、龙山文化、岳石文化、商周两汉及唐宋时代的文化堆积。发现有灰坑（窖穴）、灰沟、房址、墓葬以及水井、灶等不同时期的遗迹，出土石、玉、陶、铜、铁、瓷等各类器物 4000 余件。其中尤以龙山文化时期的遗存最为丰富，涵盖了龙山文化发展全过程，发展演变序列清楚，具有比较明显的地方特色，被称之为龙山文化的尹家城类型。

陶三足盒

石猪

玉钺

陶高柄杯

陶鬶

尹家城遗址出土龙山文化器物

《泗水尹家城》发掘报告

尹家城遗址最具代表性的学术成果为1990年出版的发掘报告——《泗水尹家城》，遗址的主要学术成果和价值意义体现在以下几个方面：

其一，明确了在龙山文化和商代之间，东方地区存在一个全新的考古学文化——岳石文化，其时代大体与中原地区的二里头文化相当，完善了海岱地区东夷文化发展序列。同时，尹家城遗址丰富的材料，全面揭示和廓清了岳石文化的文化面貌和基本特征，由此提出岳石文化"尹家城类型"的命名。

其二，首次在一个遗址上划分和总结出龙山文化较为完整的发展过程，其文化分期结果具有标尺性作用。尹家城遗址龙山文化分期结果，初步勾勒出了龙山文化的动态演变过程，如社会的日益复杂化，生业经济的长足发展，陶器发展到高峰之后的逐渐衰变等。同时，也进一步明确了其与前承、后续文化之间的源流关系，特别是龙山文化和后续的岳石文化之间在传承中的渐变与突变。

其三，发掘出一批反映龙山文化时期社会复杂化的居址和墓葬材料。如龙山文化偏早阶段的一批房址内存在一些与突发暴力事件密切关联的遗迹现象。遗址发现的60多座龙山文化墓葬，反映出的"金字塔形"的等级差别极其明显。同时，还存在着针对大型墓葬的人为毁墓现象。这些材料，为研究龙山文化时期的社会关系和社会结构，提供了重要的实证。

（武昊、栾丰实）

石镰

铜环

石锛

铜刀

尹家城遗址出土岳石文化器物

34 邹平
[丁公遗址]

历年主要发掘单位
山东大学历史文化学院考古学系
历任发掘领队及主持发掘者
栾丰实　马良民　蔡凤书
主要参与发掘人员
方　辉　许　宏　杨爱国　邵文臣　杜义新
山东大学考古专业 1984 级、1986 级、1988 级、1990 级本科同学
不同年度研究生靳桂云　贺　伟　姜仕炜　许晶晶　等

新
石
器
时
代

　　丁公遗址位于滨州市邹平市长山镇丁公村和石羊村之间，坐落在泰沂山北麓和黄河冲积平原之间的山前平原地带，西距小清河支流——孝妇河约 500 米，自古以来就是泰沂山北侧东西方交通大动脉上的重要据点。遗址所在的台地高出周围地面约 1 米，面积约 18 万平方米。2001 年被公布为全国重点文物保护单位。

　　1982 年第二次文物普查时发现该遗址。1985 年山东大学马良民带队进行了第一次试掘。1987、1989、1991、1992、1993、1996、2014 年，山东大学考古队先后进行 7 次发掘。

丁公遗址全景

遗址累计发掘面积 2000 多平方米，文化层堆积厚 2—4 米，内涵十分丰富，包含有大汶口文化、龙山文化、岳石文化、商代、周代、汉代等不同时期的遗存，其中以龙山文化、岳石文化和商代等时期的遗存最为丰富。发现房址、墓葬、陶窑、水井、灰坑等各类遗迹 2000 余座，1991 年秋发现和确认的龙山文化城址，被评为当年全国十大考古新发现。

龙山文化城址分为内、外两重。外圈城址平面略呈圆角方形，东西约 310、南北约 350 米，城内面积超过 10 万平方米。城墙宽度约 20 米，现存高度约 1.5 米。城墙系分层夯筑而成，并经过数次大规模补筑，时代主要为龙山文化中晚期。环壕紧贴城墙，平均宽度约 30 米，最宽处超过 50 米。如果加上环壕所占据的范围，城址总面积超过 18 万平方米。1993 年，在外圈城墙之内又发现面积较小的内圈城址，墙壕俱存，时代为龙山文化早期。

历次发掘出土石、骨、蚌、陶器等文物标本 6000 余件，最引人注目的是刻写在陶片上的龙山文化文字。在东城墙内侧灰坑（H1235）出土的陶片中，发现一件大平底盆底部残片（编号为 H1235：2），内部自左向右刻有 5 列 11 个文字，除了第一列为3 个字，其他 4 列均为 2 个字。这些刻字笔画比较流畅，个个独立成字，整体排列规则，刻写也有一定章法，显然已脱离了刻划符号和文字画的阶段。

龙山文化城址内出土陶器数量甚多，典型器类有鼎、甗、鬶、鬲、罐、盆、匜、豆、盘、盒、杯和器盖等。

丁公工地合影

1987 年刘敦愿先生与栾丰实、许宏、方辉在丁公遗址

栾丰实教授与邵望平先生、张学海所长在丁公发掘现场

栾丰实教授在丁公发掘现场

丁公遗址

1991 年丁公遗址考古发掘现场

1992 年丁公遗址解剖龙山文化城墙的北探沟
（由南向北）

1996 年丁公遗址龙山文化城墙排水设施
（由北向南）

　　丁公遗址发掘的价值和意义是多方面的。首先，这是第一次主动发现并确认的龙山文化城址，结合其他已发现的城址，对龙山时代"城"的认识产生了一个飞跃，即伴随着社会的复杂化和早期国家的产生，城址已经普遍出现；其次，初步总结出龙山时代城址的分布规律，每个城址所控制的范围大约在方圆百里，约略与周代的古国和当今中等县域相当；最后，龙山文化多字陶文的发现，将有文字记载的历史提前到龙山文化时期。总之，丁公遗址发掘的收获和成果，为探索和研究海岱地区乃至中华文明的起源和形成，提供了弥足珍贵的重要资料和证据。

（栾丰实）

陶豆　　　　　　　　　卜骨　　　　　　　　　陶匜

陶鼎　　　　　　　　　　　　　　　陶文

陶甗　　　　　　　　　陶鬲　　　　　　　　　陶鬲

丁公遗址出土龙山文化器物

35 临淄

[桐林遗址]

历年主要发掘单位

国家文物局田野考古培训班　北京大学考古文博学院
山东省文物考古研究所　淄博市临淄区文物局

历任发掘领队及主持发掘者

赵　辉

主要参与发掘人员

孙　波　高明奎　魏成敏　刘　绪　秦　岭　陈洪海
2003 及 2005 年国家文物局田野考古领队培训班全体学员

　　桐林遗址位于淄博市临淄区朱台镇和凤凰镇交界处，属鲁中山地北缘山前地带，主要分布于桐林、义合、田旺等三个村庄范围内，往东近 8 千米处为著名的齐国故城遗址，遗址面积约 230 万平方米。2001 年被公布为全国重点文物保护单位。

　　1965 年北京大学学生实习期间发现；1982 年进行试掘，发现了著名的灰坑 H5；1992 年，山东省文物考古研究所在勘探调查时发现了龙山早期小城；2001—2005 年，北京大学与山东省文物考古研究所对桐林遗址进行了系统的调查勘探和发掘，对聚落的规模、结构的认识取得了新的突破。

　　2001 年，首先对切开遗址中心区的十字路沟的断崖进行解剖，经过分析之后对中心区文化堆积的性质有了全面掌握，并证实 1992 年的发现——中心区存在两圈城墙。

　　2002 年，对东城墙进行探沟解剖，并在中心区北部当年发现 H5 的区域进行试掘。解剖发现两道东城墙之间相隔 20 余米，内圈较早，外圈建于内圈废弃之后。在对 H5 复掘时，发现此区域位于早期城墙外侧，处于早期城墙废弃后向北扩建的城内南部中心位置。同年，通过调查第一次了解到遗址的真实范围，估计不少于 200 万平方米。调查于遗址西侧路家山上找到了大量石器加工子遗，与遗址同类发现对比，无论是石质还是加工技术以及器类都基本一致，从而为桐林遗址的石器工业找到了原料产地，也完善了其石器工业的技术链条。2003—2005 年，国家文物局委托北京大学与山东省文物考古研究所在该遗址举办田野考古培训班，对遗址进行了较大规模的发掘。两次

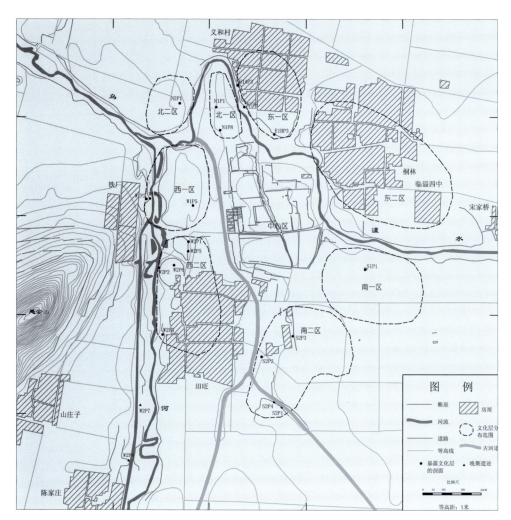

桐林遗址位置示意图

发掘之初，均对遗址进行了全面调查，最后确认遗址面积约 230 万平方米。发掘集中在中心区，主要位于中南部略偏东（南东地块）的位置，揭露面积近 1500 平方米。

2001—2005 年的考古工作，不仅清理了龙山文化中期的大城，还证实这是一处结构复杂的龙山聚落，也是海岱地区目前所知规模最大的龙山文化聚落，城中发现了海岱地区几乎唯一的中心建筑区。基于已有的调查和发掘，对桐林遗址有了如下基本认识：

第一，遗址总面积约 230 万平方米，龙山文化时期为一处城址，可能延续至岳石文化时期。城外环绕 8 片聚落。

第二，对中心台地的发掘表明，遗址聚落变迁可分为三个阶段，以遗址中心一处龙山文化时期大型院落式建筑的兴起和废弃为界，前后之间无论是建筑形式还是聚落布局均发生较大的转变。

第三，遗址西侧路家山山麓上，可能存在与遗址同时的石料开采、粗加工场所。

山东是我国最早确认史前城址的地区，而且是史前城址分布最密集的区域之一。龙山文化时期，当地社会已出现政治权力意义上的分化，社会分层在层级化的区域聚落层面也有着清晰反映，并且可能已经出现相当集中的政治权力。围绕一个城市形成的区域社会在当时已普遍出现，这种社会具有比较清晰的边界，应该是互不统属的城邦，可能已经进入了早期城邦时代。根据目前的认识，不同区域的社会形态及其形成的基础和维系方式存在着一定差别。鲁北山前地带经济文化走廊作为当时的典型区域之一，展示了贯穿多个区域社会单元的经济文化的联系及社会发展的基础，桐林遗址便是这一区域的核心城址之一。

基于这一背景，对桐林遗址及其周边区域进行系统的考古调查和发掘，不仅能够促进对鲁北山前地带经济文化走廊龙山文化时期区域社会形态的系统认识，还能带动对山东龙山文化史前城址的系统研究，为正确认识新石器时代末期社会变化和大变革的时代海岱地区与中原地区的深度互动和对中华文明形成所做出的独特贡献提供重要的实证。

（饶宗岳）

桐林遗址 2005 年发掘区（由东向西）

桐林遗址龙山文化房址 F21 墙体土坯　　　　桐林遗址龙山文化房址 F21（由西向东）

款足鬶　　　　　袋足鬶

单耳杯　　　　　鸟喙足鼎　　　　　甗

陶组鼎

桐林遗址出土龙山文化陶器

36 阳谷
［景阳冈遗址］

历年主要发掘单位

山东省文物考古研究所 　聊城地区文化局文物研究室 　阳谷县图书馆

历任发掘领队及主持发掘者

王守功

主要参与发掘人员

孙　波 　孙淮生 　李曰训 　靳桂云 　李繁玲 　吴明新 　杨燕 　等

　　景阳冈遗址位于聊城市阳谷县张秋镇景阳冈村周围，西北距县城 16 千米，南距黄河约 4 千米，面积约 38 万平方米，是 20 世纪 90 年代初黄河流域发现的一处规模较大的龙山文化城址。2001 年被公布为全国重点文物保护单位。

　　遗址发现于 1973 年，所在地原为一较高的沙岗，沙岗中部高出周围地面约 10 米。20 世纪 60 年代以来，由于村民挖沙，沙岗基本夷为平地。1979 年，聊城地区博物馆

景阳冈遗址全景

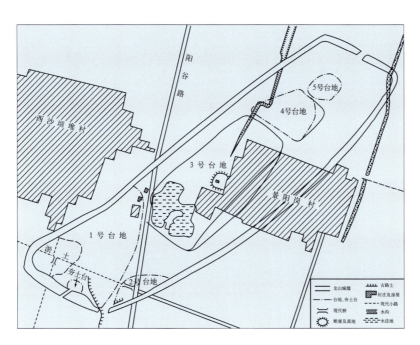

景阳冈遗址龙山文化城址
平面图

在遗址中部清理出灰坑 1 座，出土陶器 30 余件和牛骨架 1 具。1994 年阳谷县在景阳
岗村西北建开发区，挖护沟时清理出一些夯筑遗迹，省、市文物部门随即进行了钻探
和试掘，发现一座龙山文化城址和城内大、小两座台基。1995—1996 年山东省文物
考古研究所和聊城地区文化局文物研究室联合进行发掘，揭露面积约 1200 平方米。
1996 年 11—12 月，山东省文物考古研究所再次勘探，在龙山文化城内新发现 3 个分
土台基，加上 1994 年发现的大、小两个台基，龙山文化城内自南向北分布着 5 个夯土
台基。经 1994—1996 年的勘探和发掘，基本弄清了龙山文化城址的布局和文化面貌。

城址平面略呈圆角长方形，东北—西南向，中部较宽，两端较窄。长 1100、宽
280—370 米。城内文化堆积厚 1.5—4.5 米，分 14 层，其中 7—14 层为龙山文化层。
发现龙山文化的城墙、台基、台阶、房址、灰坑、灰沟、墓葬等遗迹。

夯筑城墙淤埋地下，1996 年春解剖了西墙北段。城墙顶部宽 10.5—12.5、下部宽
19—20.5、残高 2—3 米。城墙系分块夯筑，依据城墙夯土颜色、夯筑技术的不同以及
叠压关系，可分为具有早晚关系的十组夯土，说明城墙系多次修筑而成。

城址由南至北发现了大、小台基 5 座。3 号台基（发掘简报中的大台基）面积最大，
位于城址中南部，平面略呈圆角长方形，方向与城墙一致，面积 9 万余平方米。仅武
松庙周围及村西南部保存较好，其余部分上部破坏较甚，台基现存部分高出周围地面
2—2.5 米。1995 年冬在大台基上清理的两个断崖及布设的探沟剖面显示：大台基南部
系分层夯筑，中南部上部也可见加工痕迹；而大台基的下部，无明显加工迹象。推测
大台基系利用原始的自然沙丘，在其上部经加工而成。

4 号台基（发掘简报中的小台基）位于 3 号台基北面，平面略呈方形，面积 1 万
余平方米。其中部台面原来较高，惜遭破坏严重。其上发掘的 8 个探方，耕土层下即
发现龙山文化遗迹。4 号台基西南部台面相对较低，台基面距现地表深约 0.7 米，见有
人工堆筑迹象。

1995 年景阳冈遗址发掘现场　　　　　　　　1996 年景阳冈遗址发掘现场

1996 年景阳冈遗址发掘现场

3、4 号台基之间依次叠压的四组夯土，除中间夹杂有料姜石面的一组夯土无明显夯层外，其余三组夯土均夯土坚实，夯窝清晰，出土大量龙山文化陶片及石斧、石镞、骨锥、骨镞、骨针、骨笄、蚌刀、陶器盖等遗物。

发现灰坑 100 多座，坑壁及坑底均未见明显加工痕迹。4 号台基南北相连的两个灰坑发现疑似祭祀遗存。一座灰坑底部出土完整狗骨架，另一座底部见有完整的狗头骨及后肢骨。灰坑中伴出有龙山文化的罐、盆、鼎、杯、甗、器盖等陶器。

龙山文化遗物以陶器为主，另有少量石、骨、角、蚌器。陶器有罐、鼎、杯、盆、盒、器盖、甗、碗、瓮、壶、圈足盘、支脚、纺轮等，并以方格纹罐、绳纹甗、鬶较具特色。城址的时代大致处于龙山文化中晚期阶段。

遗址的文化面貌与章丘城子崖类型及豫东王油坊类型有共性，同属龙山文化，但陶器的地方特征比较明显。如炊器以罐为主，鼎较少，实足尖陶甗大量存在，并饰以麦粒状绳纹至足尖；陶器中方格网纹占一定比例，表明该遗址龙山文化遗存具有其自身的特点，可能代表龙山文化的一个新的地方类型。

景阳冈遗址是鲁西北地区科学发掘的第一座龙山文化城址，也是 20 世纪 90 年代黄河流域龙山文化城址中规模最大的一座。它的发现和发掘为进一步了解龙山文化时期城址城内布局提供了新材料；为研究鲁西北地区龙山文化面貌、与中原地区龙山文化的关系，龙山时期的城市结构、功能及社会形态，乃至中国古代文明起源等问题，提供了新的思路和线索。

（李繁玲、吴文谦、刁鹏）

单耳杯

盆

盂

小罐

甑

罐

圈足盘

方格纹斝

鸟喙形足盆形鼎

子母口盆

景阳冈遗址出土龙山文化陶器

37 临朐

[西朱封遗址]

历年主要调查、勘探、发掘单位

山东省文物考古研究所　中国社会科学院考古研究所　临朐县博物馆

历任发掘领队及主持发掘者

李曰训　韩　榕　王吉怀　梁中合

主要参与发掘人员

宫延芳　吉星田　宫德杰　陈星灿　刘建国　付永旭　张　东　衣同娟　等

　　西朱封遗址位于潍坊市临朐县境中部偏南，**弥河**流域上游冲积平原的北端，周围地势开阔平坦。遗址现存形状不规则，面积 60 多万平方米，是目前黄河流域发现的一处规模较大的龙山文化遗址。2013 年被公布为全国重点文物保护单位。

西朱封遗址全国重点文物保护标志碑

新石器时代

环　　　　　　　　　　　　　　　璇玑

西朱封遗址出土龙山文化玉器

　　遗址于1957年被发现，经1987和1989年两次发掘，发现了迄今龙山文化时期等级最高、规模最大的3座龙山文化墓葬。这3座墓葬规模之大，墓室结构之复杂，随葬器物之丰富多彩，实为珍贵。随葬的玉器，制作精美，无论数量、造型及制作工艺，均为历来发现中所罕见，主要器形有玉簪、钺、矛等。随葬的陶器数量较多，器形复杂多样，主要有鼎、鬶、罐、罍、壶、盆、盂、豆、盒、盘、单耳杯、杯、高柄杯和器盖等。出土的石、骨器制作工艺也相当成熟，器形以斧、锛、镞最具特色。

　　此外，遗址中还发现有大汶口文化、龙山文化、岳石文化、商周秦汉时期的文化遗迹和遗物，其中以龙山文化遗存为主，但遗址中出土的文化遗物与高等级墓葬中的随葬品风格迥异。遗址出土石制品主要有斧、锛、刀、镞等，制作粗糙，相对笨重，基本不见墓葬随葬石镞的形式。骨角器种类简单，多为骨锥。遗址中陶器以夹杂灰陶为主，泥质黑陶数量较少。陶器制作工艺以快轮拉坯为主。泥质陶多为磨光黑陶，以素面为主，少量为弦纹、乳钉、盲鼻等；夹砂陶多装饰篮纹和绳纹。墓葬中随葬陶器基本不见绳纹装饰。遗址出土的凿形足鼎、细颈浅腹鬶、尖唇折沿深腹罐等具有典型的龙山文化早期特征。

　　西朱封遗址的考古发掘和相关研究取得了丰硕的学术成果，主要体现在以下三个方面：其一，遗址分布面积较大，是目前该地区发现的最高等级的龙山文化遗址之一；其二，发掘的3座龙山文化墓葬，规模大，墓室结构复杂，随葬品丰富，为研究龙山文化的埋葬习俗、等级制度及社会性质提供了丰富的资料，对于研究海岱地区社会复杂化和文明化进程具有重要意义；其三，出土的数十件龙山文化玉器，体现了比较成熟的加工技艺，其中镂雕玉笄上还发现砣刻阴线刻划、线搜等工艺，说明龙山居民有着高超的制玉水平。成组玉饰和复合型玉器的出现，对于研究龙山文化用玉观念和用玉制度等均具有重要意义；也对同时期各地玉器文化产生了积极影响，具有重要的研究价值。

（秦佑鹏）

玉簪　　　　　　　　玉簪　　　　　　　　白陶鬶

黑陶盖豆　　　　　　　盆形盖鼎　　　　　　黑陶罍

西朱封遗址出土龙山文化器物

38 寿光
［边线王遗址］

历年主要发掘单位

山东省文物考古研究所　潍坊市博物馆

历任发掘领队及主持发掘者

杜在忠　王永波

主要参与发掘人员

曹元启　李金新　李曰训　李学训　李储森　姜建成　李大营　闫　永　何德亮

张景芳　张振国　贾孝孔　黄爱华

边线王遗址位于潍坊市寿光孙家集街道西南 3.3 千米的边线王村后一处高埠上，当地村民俗称"北埠岭"或"后埠岭"，面积约 10 万平方千米。后因平整土地时埠顶下削近 2 米，绝大部分地段文化层已被完全破坏，仅存部分灰坑残底和墓葬。残存文化层厚度约 1 米，暴露有地层、灰坑、人骨、兽骨和陶片等。1982 年被公布为省级文物保护单位。

1984 年，为配合益都（今青州至羊口）铁路建设，山东省文物部门对寿光边线王遗址进行了两次发掘，发现了龙山文化时期的城址。为进一步弄清边线王古城的基本情况，又进行了 3 个季度的主动发掘，至 1986 年冬季，发掘工作结束。前后 5 次发掘共设置 8 个发掘区和 2 条独立探沟，实际完成发掘面积约 4500 平方米，发现有龙山时期内、外两个城圈，基本弄清了边线王古城的平面布局和城垣基础的建造方式。

城址仅存基槽部分，城内堆积也只在东北、东南部有少许残存。内城坐落于遗址中部台地上，平面呈东西较长的圆角长方形。东城垣基槽保存完整，长约 108 米，北城垣基槽残长约 82.5 米，南城垣基槽残长约 99.5 米，西城垣基槽则完全被破坏。以边线王城址已知的布局来说，推测估算内城东西长约 185 米，南北最大长度约 110 米，总面积约 2 万平方米。东城基槽中部及南城基槽西部各发现一段完整的豁口，应分别为内城的东门及南门。

外城坐落在北埠岭的外围，南部叠压在边线王村庄之下，平面略呈西北—东南向抹角菱形。南城垣长 175、东城垣长 213、北城垣长 185、西城垣长 238.5 米，总面积

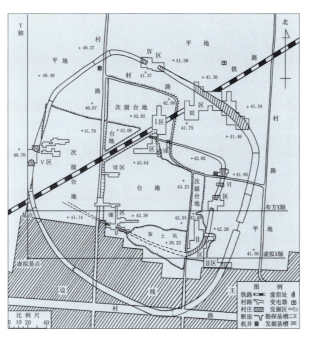

边线王城垣分布图

约 5.5 万平方米。外城东北部基槽之上发现一段断续存在的残存墙体，余者仅残存基槽部分。在外城东城垣、北城垣、西城垣中部各发现一段没有基槽的缺口，是为城门通道。所有门都作城垣缺口式，门道下为原生土，隔断城垣基槽，门道和门外路土都已无存，未见特殊结构。

城址基槽是在堆筑墙体之前，先于地面上掘出槽状的深沟，再行填土并层层夯实，偶或可见殉人、殉兽或埋人、完整器物等类似奠基的现象。基槽草率，口大底小，口宽 4—6、局部宽达 8、深 2—3 米。基槽壁上有不规则的狭窄台阶，或平或倾斜，可能在挖基槽时用于倒土和上下。槽内夯土用龙山文化堆积夯筑，夯层厚 5—15 厘米。基槽夯土中夹杂大量龙山文化陶片，内圈陶片的年代属海岱龙山文化早中期，外圈陶片略晚，知先有内城，后来城进行了扩建，因城内东南部有外城时期的灰坑压着内城东面基槽的层位关系，知外城建成后，内城城垣已被夷平。

该城址是 20 世纪 80 年代山东地区经科学发掘证实的第一座龙山文化城址，由内外两个城圈组成，当时在全国仅见一例。城址内城面积约 2 万平方米，外城总面积约 5.5 万平方米，是继河南登封王城岗、淮阳平粮台之后，中国发现的第 3 座龙山文化城址，也是当时所知面积最大的龙山文化城址。建筑特点与龙山文化城址中常见的台城结构不同，是目前海岱地区可见唯一一座有直立城垣、城垣内外地平基本一致、以城垣缺口为城门门道的城址。

此城址与临淄桐林、邹平丁公、章丘城子崖四处城址由东向西一线排开，分处于弥河、淄乌河、孝妇河、巨野河流域，他们各属本流域的区域中心，彼此距离适中，正好将整个鲁北山前地带串联起来，成为贯通整个地区社会的经济走廊，边线王城址便是其中的一个重要环节。

（梅圆圆）

153

边线王遗址发掘现场

边线王遗址外城西门北端基槽奠基坑

边线王遗址内城东南角发掘现场

边线王遗址外城东北角基槽奠基坑

边线王遗址外城西门及两端基槽

盆形鼎

罐形鼎

杯

甗

鬶

边线王遗址出土龙山文化陶器

39 潍坊
[姚官庄遗址]

历年主要发掘单位

山东省文物管理处　中国科学院考古研究所山东队　省和地区合办的文物考古训练班

历任发掘领队及主持发掘者

李步青

主要参与发掘人员

朱自成　袁明　赵永友　李长明　魏效祖　许震　毕宝启　韩树鸣　等

资料整理发表工作

郑笑梅　吴汝祚

　　姚官庄遗址位于潍坊市潍城区，地处胶莱平原，白浪河西岸，距姚官庄村约 1 千米。遗址面积 10 万平方米，包含有汉代、周代、龙山文化遗存，其中以龙山文化为主。

　　1960 年初，山东省文物管理处在潍坊市南，白浪河西岸发现一处龙山时期遗址；3—7 月，由山东省文物管理处会同中国科学院考古研究所山东队以及省和地区合办的文物考古训练班共同发掘，发掘面积 1700 平方米。因白浪河水库的建设，自 1961 年水库蓄水后遗址完全变为库区。

　　姚官庄遗址共发现龙山时期墓葬 12 座，灰坑 128 个，灰坑多形制规整，其中部分灰坑出土大量可复原陶器；墓葬为单人竖穴土坑墓，随葬品较少。姚官庄遗址的出土文物以石器、骨角牙器和陶器为代表。出土石器共 194 件，有铲、斧、刀、镰等生产工具，矛头、镞等武器，其中以镞的数量最多。骨、角牙器共 50 件，主要为铲、刀、镞等。陶器的数量最多，可复原及可辨器型的共 529 件，器形多样，主要有鬶、盉、鼎、杯、甗、蛋壳陶高柄杯等，其中蛋壳陶高柄杯为首次完整获得，全面展示了"黑、光、亮、薄、轻"的龙山文化陶器特征。姚官庄遗址出土的大量制作精美的陶器、石器、骨器，为龙山文化面貌及分期提供了线索，极大地丰富了龙山文化研究的材料。

　　姚官庄遗址的考古发掘在龙山文化的研究中起到了重要作用。首先，姚官庄遗址是中华人民共和国成立以来山东地区首次进行的大面积发掘的龙山文化遗址，遗址文化堆积厚，遗迹多样。其次，出土遗物数量多且种类丰富，不仅能够大大加深人们对龙山文化面貌、分期、类型的认识，还能够进一步对当时的社会性质等问题展开分析讨论；实际上，20世纪60—80年代，对于龙山文化的认识主要是建立在这批资料之上的。最后，姚官庄遗址的大量精美陶器现在展陈于山东省博物馆，这是公众走进龙山文化、感受龙山文化陶器之美最便捷有效的途径。

（房书玉）

人面像

鬶

鬶形盉

鼎　　　　高柄杯　　　　高足盘

姚官庄遗址出土龙山文化陶器

40
滕州
［西孟庄遗址］

历年主要发掘单位

山东省文物考古研究院

历任发掘领队及主持发掘者

高明奎　梅圆圆

主要参与发掘人员

孙亮慎　等

西孟庄龙山文化聚落位于枣庄市滕州市界河镇西孟村西南约 150 米处，南距庄里西龙山文化城址约 12 千米。为配合枣菏高速公路建设，2018—2019 年山东省文物考古研究院对西孟庄遗址进行了考古发掘，发掘面积共计 2500 平方米，完整揭露出一处龙山文化小型围墙聚落。

遗址现存地层堆积亦较简单，多数遗迹直接暴露于表土层下。遗存中除个别为战国、汉代墓葬外，其余均属于龙山文化早中期遗迹，发现有围墙、环沟、房址、灰坑、墓葬、窑址及大量柱洞，分布组合极有规律，自成单元形成围墙聚落。

据层位关系和遗迹分布情况，围墙聚落的发展可分作两个阶段：早期方形围墙阶段和晚期圆形围墙阶段，同属龙山文化早期；围墙聚落被废弃后，仍有人类活动，发现了一些灰坑、个别墓葬和窑址，以及少量仅残存柱础部分的柱洞，但是聚落形态和遗迹现象都与以前大相径庭，时代上则进入龙山文化中期。

方形围墙整体近正方形，为西北—东南向，面积近 2200 平方米。墙体不存，仅余基槽部分，基槽口可见密集柱洞，基槽内沿分布一周柱坑，应为"壁柱"结构。通过对围墙基槽及柱坑、柱洞的解剖，推测围墙的建筑步骤可能为：挖基槽—基槽底部深挖柱坑—栽埋柱子—回填基槽—再立"壁柱"—修筑墙体。方形围墙共有三处缺口，分别位于南、东、西墙，其中东墙和西墙缺口后被房址封住，仅余南墙一处缺口可作为门道出入，这就使得方形围墙的防御性得到进一步加强。方形围墙内的遗迹以房址和大量柱洞柱坑为主，房址多为方形地面式木骨泥墙建筑。

西孟庄遗址发掘区
（由南向北）

圆形围墙恰处于方形围墙之内，平面呈圆形，直径 36 米，面积约 1100 平方米。墙体亦无存，存留基槽和柱坑，除形状和宽深尺寸稍有差异之外，其建筑方式、形制结构与方形围墙几乎相同。环沟围绕于圆形围墙外侧，平面形状为不规则形，呈浅沟状。圆形围墙内的房址亦多为方形地面木骨泥墙建筑，聚落中部偏西有一处特殊的空间，只见大型柱坑，成组分布，形制殊异于一般房址，面积也小很多，据其形制推测应该是干栏式建筑。

围墙聚落被废弃后，出现了一些灰坑、个别墓葬、窖穴和窑址，以及少量仅残存柱础部分的柱洞，这些遗迹大多破坏围墙结构，聚落面貌也发生极大改变，时代上已进入龙山文化中期。

西孟庄是目前唯一得到完整揭露的龙山文化聚落，虽然面积小，但演变过程清晰、阶段性特征明显，聚落呈现出的特殊性也是在以往对龙山文化小型聚落的发掘中所未见到的。西孟庄聚落的发现对我们研究龙山文化聚落结构，以及更完整地解读龙山社会具有非常重要的意义。

此外，西孟庄聚落的特殊性为我们探讨龙山聚落的性质和功能提供了另一种可能。西孟庄聚落的规模很小，在龙山聚落分级标准里，应属于最基层聚落的规模；但西孟庄的聚落结构与以往常见的龙山文化小型聚落有极大不同，遗迹现象以围墙和房址为主，其他种类较少，缺乏一般遗址常见的各种灰坑、墓地、水井、陶窑等，功能上并不完备。而围墙的防御性特别突出并不断被加强，一方面可见多处对围墙进行过补筑、加固的迹象；另一方面围墙门道处都筑有附属建筑以控制出入，甚至为加强防御将门道封堵，并修筑类似"马面"的防御结构。出土遗物中，陶器种类单一、体量较小，

西孟庄遗址龙山文化房址 F19（由西北向东南）

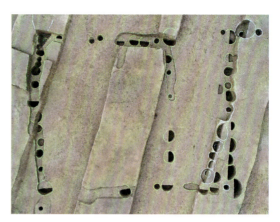

西孟庄遗址龙山文化房址 F34（由东南向西北）

西孟庄遗址龙山文化灰坑 H70（由西向东）

西孟庄遗址方形围墙东墙南段（由西南向东北）

罐形鼎

盆形鼎

西孟庄遗址出土龙山文化陶器

几乎不见精致器类；石器中以石镞数量突出，而进行农业生产的石斧、石刀、石铲等则比例较小。植物浮选结果显示各种遗迹土样中的植物遗存比例都非常低，当中杂草类的比例又远高于农作物。动物遗存以哺乳动物为主，从骨骼保存部位来看，各种动物存在较多骨骼部位缺失的现象，说明这些动物可能并非在遗址发掘区被屠宰肢解的，遗址发掘区只是消费这些动物的场所。这些现象都表明，西孟庄聚落是一个生产和生活功能并不完备，但防御功能却得到反复加强的特殊聚落，其性质可能是一处军事据点。以往常见的龙山文化聚落从功能上看多是经济性的，尚未发现政治军事性的实例，而西孟庄作为一个功能单一的军事据点，其发现可谓首次面世，对于我们分析和估量当时的社会发展程度，尤其是政治社会发展状况具有非常重要的作用，同时也进一步深化了对龙山社会复杂化进程的认识。

（梅圆圆）

41 兖州

[西吴寺遗址]

历年主要发掘单位

国家文物局考古领队培训班　山东省文物考古研究所

历任发掘领队及主持发掘者

黄景略

主要参与发掘人员

俞伟超　郑笑梅　叶学明　吴汝祚　朱永刚　李季　何德亮　徐光辉

西吴寺遗址位于济宁市兖州区西北约 25 千米小孟乡西吴寺村东 1.5—2 米的台地上。遗址发现于 1957 年，1983 年秋季进行过一次小规模试掘，1984—1985 年又在此进行 3 次考古发掘。遗址面积 10 余万平方米，属于黄河下游地区新石器时代龙山文化、岳石文化和周代遗存。2013 年被公布为全国重点文物保护单位。

第 1 次发掘为 1984 年 9 月 15 日—11 月 29 日，由黄景略、俞伟超、郑笑梅主持，国家文物局田野考古领队培训班第 1 期学员 20 人参加，发掘面积 1075 平方米。第 2 次发掘是 1985 年 3 月 19 日—6 月 20 日，由叶学明、郑笑梅、吴汝祚、黄景略主持，第 2 期学员 34 人参加，发掘面积 1425 平方米。第 3 次发掘为 1985 年 9 月 11 日—11 月 16 日，工地负责人朱永刚、李季、何德亮、徐光辉，吉林大学考古专业 83 级学生 20 人参加，发掘面积 750 平方米。这 3 次发掘共开探方 138 个，面积 3250 平方米，出土各类文化遗物 1400 余件。

遗址文化层堆积厚度 1—1.5 米，根据土质土色的不同和包含物变化，划分为 9 层，第 1—3 层是宋金至今的堆积，第 4—6 层为周代遗存，第 7—9 层是龙山文化遗存。

西吴寺遗址重要的发现是龙山文化及周代遗存。

龙山文化遗迹有灰坑、房屋、水井、墓葬等，遗物以陶器居多，还有大量石、骨、蚌、角器等。房屋平面呈长方形，分平地起筑和半地穴式两种，面积一般约 10 平方米，居住面采用防潮性能较好的黄土礓和料姜石及细砂土铺垫。室内多有椭圆形灶。柱洞分布在房屋四周，底部有的铺垫碎陶片。个别房屋内还放置完整陶质容器。

西吴寺遗址发掘结束全景

灰坑分布密集，坑口形状大致分为圆形、椭圆形、方形、长方形和不规则形诸种。水井分为圆形口和方形口两种。壁斜直，向下逐步内收，深度4—5米。上部填土属于水井废弃后的堆积，井底均发现有各种罐类，应为使用时的遗存。墓葬皆为长方形竖穴土坑，单人仰身直肢，面向上，头向东，方向90°左右。有随葬品的墓葬均为4件陶器，分别为鼎、高柄杯、觯形杯、单把杯、罐和豆。

陶器分夹砂、泥质和细泥3类。陶色分灰、褐、黑、红、白5种。器类有鼎、鬶、盆、匜、罐、杯、盒、瓮、甑、箅、盘、豆、壶、高柄杯、单把杯、觯形杯、碗、罍、钵、尊、器盖等。器表装饰以素面为主，纹饰有凹凸弦纹、附加堆纹、刻划纹、镂孔、篮纹、绳纹、方格纹、窝纹、竹节纹等，特别流行盲鼻、附耳、铆钉和鸡冠耳等装饰。生产工具为石、骨、陶、牙、蚌器等。石器主要有斧、凿、锛、刀及鹿角锄、骨凿、蚌镰等，渔猎工具有石镞、骨镖、骨矛、网坠等，纺织工具仅见纺轮、骨针和骨锥。

关于龙山文化遗存的年代，^{14}C测定结果距今4045年±115年和4165年±135年。大致分为3个阶段，其早期应处于龙山文化早期阶段，中、晚期约当龙山文化中期阶段。

周代文化遗存主要是灰坑、兽祭坑、灰沟、房屋、陶窑、井和隧道等，还散见少

西吴寺遗址周代隧道出入口

量小型墓葬。灰坑坑口平面分为圆形、椭圆形和方形，按腔体形状分为 4 大类 12 种基本形式。引人关注的是遗址中发现的 5 处隧道：有的是从地面向下挖竖井，有柱洞；有的是沿台阶而下，内有地下厅室，还有分岔路和盲洞；有的是出入口直接利用水井水面以上部分，这样汲水也很便利。文献有"凿隧而入井，抱瓮而出灌"之说，表明"隧"似乎与井有联系。这样庞大而完整的地下工程，是军事设施还是祭祀场所，还有待进一步研究。

出土的遗物主要是陶、铜、石、骨和角器等。陶器分为夹砂和泥质两大类。陶色以灰色为主，红陶少见。器表装饰中绳纹是大宗。器类有鬲、甗、盆、小盆、豆、盂、簋、瓮、四系罐、三足盘、单把杯、钵、鼎、器盖等。

根据地层堆积和各遗迹之间的多组叠压打破关系，遗址分为 5 期。第 1 期为西周早期阶段，第 2 期约在西周中期，介于遗址第 3 期的周代和第 5 期之间的第 4 期当在春秋早、中期阶段。

西吴寺遗址的主要收获当属发现了龙山文化和周代文化遗存，为深入研究山东龙山文化、周代文化遗存的面貌特征以及区系类型等课题提供了重要的实物资料。

（何德亮）

陶鼎

龟甲

陶高柄杯

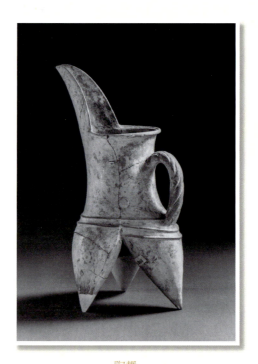

陶鬶

西吴寺遗址出土龙山文化器物

岳石文化　陶鬲

周代　陶鬲

周代　陶豆

周代　陶盂

周代　陶罐

西吴寺遗址出土器物

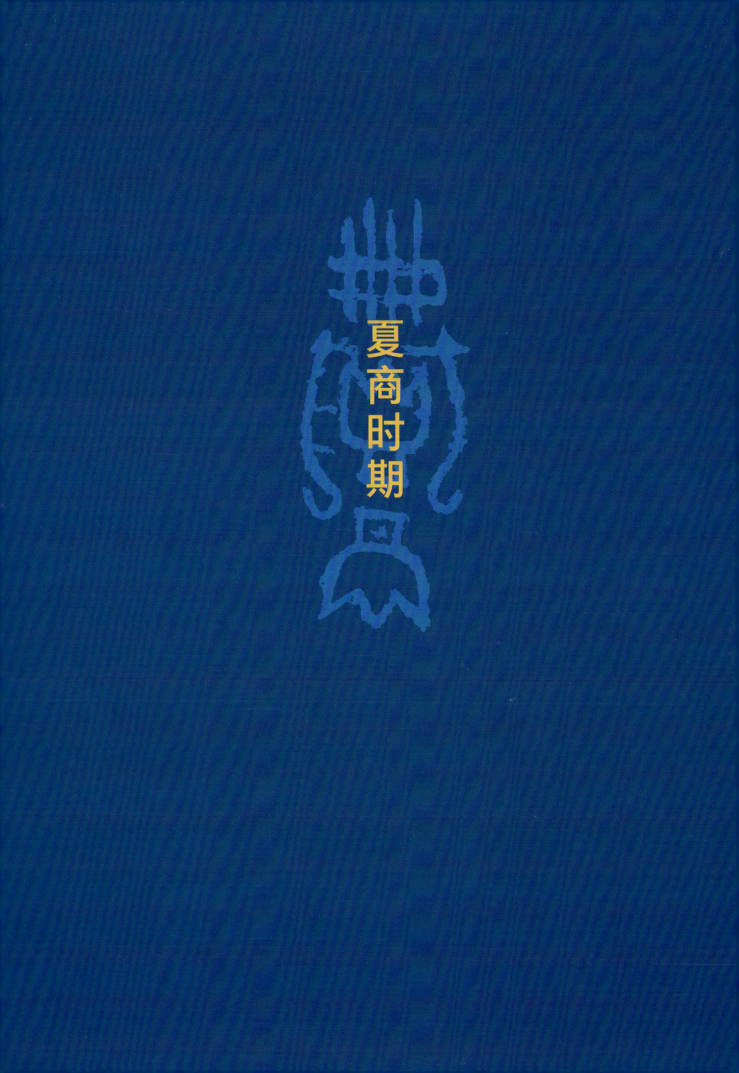

夏商时期

42 平度
[东岳石遗址]

历年主要发掘、调查勘探单位

中国科学院（现中国社会科学院）考古研究所山东队　山东省文物管理处
青岛市文物局　平度县文化科　平度县博物馆　青岛市文物保护考古研究所

历任发掘领队及主持发掘者

韩 榕　焦天龙

主要参与发掘人员

魏效祖　许 振　冯秉刚　何裔霭　韩树鸣　毕宝启　贾金华　傅群起　孙善德
林玉海　邱玉胜　宋爱华　于书亭　高瑞吾　等

　　东岳石遗址坐落于青岛市平度市北大泽山东岳石村东南、淄阳河水库东北部的台地上，东靠大泽山，南依大泽山支脉高望山和明堂山，西、北两面地势比较平坦。遗址现存面积东西长约200、南北宽约100米，总面积约2万平方米，是岳石文化的命名地。2006年被公布为全国重点文物保护单位。

东岳石遗址现状

1959年修筑淄阳河水库时发现遗址，1960年中国科学院考古研究所山东队，联合山东省文物管理处对遗址进行了第一次发掘。此次发掘工作自4月12日起，至5月24日结束，共开5米×5米探方11个，清理岳石文化灰坑2座，出土陶、石、骨、蚌器等。清理战国时期墓葬20座，出土了陶质容器、铜质容器、兵器、服饰、装饰品、陶俑及车马器。1993年青岛市文物局联合中国社会科学院考古研究所山东队对该遗址进行了第二次发掘。此次发掘工作自10月23日起，至11月25日结束，共开5米×5米探方13个，清理岳石文化灰坑2座、灰沟1条，获一批陶、石、骨、角、牙器等。2016年5月5日起，至5月23日，青岛市文物保护考古研究所组织专业技术人员对该遗址进行了系统的调查勘探工作。调查面积约250万平方米，勘探面积约8万平方米，基本了解了东岳石遗址地下遗存的大致分布范围和堆积区域。

　　东岳石遗址的考古发掘成果主要有三点。第一，确立了岳石文化命名。第二，明确了岳石文化特征，即陶器以夹砂褐陶和泥质灰陶为主，轮制陶不发达，陶胎厚重；纹饰除素面、磨光之外，常见凸棱、附加堆纹、划纹、戳印纹以及彩绘；器类常见大袋足鬲、尊形器、磨菇状纽器盖、舟形器等，石器以半月形双孔石刀、带亚腰或竖向浅凹槽石斧、方孔石锄、铲、镞最具代表性。第三，探讨了东岳石聚落先民的生业方式，除种植业、养殖业外，渔业捕捞也占有极为重要的地位。东岳石遗址的发现进一步完善了山东地区的考古学文化序列，为探索山东地区夏商时期考古学文化面貌和青岛地区史前人类活动轨迹奠定了扎实的基础。

（付胜龙）

实心磨菇纽器盖

带子口的平底尊　　　　　　双孔石刀

东岳石遗址出土器物

43 牟平

[照格庄遗址]

历年主要发掘单位

中国社会科学院考古研究所山东队　　北京大学历史系考古专业　　烟台市博物馆　　烟台市牟平区博物馆

历任发掘领队及主持发掘者

严文明　　王富强

主要参与发掘人员

赵朝洪　李平生　韩　榕　戴宁汝　李前亭　王锡平　吴玉喜　唐敬宾

侯建业　赵　娟　徐明江　张　博　张凌波　张振勃　唐忠成　等

　　照格庄遗址位于烟台市牟平区城东南部，文化街道照格庄村西。遗址南部略高，中部稍隆起，周围地势平坦，土质肥沃。遗址总面积约 20 万平方米，主要为岳石文化堆积。2013 年被公布为全国重点文物保护单位。

　　1972 年春挖水渠时发现遗址。1979 年，中国社会科学院考古研究所山东队、北京大学历史系考古专业和烟台地区文管组联合组成考古队，对牟平照格庄遗址进行了考古发掘，揭露面积 280 平方米。遗迹主要有灰坑和灰沟。灰坑绝大多数口部呈椭圆形，少数为不规则形，直壁平底的较少，多数呈锅底形，个别有呈阶梯形的，还有带斜坡或台阶通道的二联坑和三联坑。多数坑底未见明显加工痕迹，少数坑底经过砸实，并使用白灰土或灰黄土、红烧土或红胶泥等加以铺垫，坑内无灶，亦未见用火痕迹。此种半地穴式建筑可能有顶覆盖，但又不似居室，推测可能作为窖穴或作坊之用。2007—2008 年，为配合城区建设，由烟台市博物馆、烟台市牟平区博物馆组成考古队对照格庄遗址北部边缘进行了勘探发掘，首次发现了岳石文化的窑址和围壕。其中陶窑保存完好，分布密集，在国内同时期的考古发现中尚属罕见。围壕经初步勘探，南北长约 260、东西宽约 150 米；其东北角经发掘，宽约 4、深约 2 米；对于研究胶东半岛当时的聚落形态具有重要的价值。

照格庄遗址 2007 年发掘现场　　　　　　　照格庄遗址 2007 年发掘的岳石文化陶窑

照格庄遗址 2008 年发掘现场

著名历史学家、夏商周断代工程专家组组长李学勤先生 2007 年 9 月亲临发掘现场考察

出土的器物主要有石器、骨器、陶器等。石器种类繁多、制作精细、通体琢制、刃部锋利，讲求实用而不尚华丽，尤其是出现了一批独具特色的石制农业生产用具，其中特征最鲜明的有单面刃石铲、半月形双孔石刀、长方形多孔石镰等。骨器在龙山文化的基础上有了进一步发展，种类、数量更为繁多，磨制更为精细，主要有铲、刀、匕、锥、针、鱼钩等。陶器分夹砂和泥质两种。夹砂陶以褐陶为主，手工制作者居多，纹饰以附加堆纹为主，也有刻划纹、截印纹等；泥质陶以灰陶最多，黑陶次之，多为

照格庄遗址 2008 年发掘的岳石文化壕沟

轮制，器表磨光，盛行突棱和子母口、空心蘑菇形纽，纹饰以弦纹为主，彩绘装饰独具特色。陶器均器壁较厚，器类有甗、罐、盆、尊、豆、器盖等。此外，还出土了一段青铜锥和卜骨。铜锥保存完整，表面锈蚀较重，剖面近三棱形，尖部锋利，经鉴定化验为青铜。卜骨选用鹿、羊、猪的肩胛骨，有钻有灼，钻孔排列较整齐。经 ^{14}C 测定，遗址距今 3900—3600 年。

牟平照格庄遗址文化内涵丰富、特征鲜明、时代单纯，为胶东岳石文化的典型代表——照格庄类型。

（张凌波）

卜骨　　骨铲　　骨鱼钩　　陶三足罐　　陶尊

照格庄遗址出土岳石文化器物

44 定陶
[十里铺北遗址]

历年主要发掘单位

山东省文物考古研究所　菏泽市历史文化与考古研究所　定陶县文物局

历任发掘领队及主持发掘者

高明奎

主要参与发掘人员

王 龙　曹 军　杨小博　孙 明　王江峰　丁献军　王世宾　刘伯威

　　十里铺北遗址位于菏泽市定陶区仿山镇十里铺村北约 100 米处，菏商公路（人民路）、菏曹运河从遗址东侧边缘穿过，西南约 600 米为仿山镇政府，东北距仿山遗址约 1.3 千米。遗址地处鲁西南黄泛区，周围地势平坦，是一处被完全淤埋于地表以下的堌堆遗址。遗址由北部的圆丘形堌堆及西南、东南部的两块岗地构成，南北长约 350、东西宽约 300 米，总面积 9 万多平方米。北部堌堆遗存文化堆积平均厚达 2 米，上部普遍覆盖 0.7—2.1 米厚的淤积层。2019 年被公布为全国重点文物保护单位。

十里铺北遗址全景（由南向北）

十里铺北发掘区俯视照（由西向东）

2013 年因菏曹运河湿地景观带工程施工发现遗址。为做好该工程建设中的文物保护工作，山东省文物考古研究所于 2014 年春季进行勘探，2014 年下半年对河道拓宽占压遗址部分进行发掘，并铲刮了临河南北向断崖剖面。2015 年春季，在堌堆遗址南、北部边缘分别开南北向探沟解剖，东北部临河处铲刮东西向断崖断面，确认了堌堆遗址边缘存在一周岳石文化和晚商时期的夯土墙。两次发掘共揭露面积 2200 平方米，遗址包含北辛文化、大汶口文化、龙山文化、岳石文化、商、东周、汉、唐等不同时期的文化遗存，其中尤以龙山文化、岳石文化、商代晚期遗存最丰富。

发掘取得了重要收获。其一，进一步完善了鲁西南地区史前文化的发展序列。21 世纪初，鲁西南地区已知最早的史前文化为大汶口文化晚期，而这次工作不仅确认了大汶口文化中期的人类生活遗存，还发现了大汶口早期和北辛文化的遗物，填补了该区域距今 6000—5000 年人类发展的一段空白。其二，发现了文化面貌复杂且有特色的龙山文化、岳石文化及商代遗存。清理大量窖穴，且有多座完整骨架的动物坑，另有少量的房基、墓葬、陶窑，推测发掘区为龙山文化、商代储藏区。陶器所表现出的文化面貌与山东龙山文化有较大差别，而与豫东同期文化更加接近。岳石文化陶器文化面貌同样表现出复杂性，素面陶器和大量的绳纹陶器并存，器形组合多样，还共存下七垣文化的器物，以及少量二里头文化因素的陶器。商代遗迹广泛分布，晚商时期灰坑近 200 座，最早可到中商一期。圆形袋状窖穴数量较大，其中中部多座坑底放置完整的牛或人骨架，出土完整的卜甲，可能为祭祀区。其三，发现岳石文化、晚商时期的夯土墙及以城邑为中心的聚落群。淤埋于地表下的北部堌堆呈圆丘状，直径 180—190 米，面积约 3 万平方米，现存约 2/3 周的夯土墙，墙体沿高地边缘绕行修筑，南部有一缺口，东部被菏曹运河河道破坏，为一座小型城堡。墙体顶部距地表 0.3—1.5、宽 7—8 米，底部宽 11—13、残

十里铺北遗址北墙断面

十里铺北遗址南部墙体解剖

十里铺北遗址龙山窖穴

高 2.3—3.5 米。墙体始建于岳石文化，商代晚期加固拓宽，东周时期仍在沿用。据调查，以该遗址为中心，半径 1.2 千米范围内，周围绕以官堌堆、仿山、何楼、程庄、十里铺、高河 6 处堌堆遗址，形成了北辛文化晚期至夏商周时期连续发展的堌堆聚落群，这当是一个区域性政治实体，而十里铺北遗址则是该政治实体的中心。

十里铺北遗址是鲁西南地区现存古文化延续时间较长、保存较完整、发掘面积较大的堌堆遗存，是研究、展示 6000 年以来该区域环境变化、社会演变的绝佳实例。该遗址是在东西文化交汇地带发现的第一座夷人、商人叠用的城址，是东夷西进、先商南下、晚商东渐路线上的重要城邑，对探讨夏商时期东西方势力互动、融合及中国古代文明一体化进程具有重要意义。

（高明奎）

岳石文化　鬲　　　　　　　　　　　　龙山文化　罐

商代　鬲　　　　　　　　　　　　大汶口文化　彩陶罐

十里铺北遗址出土陶器

45 菏泽
［安邱堌堆遗址］

历年主要发掘单位

北京大学考古系　菏泽地区博物馆

历任发掘领队及主持发掘者

邹　衡　王　迅　宋豫秦

主要参与发掘人员

顾玉才　张国硕　赵古山　周元生　张启龙　周福元　孙　明

吴俊平　黄　波　冯占元　路维民　王子华　等

　　安邱堌堆遗址位于菏泽市开发区佃户屯街道曹楼行政村东南 100 米处，东距临商路 1.6 千米，以北约 3.7 千米处有万福河自西向东流过。因南北朝时期在其上建有安邱寺而得名。遗址中部隆起一个堌堆，南北长 44.4、东西宽 61.2、高约 3.5 米，总面积近 1 万平方米，存在丰富的龙山文化、岳石文化、商周和汉代遗存。2001 年被公布为全国重点文物保护单位。

　　1957 年全国第一次文物普查时发现，20 世纪 60 年代至 80 年代进行过多次考古调查与试掘工作。1969 年 8 月，山东省博物馆对遗址进行了系统的调查、勘探和试掘，试掘面积 50 平方米，发现灰坑、房址等。1976 年 3—4 月，菏泽地区文物管理站再次对遗址进行试掘，揭露面积 50 平方米，发现了灰坑、房址等。1984 年 9—12 月，北京大学考古系商周组结合学生考古实习，对该遗址进行调查与发掘，发掘面积 210 平方米。发现了龙山文化、岳石文化、商周等时期墓葬、奠基坑、房址、灰坑、灰沟、陶窑等遗迹。

　　历次试掘和发掘发现了丰富的文化遗存。其中龙山文化时期的房址 10 余座，分为长方形、圆形及圆角长方形，并在个别门道下发现了用人奠基现象。还发现 1 座保存较完整的商代陶窑。

1984年的安邱堌堆遗址考古发掘，是中华人民共和国成立以来在菏泽地区针对堌堆型古聚落遗址开展的第一次正式发掘，主要体现在以下几个方面：第一，对鲁西南地区堌堆型的古聚落布局及其变迁有了一个初步的认识；第二，遗址文化在包含山东龙山文化和河南龙山文化因素的同时，也体现出了这个地区一些自身的文化特点；第三，岳石文化层的发现，填补了该地区龙山文化与商代之间的空白，被考古学界命名为岳石文化的"安邱堌堆类型"；第四，遗址内的商文化层是从早期到晚期连续堆积的，这在国内其他商文化遗址中少见，晚商文化中常见的厚胎、红褐色居多的陶鬲和陶甗较有特色，而很少见于安阳殷墟，因此学界以此为参照，把鲁西南、豫东地区的晚商文化定为安邱堌堆类型。

（马静）

龙山文化 盆　　　　龙山文化 钵

龙山文化 罐　　　　商代 鬲

安邱堌堆遗址出土陶器

46 菏泽
［青邱堌堆遗址］

历年主要发掘单位

山东大学文化遗产研究院　　山东省文物考古研究院　　菏泽市文物研究院

历任发掘领队及主持发掘者

陈雪香

主要参与发掘人员

高继习　　赵永生　　李力　　山东大学 2015 级考古专业及文物与博物馆专业部分本科生

2018 级考古专业本科生和部分研究生

青邱堌堆遗址位于菏泽市高新区马岭岗镇寺西范村东 300 米处。堌堆中心点坐标东经 115° 16′ 52.5″，北纬 35° 09′ 45.3″，距离汉代冤句故城仅有 2 千米。堌堆边缘西侧和南侧陡峭，东侧较缓；在东、西、南三侧有大范围浅湖相沉积；北侧主要为汉墓分布区。遗址总面积约 4 万平方米。2013 年被公布为省级文物保护单位。

青邱堌堆遗址 2021 年度考古发掘场景（由西向东拍摄）

山东大学文化遗产研究院 2012 年对遗址进行了调查工作；2017 年对遗址进行了勘探，确认了青邱堌堆遗址的范围大于 4 万平方米；2018 年和 2021 年，对青邱堌堆遗址进行了两次考古发掘，面积共计 1800 平方米。发现龙山文化、岳石文化以及商代、周代、汉代、唐宋和明清时期遗存。

2018 年和 2021 年的考古发掘，清理灰坑 735 个（含窖穴和祭祀坑），房址 73 座，墓葬 107 座，此外还发现灰沟、水井、窑址、农田、道路等，为苏鲁豫皖交界地区的堌堆聚落堆积和形态变迁研究提供了重要资料。

清理龙山文化中晚期房址 50 余座。普遍存在于同一房基上推倒重建的现象，显示出居住人群相对稳定。陶器盛行方格纹、篮纹，以及夹细砂的中口罐等器物，并在岳石文化中被继续使用，反映出龙山文化向岳石文化的过渡在本地文化特征上有很强的延续性。

岳石文化遗存地层关系明确清晰，遗迹主要包括房址和灰沟，房址未见明确的原址重建现象，推测延续使用时间不长。岳石房址与龙山房址之间，可见深褐色的自然间歇层。商前期地层直接叠压在岳石文化房址废弃的堆积之上，出土器物兼有浓厚的下七垣文化和二里头文化因素。

商代是堌堆地层堆积快速形成的时期。堌堆的东北和西南，在商前期，有成片低洼地；到商后期，洼地被静水沉积物和垫土加高，厚度可达 3—4 米，其间多次使用牛、马、人进行祭祀，推测这种祭祀行为可能与水患有密切关系。

青邱堌堆遗址岳石文化房址 F24 室内活动面

青邱堌堆遗址龙山文化房址 F12 墙体与室内铺垫的土坯　青邱堌堆遗址岳石文化房址 F14 倒塌的土坯墙

青邱堌堆遗址商代祭祀坑 H569 出土完整马骨架

龙山文化　陶深腹罐

西周遗存较少。东周时出现高等级夯土台和贵族墓，且以大型夯土台基最为瞩目，村民也曾挖到出土青铜鼎及"郢爰"币的战国墓葬。

汉代此地成为墓地，堌堆成为以冤句故城为核心的聚落群的有机组成部分。汉代墓上常见夯筑封土，导致堌堆北部边缘地势不断被加高，遗址范围扩大。

到唐宋至清代，该地经历过多次大规模的黄河泛滥，堌堆四周被洪水沉积掩埋。唐宋与明清的地层之间，黄河泛滥淤积呈坡状，最厚处可达 3.5 米。明清时期，堌堆之上有寺庙建筑构件，遗址北侧发现大片农田，西侧也有砖窑和道路存在。

　　青邱堌堆遗址的两次发掘不仅解剖了堌堆遗址的形成过程，对于进一步认识鲁西南地区龙山文化及岳石文化的内涵，探讨本地区长时段的生态环境变迁、社会网络建构具有重要学术价值，同时也为探寻先商文化提供了新的线索。

（陈雪香）

爵　　　　　　　　　　深腹罐

爵　　　　　　　　　　簋

青邱堌堆遗址出土岳石文化陶器

47 济南
［大辛庄遗址］

历年主要发掘单位

山东大学　山东省文物考古研究所　济南市考古研究所　等

历任发掘领队及主持发掘者

徐 基　方 辉　郎剑锋　孙 波

主要参与发掘人员

党 浩　郝导华　山东大学考古系 2000 级本科生、2017 级本科生及部分研究生　等

　　大辛庄遗址位于济南市历城区王舍人镇大辛庄村东南，西北距小清河约 2.3 千米，处于小清河冲积扇与山前平原交界地带。遗址总面积在 30 万平方米以上，地势由西南向北逐渐下倾。文化遗存主要属于商代，并有周代和汉代遗存。2013 年被公布为全国重点文物保护单位。

　　遗址最早发现于 20 世纪 30 年代，中华人民共和国成立以后，山东省文物考古部门和山东大学历史系进行过多次考古调查、勘探和试掘工作。20 世纪五六十年代，山东大学历史系师生等对大辛庄遗址开展多次调查，采集到陶器、玉石器和甲骨等大量遗物。1984 年秋，山东大学历史系考古专业在山东省文物考古研究所和济南市博物馆的配合下对大辛庄遗址进行发掘，发现房址、墓葬、水井等重要遗迹，出土大量陶器、铜器、骨器等文物。2003 年春，山东大学东方考

1984 年大辛庄遗址发掘（由西南向东北）

2014 年大辛庄遗址发掘

2020 年大辛庄遗址发掘

古研究中心联合山东省文物考古研究所等单位对大辛庄遗址进行发掘，发现中商、晚商时期墓地各一处，以及商代房址、大型窖藏坑等。其中，商代刻辞甲骨的发现引起学界广泛关注和讨论。2010 年 3—12 月，山东大学考古系联合相关单位对大辛庄遗址展开新的发掘，在蝎子沟以东发现一处商代墓地和一座回廊式夯土建筑基址，包括一座高等级贵族墓葬 M139。2014 年 3—7 月、2020 年 9 月—2021 年 4 月，山东大学历史文化学院、山东省文物考古研究院和济南市考古研究所对大辛庄遗址进行联合发掘，发现商代建筑遗存、墓葬、窑址、水井、灰坑等大量遗迹，出土器物包括陶器、铜器、骨器、卜甲（骨）等。

　　大辛庄遗址的历年考古工作发现了大量商代重要遗迹、遗物。2003 年发掘出土数件商代晚期刻辞甲骨，是商代都城以外的首次发现，其卜辞同殷墟卜辞属于同一系统，但文字字形及祭祀对象、祭祀方法又具有自身特点，在甲骨学史上具有特殊意义。这表明大辛庄遗址不仅是商代东方的一处中心聚落，也可能是地方贵族居住地或方国都邑。这一发现对于重新审视大辛庄遗址的性质，研究商王朝与东方地区的关系，探索商代的政治制度和社会组织，提供了极其重要的材料。2010 年发现的 M139 属于一座

刻辞甲骨

石磬

中商时期的高等级贵族墓葬，出土的铜鼎、铜钺、铜盉暗示墓主人较高的身份等级和军事权力，结合伴出的其他商文化因素遗物，反映出大辛庄遗址与商王室在政治、经济、军事等方面存在着密切关系。

经过长期的田野考古工作，大辛庄遗址相关研究逐渐深入，产生了一系列研究成果，具有多方面的学术价值与意义。第一，建立了鲁北地区商文化编年体系和年代框架，确立了商文化"大辛庄类型"。大辛庄早期堆积中以素面夹砂红褐陶为代表的一类器物还被称为"大辛庄第二类遗存"。这些发现与认识有助于了解夷商发展关系，有助于开展夷文化和商文化的冲突和融合的相关研究。第二，明确了大辛庄遗址的性质，推动了商代考古与商史研究的深入。大辛庄遗址文化内涵丰富，出土了大量重要遗存及高等级遗物。刻辞甲骨的发现，表明大辛庄遗址当时在东方的重要地位及与商王朝的政治联系。商代中晚期贵族墓地、夯土建筑基址和有铭文青铜器的发现，表明大辛庄遗址为当时商王朝经略东方的统治中心之一，在商代考古与历史研究中具有重要的价值。

（郎剑锋）

铜钺

铜鼎

铜盉

大辛庄遗址出土商代器物

48 寿光
[双王城盐业遗址群]

历年主要发掘单位
山东省文物考古研究所　北京大学考古文博学院　寿光市博物馆
历任发掘领队及主持发掘者
王守功　党浩
主要参与发掘人员
燕生东　袁庆华　王德明　等

夏商时期

双王城盐业遗址群发掘远景（由东向西）

双王城盐业遗址群位于潍坊市寿光市双王城生态经济开发园区双王城水库周围，属于古巨淀湖（清水泊）东北边缘，古代曾称盐城、霜王城，地势低洼、平坦。周围30平方千米范围内发现古遗址80余处，时代有龙山文化、商代至西周初期、东周、宋元等时期，其中商代至西周初期遗址76处。遗址大多与古代制盐有关，是目前渤海南岸发现的规模最大的盐业遗址群。2013年被公布为全国重点文物保护单位。

2003—2004年，为配合南水北调东线工程建设，山东省文物考古研究所与潍坊市、寿光市文物部门对双王城进行了两次调查，发现遗址37处。2005—2008年，又先后对双王城周边进行了更大范围的调查、钻探和试掘工作，基本摸清了双王城作为一个盐业遗址群的分布范围、遗址数量及时代。2007年，对SL9遗址的2座残盐灶和3个灰坑进行了清理。2008—2009年，山东省文物考古研究所、北京大学考古文博学院、寿光市文化局和寿光市博物馆联合对07、014、SS8等遗址进行第一次大规模发掘，

双王城A遗址发掘
近景（由北向南）

双王城B遗址发掘
远景（由东向西）

双王城 B 遗址出土商、西周时期盔形器

发掘面积 6000 余平方米。首次分别揭露出 2 个晚商和 1 个西周早期的完整制盐作坊，辨认出卤水井、卤水沟、沉淀池、蒸发池、储卤坑、大型盐灶、生产和生活垃圾等商周时期制盐遗存；此外，还揭露出宋元时期的盐井、盐灶、卤水沟、过滤沟等制盐遗存。2010 年，继续对 SS8、07 等遗址进行第二次大规模发掘，发掘面积近 12000 平方米，揭露出了 1 个商代完整制

双王城 A 遗址商代水井 J1（由西向东）

盐作坊和宋元时期的盐灶、卤水沟、过滤沟、运盐车辙印痕等制盐遗存。

　　双王城盐业遗址群作为鲁北沿海地区的商周时期的大型盐业遗址群，在中国盐业考古研究中具有举足轻重的地位，是中国盐业考古的重要成果之一，也是新世纪以来山东盐业考古事业的重大成就，对研究中国乃至世界盐业考古具有重要的意义。

　　其一，新世纪以来，渤海南岸地区调查发现大量盐业遗址，但经过科学考古发掘的极少。双王城盐业遗址发掘第一次揭露出商周和宋元时期制盐作坊，填补了山东乃至中国海盐制盐业考古研究的空白。其二，为商周和宋元时期制盐工艺流程等的研究提供了重要的实物依据。发掘揭露了多个商代晚期、西周早期和宋元时期制盐作坊区，发现了卤水井、沉淀池、蒸发池、储卤坑、大型盐灶、生产和生活垃圾等制盐遗存。

双王城 A 遗址商代盐灶（由东向西）

双王城 B 遗址西周时期灰坑 H2（由北向南）

通过这些制盐单元结构，结合相关遗存的科学分析，可以基本复原商周乃至宋元时期的制盐工艺流程、产量，推断制盐季节。其三，双王城殷商时期规模巨大的盐业聚落群，以及渤海南岸出现的数量众多的同时期盐业遗址，反映出该地区在殷商时期经济突然繁荣，聚落和人口数量急剧增多，表明渤海沿岸地区应是殷墟时期的商王朝的盐业生产中心。

（党浩、吕长蕊）

190

49 济南
[刘家庄墓地]

历年主要发掘单位
济南市考古研究所
历任发掘领队及主持发掘者
郭俊峰
主要参与发掘人员
李 铭　房 振　刘秀玲

　　刘家庄墓地位于济南市天桥区纬北路街道东部的城中村——刘家庄村，地处泰山北麓、黄河下游冲积平原，东距济南古城区西北部约 1 千米。墓地时代分别为商代、唐代和宋元时期。

　　20 世纪 70 年代在此处的防空干道工程中曾出土近 20 件商代青铜器。2010 年 6 月—2011 年 2 月，济南市考古研究所在此进行了抢救性发掘，揭露面积约 3.4 万平方米，共清理墓葬 122 座，其中商代墓葬 76 座、唐墓 9 座、宋元墓葬 23 座。

　　商代墓地分布较分散、部分相对集中。墓葬均为竖穴土坑墓，一般规模较小，墓向不固定，东、南向各约 1/3，北向约 1/5，余为西向。部分有葬具一棺，个别有椁。葬式以仰身直肢为主，另有仰身屈肢、俯身直肢、侧身直肢、侧身屈肢等形式。随葬品多为陶器，每墓 1—3 件，主要为簋、豆、罐，另有少量鬲、壶、瓿、爵及海贝；个别还有铜戈、镞等兵器；少数墓出土鼎、瓿、爵等青铜重器，其中有 3 座墓随葬品数量较多。墓葬时代多为殷墟三期至四期，个别可早至殷墟二期。

　　M109、M121、M122 三座墓葬规模最大，出土大量青铜器和玉器，部分铜器带有族徽铭文。M109 出土器物 19 件（组），其中铜器 15 件，鼎、瓿、爵各 2 件，簋 1件，另有戈、刀、铃等器物。M121 随葬品 92 件（组），其中铜容器 15 件，有鼎 5、瓿 2、爵 3、甗 1、簋 1、斝 1、提梁卣 1、壶 1 件；戈、矛、刀、镞等铜兵器 49 件（组）；另有锛、弓形器、铃等铜器及戚、戈、柄形器等玉、石器及 1 件象牙器。M122 随葬品 59 件（组），其中铜容器 11 件，有鼎 1、簋 1、瓿 2、爵 3、提梁卣 1、器盖 2、斗

刘家庄墓地商代墓葬 M109（由东向西）

刘家庄墓地商代墓葬 M121（由东向西）

1 件；戈、矛、镞等铜兵器 27 件（组）。三座墓葬中的青铜器形制和纹饰与殷墟同类器物极为相似，陶器则既有相同之处、又有一定地方特色，其年代为殷墟三期。

青铜器上共发现族徽铭文 20 余组，其中以 "■" 为主，另有少数 "戈" "■" "■" "■" "■" "子工父己" 等铭文。推测 "■" 族是殷商时期居住在刘家庄一带、高度商化、与商王族有着密切关系的土著氏族，同时与戈、"■"、"■" 等族关系较好。M121、M122 的墓主人为 "■" 族高级贵族、军事将领，M109 墓主人为地位较高的贵族，M56、M112 墓主人为一般贵族，M38 等墓为普通士兵，其余为一般平民。

这批商墓中殷墟文化因素非常突出，如墓底设腰坑、殉狗、典型青铜器等特征；同时又有鲜明的鲁北地区文化因素，如陶器组合以簋和罐为主，并盛行夷式簋。从墓葬分布、随葬品、墓向和葬式来看，发掘东区南部为该地统治阶层 "■" 族贵族墓葬区；

东区北部和西区大部为平民墓葬区，可能分属不同氏族；西区西端为"子工"族墓葬区，其墓主人可能为被派遣至此实行监督管理职能的商王族。

唐至元代墓葬形制有土坑墓、土洞墓和圆形砖室墓，砖室墓部分砌有砖雕壁画，制作精美。随葬器物较为丰富，有陶双系罐、三彩钵、三彩炉、四系瓶、影青瓷尊、白釉瓜棱罐等。

刘家庄遗址是济南市区内首次发现并大规模发掘的商代遗址。刘家庄成为济南继大辛庄、长清小屯后又一处商王朝重要地点，对山东地区商代政治、文化格局的研究具有较大价值，同时对济南城市变迁研究也有较大意义。另外，此次清理的唐墓是目前山东地区发现的数量较多、保存较好、随葬品组合较完整、时代特征明显的唐墓，对深入研究山东地区唐墓形制的发展演变和丧葬习俗具有重要价值。

（郭俊峰、房振、李铭、刘秀玲）

商代晚期 铜方鼎　　商代晚期 铜圆鼎　　商代晚期 铜簋

商代晚期 铜提梁卣　　商代晚期 铜爵　　唐代 三彩炉　　宋代 白釉尊形瓶

刘家庄墓地出土器物

50 东营
[南河崖遗址]

历年主要发掘单位

山东大学考古系　山东省文物考古研究所　东营市历史博物馆

历任发掘领队及主持发掘者

王　青

主要参与发掘人员

王良智　李慧冬　山东大学考古系 2005 级本科生　东营市历史博物馆业务人员

　　南河崖遗址地处东营市广饶县北部、山东东营广北农场一分场三队南河崖村四周，西南距广饶县城 36 千米，东北距莱州湾（羊口港）14 千米，小清河在遗址东南侧穿过，与寿光大荒北央、双王城、机械林场等盐业遗址群相距不远。遗址群面积约 500 万平方米，由 60 余个地点组成，在南河崖村周围密集散布，主要为西周时期遗存。2013年被公布为全国重点文物保护单位。

盐坑　盔形器残片堆积区　卤水坑

淋卤坑　刮卤摊场

盐　灶　房　址

南河崖遗址发掘场景

南河崖遗址位置图

　　该遗址于 2007 年夏季由北京大学考古文博学院和东营市历史博物馆调查时发现，2008 年 3—6 月山东大学考古系联合山东省文物考古研究所、东营市历史博物馆进行了大规模正式发掘。发掘区位于南河崖村北直线距离约 250 米的第一地点（编号 08GN1），布 10 米 × 10 米探方 10 个，连同扩方实际发掘面积 915.3 平方米。清理出一处西周时期的大型煮盐作坊，收获大量煮盐器具陶盔形器。

　　本次发掘共清理各类西周时期遗迹 50 余个，包括卤水坑 2 个（H25、H17）、刮卤摊场 1 处（TC1）、盐灶 3 座（YZ1、YZ3、YZ4）、淋卤坑 18 个（LK1—LK18）、房址 5 座（F1—F5）、灰坑 20 余个、生活灶等。出土西周时期遗物较多，其中完整或可复原器及典型标本约 800 件，有陶、石、骨、蚌器等，以陶器为大宗，其中盔形器占绝大多数。另发现大量贝壳和少量兽骨。

　　根据盔形器和其他陶器的形制特征，可将遗址年代定为西周中期前后。通过对陶器的文化因素分析，可知周人在西周中期前后已到达该地。遗址体现出的周系、商系、土著夷人文化因素相互混杂的特点与内陆同时期遗址大体相同。但另一方面，这里又表现出一些比内陆发展相对滞后的特点，如内陆晚商以来已经不见或少见的陶器类型在此地仍比较流行。这可能与遗址的地理位置和聚落性质有关，具有一定地方特色。

　　该遗址发掘所获遗存与内陆商周时期定居型农业聚落显著不同，遗址出土遗物以陶盔形器为大宗，基本不见石器等农业生产工具。综合分析表明遗址是一处西周时期的煮盐作坊址，并且从地层堆积特点来看，煮盐行为很可能有季节性，几年之中的固定时间在此重复煮盐，是造成诸多遗迹基本在原地多次堆积的主要原因。

煮盐作坊的布局有一定规划性，区分了工作区和居住处。工作区位于居住区北侧，卤水坑四周是摊场，摊场以西为煮盐区，煮盐区周围分布淋卤坑，各自的构筑和堆积特征明显，分布上相互紧邻，功能上相互补充。居住区在工作区南侧，房址大致东西

南河崖遗址 T0304 北壁草木灰摊场 TC1 剖面
（由西向东）

南河崖遗址淋卤坑 LK7—LK12 与盐灶 YZ4
相对位置图（由南向北）

南河崖遗址盐灶 YZ4（由南向北）

南河崖遗址淋卤坑 LK1

南河崖遗址盐灶 YZ4 北出烟口（由南向北）

排列。根据钻探和调查可知，整个第一地点面积2万余平方米，有2个煮盐区，另1个煮盐区在本次发掘的煮盐区以西约50米。

该遗址的发掘是我国古代海盐生产遗址的一次重要科学发掘，为探索鲁北沿海商周时期盐业生产的规模、组织结构、管理模式、制盐工艺以及海岸线变迁等问题提供了重要资料。

（王青、刘艳菲）

南河崖遗址烟灶 YZ4 出土陶盔形器（由东向西）

仿铜鬲　　　　　　　　　　盔形器

盔形器　　　　　　盔形器　　　　　　盔形器

南河崖遗址出土西周陶器

51 滕州
［前掌大遗址］

历年主要发掘单位

中国社会科学院考古研究所山东队　滕州市博物馆

历任发掘领队及主持发掘者

胡秉华　焦天龙　梁中合

主要参与发掘人员

陈　超　王吉怀　谷　飞　贾笑冰　王元平　孙桂才　等

前掌大遗址位于枣庄市滕州市官桥镇前掌大村周围，西、北两侧紧邻小魏河，东邻新薛河，遗址就坐落在两河交汇处的河旁高地之上，往西约300米即为全国重点文物保护单位——薛城遗址。经调查钻探，前掌大遗址可分为村北、村南两部分。村北遗址区现存面积较小，约2.5万平方米。村南遗址区主要位于整个前掌大村南及村西首靠近小魏河东岸部分，呈不规则圆形，南北最长约1350、东西最宽约1250米，总面积在115万平方米以上。时代为龙山文化、岳石文化、商代中晚期、两周和秦汉时期。2013年被公布为全国重点文物保护单位。

前掌大遗址全景

前掌大遗址北区发掘现场

　　1964年春中国科学院考古研究所山东队会同滕县博物馆进行文物普查时发现该遗址。1981年秋至2001年春，中国社会科学院考古研究所山东队会同滕州市博物馆等，先后对前掌大遗址进行了8次大规模发掘。1994年的发掘被评为当年的全国十大考古新发现。

　　前掌大遗址的商周墓葬遗存，分为村北和村南两部分。村北墓地（又称河崖头墓地）分布在村北遗址区的中东部区域。5次发掘共清理晚商至西周早期的大、中、小型墓葬35座，其中仅"中字形""甲字形"大墓就有12座。村南墓地以南岗子墓区为中心，周边分布有村东南、于屯、杨家林等相对独立的"支族墓地"7处。数次考古发掘共清理墓葬130余座，以及殉兽坑、车马坑等重要遗迹，累计出土商周时期的陶、瓷、铜、玉、石、骨角器等文物约2000件。其中完整陶器约500件，原始瓷器、印纹硬陶60余件，玉、石器约500件，铜容礼器约240件，以及大量的铜兵器、工具和车马器等。

　　前掌大遗址是山东地区商周时期最重要的中心聚落之一，在山东乃至全国商周考古及山东古国史研究领域，都具有非常重要的地位。

　　前掌大遗址规模大、时代早、堆积厚、墓葬数量多、等级高、文化内涵丰富，对研究商周时期古国传统、社会状况、文化发展具有重要的价值和意义。总之，前掌大商周墓地的考古发掘，为加深商周时期史族或薛国墓地的布局、规模、等级及与商周王朝关系等问题的研究提供了丰富的考古资料。

（韩建军）

商代　玉兽面牌饰

商代　铜提梁卣

商代　铜鼎

西周　青铜甗

商代　兽面纹青铜爵

商代　铜提梁卣

商代　戈父乙青铜觯

周代　原始瓷罐

前掌大遗址出土器物

52 青州

[苏埠屯墓地]

历年主要发掘单位

山东省博物馆　　山东省文物考古研究所

历任发掘领队及主持发掘者

王恩田　　罗勋章

主要参与发掘人员

夏名采　　冀介良　　韩树鸣　　王站琴

苏埠屯墓地位于潍坊市青州市（原益都县）东北 20 千米、东夏镇苏埠屯村东的一个隆起埠岭上，东西约 300、南北约 200 米，总面积约 6 万平方米，为鲁北地区一处商代晚期的大型墓地。1977 年被公布为省级文物保护单位。

1930、1931 年，当地村民在墓地发现部分带有铭文的青铜器。1965—1966 年山东省博物馆进行了考古发掘，出土 4 座墓葬。1986 年山东省文物考古研究所再次进行发掘，出土 8 座墓葬，并对整个墓地进行勘探。发掘表明苏埠屯商代墓葬的年代始于殷墟三期偏晚，一直沿用至殷墟四期、西周早期。

第一次发掘清理出 4 座商代墓葬和一个车马坑。其中 1 号大墓呈长方形，南北长 15、东西宽 10.7、深 8.25 米。有 4 条墓道，南面为主墓道，长 26.1、宽 2.7—3.2 米，呈斜坡状直达墓底。椁室呈"亚"字形，椁下有腰坑及奠基坑；腰坑、奠基坑、二层台殉葬坑及南部门道共有殉人 48 个，殉狗 6 只。墓室内的随葬品多被盗，残存器物有铜、陶、玉、石、骨制器物 182 件。在墓室北壁近墓道口的填土中发现 2 件平放的大铜钺，其中一件两面均有"亚醜"铭记。苏埠屯 1 号墓是迄今为止除安阳殷墟以外规模最大、规格最高、殉人数量最多的商代墓葬，墓葬的形制及出土的两件大型铜钺，表明墓主身份是仅次于商王的方伯一类人物。

第二次发掘清理出 8 座墓葬，并进行了全面勘探。勘探表明墓葬的分布范围基本限于苏埠屯村东的南、北埠岭上，共发现 100 多座墓葬（有较多数量的汉墓）。墓葬按墓圹的形制可分为带墓道的墓葬（有"甲"字形墓和"中"字形墓两种）和长方形竖坑墓两类。前者为中型墓，后者为小型墓。墓葬中，M7、M8 保存完好，出土青铜容器 80 余件，有鼎、大方鼎、瓿、爵、觯、尊、铙、簋、角、罍、卣等，部分铜器带有"亚醜""融"铭文，还有陶器和铜钺、矛、戈、镞等兵器近 200 件。其余墓葬早年被盗，仅见铜器残片、铜兵器和陶器等。

经过两次系统的考古发掘和勘探，苏埠屯商代墓葬出土了大量重要的商代遗物，特别是有数量较多的带铭文铜器。结合文献记载，可以确定"亚醜"方国存在的事实，这对于研究商王朝对东方的统治等具有重要意义。早年的金石学著作中著录有数量较多的带"亚醜"铭文的青铜器，苏埠屯墓地的发掘，厘清了这些铭文铜器的归属地，为研究"亚醜"族与商王朝的关系提供了依据。

有关苏埠屯墓地性质的讨论比较多。该地虽然出土了少量的土著文化器物，但是大部分器物归属于商系；且从墓葬形制、墓葬习俗来看，该地与殷墟地区基本保持一致，应当是商王朝统治下的地方方伯的墓地。此外，苏埠屯 M1 也是目前除殷墟之外，发现的唯一一座带四个墓道的大墓，其重要性不言而喻。

（徐倩倩）

扁方鼎

扁方鼎铭文拓片

方鼎铭文拓片

方鼎

苏埠屯墓地出土商代铜器

融尊铭文拓片

融簋

融尊

铜钺

亚醜钺

融觯

原始瓷豆

铜斝

铜卣

苏埠屯墓地出土商代器物

203

53 长岛
[珍珠门遗址]

历年主要发掘单位

北京大学考古系　　烟台地区文物管理委员会　　长岛县博物馆

历任发掘领队及主持发掘者

严文明　　吴玉禧

主要参与发掘人员

赵　辉　　烟台地区文物管理委员会、长岛县博物馆业务人员　等

　　珍珠门遗址位于烟台市长岛县北长山乡店子村西北端，距店子村2千米，东南距县城15千米，因地处著名的"珍珠门水道"东岸而得名。遗址坐落于大西山（九丈崖）西侧，为一处临海坡地，南、北、西三面临海，仅东南部与山体相连，宛如一个小型半岛。遗址分布在由黄土堆积而成的多级台地上，基本呈长方形，南北长150、东西宽80米，总面积为12200平方米。地势东北高西南低。以该遗址为代表的文化遗存，被学术界确定为商周时期胶东地区一支独立的考古学文化体系——"珍珠门文化"，年代为距

珍珠门遗址

珍珠门遗址

甗   绳纹鬲   碗

珍珠门遗址出土陶器

今3300—2700年，即商代末期至西周晚期之间。2006年被公布为省级文物保护单位。

20世纪70年代中叶，北长山岛北城、店子村村民在农田基本建设中陆续发现文物，其中北城西大山、店子大西山后（即珍珠门）出土了部分以素面红陶为特征的器物残片。1982年秋、1983年秋，由北京大学考古系、烟台地区文物管理委员会和长岛县博物馆联合组成考古队对该遗址进行了多次发掘。

共清理出遗迹30余个，出土文物1000余件。遗迹主要有大型袋状灰坑、房屋基址和墓葬。遗物以陶器为主，主要有鬲、簋、甗、碗、罐等，质地多为夹砂红陶，素面。此外，关于遗址的性质，学术界普遍倾向于认为是一处季节性"营地"，但从遗址中发现的大量且具有某种"规制"的袋状灰坑及其埋藏形制看，似乎与早期宗教活动有关，因此有学者认为不排除珍珠门遗址是一处古代祭祀遗存的可能性。

（张椿荟、刘长庆）

54 曲阜
［西陈遗址］

————————

历年主要发掘单位
山东省文物考古研究院　　曲阜市文物局
历任发掘领队及主持发掘者
韩　辉
主要参与发掘人员
张　恒　徐　深　贺于真

————————

　　西陈遗址位于济宁市曲阜市小雪街道西陈村村西，处于华北平原向鲁中南丘陵的延伸过渡地带上，北距蓼河约 500 米。遗址呈东南—西北方向分布，东西长约 500、

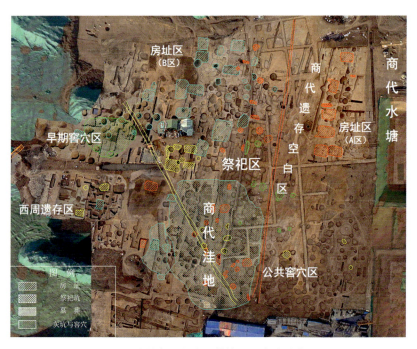

西陈遗址商周文化聚落核心区遗迹分布

南北宽 200 米，面积约 10 万平方米。共清理出商周时期房址 53 座、墓葬 16 座、灰坑及窖穴 1700 余个、沟 150 余条，功能布局非常清晰，基本可以确定该遗址是一处完整的大型居址。

2019 年上半年，山东君泰集团在曲阜南部西陈村西进行房地产开发项目时，发现大量古代陶片出土。2019 年 7 月，曲阜市文物局对遗址进行了试掘，初步判断是一处商代遗址，被世界铭筑和东方御府两个地产开发项目所占压。2019 年 9 月—2020 年 1 月，山东省文物考古研究院对遗址进行了勘探测绘，初步确定遗址的范围，并对世界铭筑项目所占压的遗址部分进行了布方发掘，发现大量的祭祀坑、房址与窖穴。2020 年 4—10 月，又对东方御府项目所占压的遗址部分进行发掘，遗址核心区得到基本完整地揭露，遗址的聚落布局与年代框架已基本弄清。2020 年 11 月至年底，对遗址的发掘资料进行了初步整理。

经过系统发掘，已基本厘清了该遗址的年代框架，并初步揭露出遗址的聚落布局及变迁过程。根据各类型遗迹的分布和聚集情况，可知遗址由居住区、窖藏区、祭祀区、取排水系统（沟、井、大型水塘等）、公共活动地带等不同功能的区域组成，但墓葬区目前尚未发现。

房址区及相应的水井多分布于北部高地区域，该区域黄土发育较厚，适合居住，南部房址区则多经过铺垫平整土地而成。房址有 53 座，皆为方形或长方形的半地穴式房屋，成排分布，面积在 10—20 平方米，坐落有序，室内多见有活动踩踏面、门道、火塘、灶、奠基坑等设施。

西陈遗址商代房址 F10

207

西陈遗址商代祭祀坑（H80 殉牛）

西陈遗址商代祭祀坑（H907 殉马）

在遗址核心区南部见有大量密集的窖穴，形制规整，有的底部带有铺垫面。窖穴内部经过浮选可辨识出的炭化物有黍、粟、小麦等作物。

祭祀区位于遗址中西部地势最高处，以界沟与房址区相隔，呈长条状南北向分布，分布范围达 2000 多平方米。已发掘 40 余处祭祀坑及带有祭祀性质的墓葬，殉祭动物数量超过 50 只，殉祭种类有猪、牛、羊、马、狗以及人等，其中以牛、羊最为常见，是目前山东地区发现的等级较高、数量最多、最为集中的商代殉祭遗存。

西陈遗址的年代序列大致可分为四个阶段。第一至第三阶段，范围自西向东逐渐扩张，第二阶段开始出现成排的房址区及附属设施，至第三阶段已经有了明确的祭祀区与公共窖藏区，房址区也进一步扩大。而进入第四阶段后，祭祀区、公共窖藏区基本废弃。总体而言，聚落发展的繁盛期在其第二、三阶段，而进入第四阶段后该聚落的规模、结构、功能都发生了明显的转变。第四阶段的房址、窖穴等，至迟使用至西周中期偏早阶段时也逐渐被废弃并消失，至此聚落已被完全废弃。

总体来看，西陈遗址出土了大量的商周时期遗存，是目前山东地区发现房址数量最多、祭祀遗存最为丰富、聚落布局十分清晰的商代至西周中期偏早的遗址，为研究商代、西周早期聚落组织形态提供了极好的实证。

从西陈遗址出土的商代器物来看，其文化面貌与中原商文化高度一致，且西陈遗址第一阶段的年代刚好处于洹北商城与殷墟之间，与文献记载相合。遗址在第二、三阶段时面积迅速扩大，遗迹类型数量显著增多，并出现了较高等级的祭祀区，表明遗址的等级和地位都有提高。可见在盘庚迁殷之后，曲阜一带是商王朝继续经略东方的重要据点。

值得注意的是，西陈遗址还发现了少量西周早期、中期偏早的遗存，遗址本身北距鲁国故城仅约 6 千米，这为解决早期鲁都地望问题带来了契机。

（韩辉、徐深）

商代　陶器盖

商代　铜爵

商代　骨簪

商代　陶簋

商代　陶簋

商代　陶鬲

商代　陶鬲

商周之际　陶瓮

西周　陶盆

西陈遗址出土器物

两周时期

55 高青

[陈庄唐口遗址]

（含邹平东安遗址）

历年主要发掘单位

山东省文物考古研究院

历任发掘领队及主持发掘者

郑同修　高明奎　赵益超

主要参与发掘人员

魏成敏　蔡友振　赵国靖　钟晓圉　张 斌

陈庄唐口遗址位于淄博市高青县与滨州市邹平市交界处的小清河两岸，北距黄河约 18 千米。主要部分位于小清河北岸高青县花沟镇陈庄村与唐口村之间，向南延伸到小清河对岸邹平东安村东。遗址东西宽约 850、南北长约 650 米，面积约 55 万平方米。主要文化内涵为西周、东周遗存，还包含少量岳石文化、汉代、唐代等时期的文化遗存。该遗址是早期齐国一处区域性中心聚落，核心部分为北部西周城址。2013 年被公布为全国重点文物保护单位。

陈庄西区发掘场景（由南向北）

陈庄唐口遗址祭坛顶部照（由南向北）

　　为配合南水北调东线工程建设，2003年山东省文物考古研究所调查时发现该遗址，2008年10月至2010年，对小清河大堤北侧工程占压部分进行大规模发掘，揭露面积近9000平方米，确认了西周城址，并在城内清理了周代灰坑1000多座及西周贵族墓葬、车马坑、马坑、祭坛等重要遗迹，出土了包括铭文铜器在内的大量遗物。2020年3月，为配合小清河复航工程建设，山东省文物考古研究院在河道两岸勘探，发现邹平东安村东北部小清河南岸仍有文化遗存，时代及文化内涵与对岸的陈庄遗址相同，因此推断两岸应为同一遗址，被小清河的开挖分成两部分，如此陈庄遗址的规模扩增为50万平方米。同年4—12月，对小清河南岸邹平东安境内河道拓宽区域再次进行大规模发掘，清理面积6700平方米，发现西周车马坑、平民墓地及大量东周遗迹。

　　西周城址位于遗址北部，平面近方形，城墙边长180多米，仅南城墙中部有一门，夯土墙淤埋于地表下，东、北两面城墙保存略好，尚存高度0.4—1.2米。城内外发现多处重要遗迹，布局有序，功能区划明显。南城门内侧道路中央发现祭坛1座，为近圆台形，北部略凸，直径5.5—6米，面积近20平方米，残存高度约0.7—0.8米。祭坛西北侧间隔数米发现长方形车马坑1座，坑长14、宽3.4米，坑内放置3辆整车，呈南北向一字排列。祭坛所在的道路为城内中轴线，向北两侧分布小型房屋基址及大量灰坑、窖穴。城内东北部发现多座台基式建筑基址，遭东周遗迹破坏严重，其中一座房基保存较好，尚保存红烧土地面。在城内还清理出14座西周墓葬，2座为大型"甲"字形墓，9座为中小型的长方形竖穴土坑墓。出土随葬青铜礼器30多件，首次发现成组的"齐公"铭文铜器，甲字形墓葬M35出土2件铭文铜簋，每件铭文达70余字，是目前考古发现字数最多的西周时期齐国铭文青铜器，所载内容与齐国重大历史事件有关，为解读遗址性质及研究早期齐国史具有重要史料价值。

陈庄唐口遗址车马坑1号车（由北向南）

陈庄唐口遗址 M35 俯视照（由北向南）

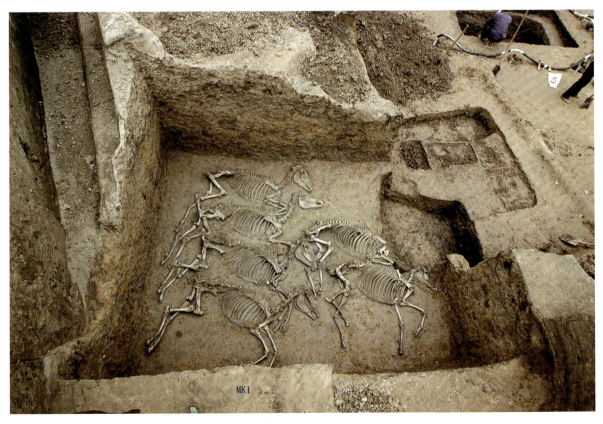

陈庄唐口遗址马坑 MK1（由西向东）

专家在陈庄唐口遗址现场指导

陈庄唐口遗址专家论证会

铜簋　　　　　　　　　铜觥　　　　　　　　　陶鬲

陈庄唐口遗址出土器物

　　从南城门出米的道路向东南延伸到小清河南岸，经过发掘，南岸区域东部高地为西周早期贵族墓葬区，已遭严重破坏，仅存4座车马坑。其中1号车马坑级别最高，驷马一车，青铜马具具全，配备4銮铃、4马冠，可能属于国君级别的人物。西部即城址的西南部为小型平民墓地，规模不大，有分组埋葬现象。东、西部西周墓地之间主要为春秋、战国窖藏区，局部有陶窑。

　　陈庄西周遗存的发现具有重大学术价值意义：其一，开启了早期齐文化考古研究的新篇章。西周早期城址、祭坛、甲字形大墓，以及"齐公""引"簋长篇铭文等的重要发现，填补了山东地区西周早期考古的多项空白，对研究西周早期政治格局、军事制度、齐国早期史实提供了丰富实物资料。其二，陈庄西周遗存是典型的周人遗存，且处于周初周人东征路线上，是周王朝势力到达山东地区早期的典型代表，对于研究"普天之下，莫非王土"的周王朝建立及民族融合具有重要意义。

（高明奎）

56 济阳

[刘台子遗址]

历年主要发掘单位

山东省文物考古研究所　德州行署文化局文物组　济阳县图书馆

历任发掘领队及主持发掘者

陈 骏　佟佩华

主要参与发掘人员

王尔俊 等

　　刘台子遗址位于济南市济阳区曲堤镇刘家台（现刘台）村西约 200 米处，地处鲁北黄河冲积平原南端，南距黄河 10 余千米，北邻徒骇河 2 千米。堌堆遗址的面积约 2 万平方米，主要为龙山文化和西周时期遗存。2019 年被公布为全国重点文物保护单位。

　　1957 年山东省第一次文物普查时发现。1967 年，刘台子村民在墓地东南部耕作时发现一批重要文物，后被征集回来的有铜鼎 1 件、原始瓷罐 1 件、青玉刀 1 件及贝饰数枚，可能属同一座墓葬。1979—1985 年曾发掘 4 座西周墓。遗址上曾采集有龙山文化时期的泥质磨光黑陶残片、石镰、骨匕、蚌镰，西周时期的夹砂灰陶绳纹鬲口沿、绳纹鬲足、泥质灰陶绳纹罐口沿、壶口沿等。

　　1979 年，德州行署文化局文物组和济阳县图书馆对该遗址进行调查和勘探，发现"地表遍布商、周陶片，南部灰土层，暴露清晰"，并于东南坡地距地表两米处，经钻探获取龙山时期蛋壳陶片 1 片。1980 年冬，德州地区文化局文物组和济阳县图书馆对墓地西半部进行了第二次钻探，发现了多处板灰、朱砂和陶片等遗存，估计墓葬应该在 15 座以上。1982 年冬，地县文物干部在遗址东北部和西北部发掘了三号墓（M3）和四号墓（M4）。因地下水位较高，五号墓（M5）和六号墓（M6）只找到墓口未清理到底。1985 年 5 月，山东省文物考古研究所和德州地区文化局文物组、济阳县图书馆合作，清理了 1982 年第二次发掘时未完成的六号墓。

　　刘台子西周墓的墓向均为东偏北，发掘的 M2、M3、M4 为小型墓，墓室面积在 8—12 平方米之间；M6 为中型墓，墓室面积接近 26 平方米。均为竖穴土坑墓，墓壁整齐，扩壁上可见斜向铲痕。M6 填土为五花土，经夯打而较硬，皆有熟土二层台，其上放置随葬品。

这 4 座墓葬均为一椁一棺。椁木盖有"人"字纹席，椁板已朽，灰痕清晰，椁板东西排列。棺长 2.2—2.4 米，棺盖上涂以朱砂。M3 棺板外侧有红黑彩绘。M6 出土的大量片状玉饰和蚌饰可能为棺板镶嵌物。M2、M3、M6 墓主为仰身直肢，头向北；M4 为二次葬。M3 棺下见一腰坑，殉狗一只。随葬器物中，铜器、陶器和原始瓷器大多放在北侧二层台上，也有将器物放置在棺椁之间的；随葬玉器多放于棺内，覆盖在墓主的头部、颈部、胸部和腕部。

刘台子西周墓地经发掘与征集获得大量器物，据统计有 33 件青铜器、7 件陶器、442 件陶管形饰件、5 件原始瓷器和 954 件玉器。

刘台子遗址上西周墓地的发现与发掘引起了学术界极大关注，其中 M6 是山东地区所见规模较大、随葬品较为丰富、铜器组合较全、玉器种类较多、保存程度较为完整的西周早期贵族墓葬。该墓地出土的 14 件青铜器上铸有铭文，9 件上见有"夆"字，可能为西周逢国的贵族墓地。这对于研究逢国的历史、文化特色及与周王朝的关系，以及西周时期山东文化面貌和诸国分布格局具有重要的学术价值。

（徐深、吕长蕊）

两
周
时
期

玉鸱鹗　　　原始瓷壶　　　玉琮　　　玉兔形佩饰　　　玉鹦鹉　　　凤鸟纹柄形玉削

刘台子遗址出土西周器物

圆鼎

方鼎

簋

盉

甗

刘台子遗址出土西周铜器

57 临淄
[齐国故城]

历年主要发掘单位

中国历史博物馆　　山东省文物管理处　　山东省博物馆　　山东省文物考古研究所
中国社会科学院考古研究所　等

历任发掘领队及主持发掘者

黄景略　　杨子范　　俞伟超　　邹　衡　　张学海　　王恩田　　蒋英炬

罗勋章　　张其海　　郑同修　　魏成敏　　白云翔　　赵益超　　吕凯　　董文斌　等

两
周
时
期

　　临淄齐国故城是周代至汉代的临淄城所在地，位于淄博市临淄区中部的齐都镇。临淄齐国故城分为大城与小城两部分，小城嵌入大城西南角。大城南北长约 4500、东西宽约 3500 米，周长 14158 米。小城规模较小，南北长约 2000、东西宽约 1500 米，周长 7275 米。总面积 15.5 平方千米。

　　回顾齐故城 90 余年的考古工作，目前大致可将对齐故城的探索和保护分为四个阶段：

3 号排水涵道遗址公园全貌（由南向北）

1. 肇始期（1930—1949 年）

齐故城的考古工作与中国考古学几乎同步，李济、吴金鼎、王献唐等考古前辈通过实地考察、出土古文字研究，拉开了齐故城考古工作的序幕。

2. 奠基期（1949—20 世纪 80 年代初）

这一阶段以齐故城的全面勘探为重心，并对城内十余处地点展开考古发掘。为整体了解齐故城结构布局及后期的考古工作打下了坚实的基础，并逐步形成了大遗址保护概念。

3. 转型期（80 年代初至 2010 年）

为配合临淄新城区建设，工作重心由本体转移到外围，对齐故城南部的几十处战国—汉代墓地进行了配合性和抢救性发掘。

4. 发展期（2010 年至今）

2010 年以来，以遗址公园项目为契机，齐故城考古工作得以重启。主要围绕都城营建与扩建、宫殿区、城市手工业及稷下学宫等多个重点项目展开。

齐故城的重要考古发现主要体现在以下几个方面：

1. 大城及相关遗存

大城整体呈不规则长方形，东墙随淄河流向形成多处曲折，西墙南与小城北墙相交。发现 8 处城门，其中北墙有三门，西墙有一门，南墙与东墙各二门。城内交通规划合理，主干道与城门基本对应。

城内排水系统经过周密规划，将天然的河流、城壕（护城河）和城内的河道紧密地联系在一起，东西两侧各有自南至齐故城北的排水河道，且有与之相连的排水涵道，构成了完整的供排水系统。大城西北部一带的三号排水涵道，全部以巨石砌筑，设计科学，不仅避免了泥沙淤塞，也能兼顾防御作用。

大城内的夯土建筑相对分散，规模相对较小，以刘家寨为中心可能存在一处汉代的官署区，而在大城西门一带分布的几处夯土基址年代可能略早。

手工业遗址以制骨和冶铸为主，制骨作坊主要分布于大城东北部的河崖头村南一带，冶铸遗址则以阚家寨和石佛堂为中心分布，阚家寨冶铸遗址是目前国内唯一明确的铸镜作坊遗址，进一步印证临淄是汉代重要的铸镜中心之一。

大城内存在多处墓地，以河崖头村为中心的姜齐公墓区域最为重要，其中齐故城五号墓规模较大，其殉马坑更是随葬马匹达到 600 具以上，是了解当时齐文化上层风貌和综合国力的重要参考。

临淄齐故城战国时期树木纹瓦当

220

临淄齐故城 1965 年阚家寨俞伟超及全体发掘人员合影

1964 年文物干部合影

五号墓殉马坑发掘现场（由南向北）

1971 年阚家寨发掘现场

临淄齐故城 3 号排水涵道（由东向西）

2. 小城及相关遗存

小城平面大体呈西墙带折棱的不规则长方形，面积约 3 平方千米。主干道路共有 3 条，城门共发现 5 处，南墙有两门，其余三面各一门，除东门外，其余门道均与主干道路对应。

城内西北发现有排水系统，至桓公台北部向西、西北分流，分别流经西墙和北墙与城外水系相连。城内的夯土建筑群布局有一定规律，东北部的 10 号建筑为一处单体建筑基址，面积大，周围存在大致封闭的水域，或与宗庙建筑有关；西北部的桓公台是小城现存最高的一处建筑台基，以此为中心在周边分布多处较大规模的夯土基址，可能是宫殿建筑区；小城中部区域，自东向西密集分布小型院落式建筑基址，可能是官署区或贵族聚居地。与冶铸相关的手工业作坊遗址主要分布在城内偏南的区域，20 世纪 70 年代发掘的安合村铸钱作坊遗址就在这一带。

3. 齐故城外的考古发现

主要可概括为政治空间扩展、郊外祭祀空间、田猎与游玩场所、承担生产或经济功能的手工业作坊，以及王陵和贵族墓葬区等。

政治空间。政治功能扩展的实现主要依托近郊的高台建筑，现存比较明确的有遄台、雪宫台、梧台（又称梧宫）等，文献所载的内容也多见其发挥政治功能的论述，它们与城内桓公台相呼应，可能是通过视觉上的仰视体现某种政治权威，通过郊外甚至是遍布全国的高台建筑向民众传达统治阶级的意志和威权。政治空间扩展的另一项举措是设立稷下学宫，作为抗衡老旧政治势力的新兴政治力量的代表，与高台建筑展现威权不同，稷下学宫通过"高门大屋"和"康庄之衢"展现的是统治者虚怀若谷和广纳贤才的自觉与形象。目前，小城西门外侧的夯土基址群可能就与稷下学宫有关。

祭祀空间。"国之大事在祀与戎"，南部的牛山、稷山、天齐渊，以及淄河都属于比较固定的祭祀对象，郊外祭祀空间范围广，内容多样，且极具政治意义。

临淄齐故城 10 号宫殿
基址彩绘木门

田猎与游玩场所。田猎与游玩场所多见于历史记载，西北郊的潼邑（愚山）、西南的申池、南部的猇山是常见于史籍的苑囿或游猎场所，诸如遄台、雪宫台等高台也常作统治阶层享乐之所。

经济生产场所。城内的经济空间以冶铸等"高科技"产业为主，而供给城内居民的农业生产和低端的制陶、部分制骨作坊等则大量分布于齐故城郊外。目前考古调查所见的主要为制陶作坊，就以齐故城北郊和西郊最为集中。

田齐王陵及贵族墓葬。战国时期的王陵以及贵族墓葬集中分布在城南，它们都有高大的封土，以二王冢、四王冢等为代表的田齐王陵依托原本高耸的山脉，墓葬显得更为宏伟。

4. 齐故城考古的价值意义

临淄齐国故城作为周、汉齐国都城遗址，是中国古代规模最大、延续时间最长的早期城市之一，也是古代中国东方重要的政治、经济、文化中心，见证了齐文化发展、成熟与演变，在古代都城和周代文化研究中具有重要地位，是齐文化研究的核心与基础。

临淄齐故城经历了城市建立、扩展、功能变迁、宫城迁移、景观重构等一系列社会实践，成为我们了解古代社会政治变迁与都邑聚落结构之间关系的重要范本。齐故城手工业考古的综合考察与研究不仅推动齐国手工业发生、发展和演进的研究，也有助于了解先秦至汉代城市手工业状况。齐国经历了"以藩屏周"到相对独立，并最终融入华夏一统的过程，而齐故城作为诸侯国都，是了解周王朝边疆政治变迁及周齐关系变化的重要观察点，是齐国最终完成区域整合、实现华夏认同并最终纳入华夏一统的重要切入点。

（赵益超）

临淄齐故城大城北墙出土西周中期陶器组合

河崖头村西周早中期贵族墓葬出土部分青铜器

58 曲阜
[鲁国故城]

历年主要发掘单位

山东省博物馆　　山东省文物考古研究院　　曲阜市文物局

历任发掘领队及主持发掘者

张学海　刘延常　党浩　高明奎　韩辉　董文斌

主要参与发掘人员

徐倩倩　王子孟　孙启锐　赵国靖　郑商　等

两周时期

　　鲁国故城遗址是周代和汉代鲁国的都城所在地。位于济宁市曲阜市市区北部，城址平面近扁方形，东西最宽3.7、南北最长2.7千米，面积约10平方千米。四周城垣南面较直，其余三面都呈弧形，城垣不少地段至今仍耸立在地面，其中东北部、东南部保存较高，局部达10米左右。1961年被公布为全国重点文物保护单位。

2016年曲阜鲁国故城外郭城北东门与北城墙探沟航拍（由西向东）

1978 年鲁故城望父台墓地 M3

　　鲁国故城考古工作开始较早，1942—1943 年日本学者关野雄、驹井和爱等曾对鲁国故城做过数次考古调查和发掘，发现多是两汉以后的资料；1953 年在孔府花园西周晚期墓葬中出土陶器和蚌器；1968 年在北关村出土一批西周晚期铜器；1973 年在小北关发现春秋铜器；1977 年 3 月—1978 年 10 月，山东省博物馆对鲁国故城进行了系统的考古勘探和试掘；1984 年，山东省文物考古研究所在林前村发掘 30 余座东周墓葬；2000 年，为配合 327 国道建设，山东省文物考古研究所解剖东城墙"大豁口"。2011 年以来山东省文物考古研究所配合鲁国故城国家考古遗址公园建设项目，围绕"一轴三环五重点"总体规划开展了一系列考古勘探和发掘工作。

　　考古确认城址分为外郭城、内宫城两城。外郭城城墙始筑于西周晚期，春秋战国及汉代多次扩建。城墙外侧有城壕，内侧有内壕沟。城门 11 座，10 条交通干道，其中东西向和南北向各 5 条。城内有多条水系，以城北横贯东西的排水道最为重要，构成鲁城供水、排水系统，城东南分布有"泮池"。城内分布的一二十处手工业作坊和 11 处居住址，大都历经西周、春秋战国时期，并延续至汉代，手工作坊址包括冶铜、冶铁、制陶、制骨、制玉遗址等。鲁国故城西北部的药圃，西部的斗鸡台，西南部的坊上村南墓地、孔府后花园，以及西部偏东的望父台 5 处墓地，年代上限为西周中期，下限为战国中晚期。

　　城中部及东南部发现宫室建筑基址——周公庙建筑群，以及周边 8 处夯土建筑基址（区）。周公庙建筑群即为宫城，呈长方形，西北角略内折，面积约 12 万平方米。城墙、城壕环台地周边，西门、南门、东门各有与之相配的道路。城内分布夯土建筑基址、陶质排水管道系统、水井等。宫城始建于春秋晚期，战国中晚期废弃，汉代重修，

鲁故城

2017 年鲁故城北城墙解剖现场
（由南向北）

鲁故城卫星图

曲阜老农业局墓地 6 号车马坑

最终废弃于魏晋。故城西南部为汉代城址。

城内还发掘出一批高等级墓葬，出土铜器、玉器、金银器、石器等随葬品。青铜器以铜容器为主，包括鼎、甗、盨、簋、簠、壶、盘、匜、豆等，玉器有璧、环、夔龙玉饰、觿、圭、匕、牌形玉饰、簪、管等。

鲁国故城城址是典型的"古今叠压型"都城遗址，是考古发现的周代各诸侯国都城中最成体系的城址之一。通过历年的考古工作，已基本掌握了该城址的平面布局及历史沿革，其郭城与宫城"大城套小城"的格局，至少在春秋晚期就已率先建成，并影响了各诸侯国都城规划建设。

鲁国故城被认为是目前两周时期最为接近《周礼·考工记》所记载的"礼制"都城形制。具体表现为宫城居中、郭城环绕的内外城制，中轴线布局，"三门"及网格化道路；"仕者近宫，不仕与耕者近门，工贾近市"，城内还有近似于"前朝后市"的功能区分布。此外，南东门遗址发掘出的门道及两侧高大的阙台基址，是目前我国所发现最早的门阙实例。

城内周代墓葬按照葬俗和随葬品组合，可分为甲组和乙组两类，分别对应周、商两系族群，对于理解商、周、东夷土著文化融合，鲁文化的形成，鲁国统治策略等具有重要意义。

鲁国故城城内遗存的时间上限应为西周中期前后，历经西周晚期、春秋和战国时期。甲组墓地在战国早期之后便从城内迁移至城外，望父台乙组墓地中属于战国中期、战国晚期的墓葬，有学者撰文称其为楚系墓。城内的汉代遗存丰富，发现的冶铁遗址年代主要为汉代，但应始自战国。

到春秋晚期，鲁国故城的整体格局正式形成，宫城城墙始建年代为此时期，至汉代两次重建，被废弃于魏晋。郭城城墙自西周晚期、春秋早期始建后，多次重建，汉代被再次利用、重建。

鲁国故城的考古发掘与研究，为了解鲁文化的内涵、特质，探讨儒家文化形成的土壤与机制，进而研究中华文明一体化进程具有重大价值和意义。

（韩辉）

西周 盨

西周 鼎

东周 壶

东周 鼎

曲阜鲁国故城望父台墓地出土铜器

彩料珠

金银镶嵌铜杖首

铜猿形带钩

曲阜鲁国故城出土战国时期器物

229

象牙座牌

玉佩饰

玉马

玉佩饰

玉璧

曲阜鲁国故城出土战国时期器物

59 龙口
[归城城址]

两
周
时
期

历年主要发掘单位

烟台地区文物管理委员会　　烟台市博物馆　　中国社会科学院考古研究所

龙口市博物馆　　哥伦比亚大学东亚语言和文学系

历任发掘领队及主持发掘者

梁中合　　李　峰

主要参与发掘人员

唐锦琼　　韩　辉　　徐明江

　　龙口归城城址位于烟台市龙口市老县城东南 6.5 千米处，坐落于县境最高山峰——莱山之北，莱阴河自南向北穿过城区，汇黄水河向西北入渤海。城址范围包括姜家、和平、北山、大于家、董家、东迟家、南埠、曹家（含小刘家）8 个自然村。整体面积约 8 平方千米。2006 年被公布为全国重点文物保护单位。

龙口归城全貌（由北向南）

城址自 20 世纪初以来就不断有重要遗物和遗迹出土和发现。据不完全统计，仅 1949 年以后归城内出土的青铜器就达 400 余件，包括南埠村出土的 6 件有己伯铭文的一批铜器和归城小刘家村出土的启尊、启卣等铜器。

1965 年烟台地区文物管理委员会清理曹家村 M1。1973 年，文管会对归城城址进行了调查探测，发掘了和平村西部春秋车马坑及 M2。2002 年烟台市博物馆于和平村西北部发掘春秋时期房址 10 余座。2007—2010 年，中美联合考古队进行了系统的调查勘探和试掘，主要包括内城系统全覆盖勘探及试掘，外城墙区域系统调查勘探，取得丰硕成果。

考古工作确认内城平面形状呈曲尺形，南北长 490、东西宽 525 米。城墙西北处内凹部分南北长约 180、东西宽约 180 米，总面积约 22.5 万平方米。城墙宽 20—35 米，分段版筑。外侧城壕宽 6—32 米，内城东南城墙勘探发现有城壕。发现有南、北两处城门，南门为水陆城门，北墙西端拐折处为水城门。内城中轴线道路（L2）和城内南北向主干水系（G1）把城址分成东、西两部分，城内 17 座夯土建筑基址也同样被分为东、西两区，东区建筑基址与城南部铺石广场形成城址的核心区。内城中北部的高台地上也发现有夯土基址、制骨遗存。2010 年烟台市博物馆在此地发掘出房址、墓葬及车马坑。城内现有高等级墓地若干处，此外，内、外城之间也分布有高等级墓葬。制铜作坊址推测位于内城外侧东北。2009 年通过对南墙试掘，推测内城的使用年代可能在西周早中期，废弃年代则可能到春秋中晚期。

外城分布在内城周边条形岗地顶端，背依莱山，大致呈不规则椭圆形。南北长约 3.6、东西宽约 2.8 千米，推测建筑和使用年代为春秋时期。

归城故城是胶东地区迄今为止发现的最重要的一处先秦古城址，归城及周边城址综合体无疑是整个山东东部最大的城市中心。19 世纪晚期，当地一系列有铭文青铜器的发现表明了归城及其毗邻区域在考古学上的显著地位。启尊、启卣等青铜器的发现，

龙口归城内外城三维模型

使归城成为除周朝中心之外最重要的有铭文青铜器的集中发现地之一，对了解周文化进入胶东地区的过程及其与本地文化的互动关系具有突出价值。

　　归城是中国青铜时代城址中少数经过全面细致考古调查的城址，也是胶东地区现发现的同时期的唯一一处具有内、外双城布局的先秦城址。内城城墙分段水平夯筑，有修补迹象。内城与外城的时代有先后顺序，内城时代为西周早期晚段，代表周人经略胶东最坚固的堡垒，外城时代为春秋至战国时期。内城在莱山之下、两河之间的高台地上。外城依山就势仅东、西、北三面有城墙，并直通到莱山脚下；南侧未构筑城墙，而是巧妙地借莱山险峻作为防御。

　　归城故城城址处于胶东黄水河流域特殊的历史地理环境之中，对其所开展的研究将对了解整个胶东地区古代文明复杂社会的进程和本地区国家形成的过程具有重要的意义。

（韩辉）

壶	甗	启卣	绳纹鬲
鼎	鼎	启尊	

归城城址出土西周铜器

60 滕州

[薛城遗址]

历年主要发掘单位

山东省文物考古研究所　山东大学　滕州市博物馆　等

历任发掘领队及主持发掘者

张学海　孙　波

主要参与发掘人员

徐　基　王守功　刘延常　冀介仁　崔圣宽　等

　　薛城遗址位于枣庄市滕州市城南约 21 千米处，古薛河流域的下游，地跨官桥镇和张汪镇，东依沂蒙余脉，西临独山湖和南阳湖。东南 1 千米有新薛河，东面为小魏河，城西及西北部靠小苏河，城址面积约 7.36 平方千米。1988 年被公布为全国重点文物保护单位，名称改为"薛城遗址"。

薛城遗址东周现存城墙（由南向北）

薛城遗址出土东周玉玦

薛城遗址的考古活动较早，1949 年以前日本人曾做过调查。1964 年春，中国科学院考古研究所山东队勘察了薛故城，首次实测并绘制了城址平面图。1973 年在古薛城东墙内出土 4 件薛国铭文的春秋铜簠。1978 年，济宁文物组清理了 9 座墓葬。20 世纪八九十年代和 2002 年，山东省文物考古研究所对薛城进行了较大规模的勘查和发掘，可分为三个阶段。

第一阶段为 1984 年 12 月—1986 年夏。主要取得三项成果：其一，确认外城垣为齐灭薛后所营建，在该城东南角发现的一座小城可能是任姓薛国都城；其二，对薛城内的布局有了大体了解；其三，发掘出土了一大批系统的实物资料，为研究周代薛文化的特征、分期和与周边文化的关系提供了条件，发现小城内有大量西周遗存。第二阶段为 1993—1994 年，解剖了多处城垣，在小城中部又发现了西周城址。第三阶段为 2002 年，经钻探发掘证实，西周城始建时代为西周早期。

薛城城址包括不同时期的大城、小城及小城内城三部分。大城始建于战国中期，平面呈不规则扁长方形，四面城墙逶迤起伏，各有曲直，东西长约 3.3、南北宽约 2.3 千米，总面积约 7.4 平方千米，城墙总周长约 10.7 千米。20 世纪 80 年代勘察确定了 5 座城门。大城城垣外侧有城壕，与城墙走向基本保持一致，壕内水引自东部的古薛河，从东北角流至大城西南角处汇入小苏河。

大城内外发现多处文化遗迹。皇殿岗村东部及尤楼西北部有大面积夯土，可能为宫殿区。大城北部分布多处战国、秦汉时期的小型居住址。皇殿岗村东分布有汉代大型冶铁作坊址，地表有铁矿渣和"山阳二""巨野二"铸铁陶范。尤楼村中及村东、狄庄村南至吕楼村西南是两处主要属于春秋时期的墓地。其中狄庄南墓地应是春秋时期薛国国君、贵族的墓地。

小城位于大城东南，平面呈不规则长方形，东、南垣和大城城垣重叠，城垣较直，四面各有一门，其外城壕宽 15—20 米，城址面积约 35 万平方米。城中部发现多处夯土台基，应为大型建筑基址，城内东部有西周墓葬。该城建于西周晚期，废弃于战国早期。

　　小城内城位于小城中部，城垣呈长方形，面积约 6 万平方米，各垣外侧皆有壕沟。根据出土遗物可知建于西周早期，至春秋末期废弃。

　　薛国任姓，建国于夏代，历经商、西周、春秋，至战国齐湣王三年（公元前 298 年）为齐所灭。薛人自始至终居住在今滕、枣为中心的薛城遗址附近地区，虽有迁都，但地域摆动范围不大。薛国故城从西周延续至战国，是山东地区同时期遗存中最为丰富者，建立起完整的周代考古学文化发展序列。三个城垣的发现，对研究山东古文化、古城、古国的变迁，夷夏关系等课题，以及山东先秦城市考古和古代城市建筑和布局的研究都具有重要价值和意义。

　　另外，在薛城以西 1 千米的前掌大商代遗址村北、村南墓地均出土带"史"字铭文的铜器，或可证明前掌大与薛城的前后延续关系。因此，薛国故城遗址的研究也必然会促进以前掌大为代表的商文化的研究。

（郝导华、孙波）

簠

鬲

薛城遗址出土东周铜器

鼎

斗形爵

斗形爵

薛城遗址出土东周铜器

薛侯定铜戈

鹿角铜鸟兽首饰

薛侯行铜壶

薛城遗址出土东周器物

61 滕州
[庄里西遗址]

历年主要发掘单位

山东省文物考古研究所　　滕州市博物馆

历任发掘领队及主持发掘者

何德亮

主要参与发掘人员

刘延常　　冀介仁　　李鲁滕　　张东峰　等

　　庄里西遗址位于枣庄市滕州市姜屯镇庄里西村西侧，是一处高出周围地面5米以上的台地遗址，面积10余万平方米，包含有龙山文化、两周及汉代文化遗存。2006年被公布为省级文物保护单位。

　　1995年10—12月，山东省文物考古研究所对遗址进行了考古钻探与发掘，发掘5米×5米探方8个，面积200余平方米，清理龙山文化灰坑140余个、房址5座、两周至汉代墓葬59座。出土陶、铜、玉、石、骨、蚌等各类文物1000余件，是研究枣滕地区历史与文化的重要资料。

　　龙山文化房址中的2号房址，平面呈圆角方形，东西长5.8、南北宽5.1米，面积约29.6平方米，清理出柱洞17个，柱洞直径大者0.4米，小的仅0.1米，深度均约1米，基槽宽0.6米以上。

　　灰坑有圆形、椭圆形、方形和不规则形诸种。坑内遗物比较丰富，陶器有鼎、鬶、罐、盆、甗、豆、杯、碗、器盖和纺轮，石器有铲、斧、锛、镞等，骨器仅见针和锥。多数灰坑内出土大量动物骨骼，经鉴定种类为猪、鹿、水牛角、虎、鸟、龟甲及大量鱼、鳖、螺等动物骨骼残骸，总数达到7919件，至少代表127个个体。这批动物遗存的发现，为研究当时的动物种群以及自然环境的变迁等提供了重要实物资料。

　　龙山文化炭化稻米的发现是重要收获之一。考古工作人员采用水洗技术，对13个含腐殖质较多的典型灰坑中的灰土进行水洗和浮选，在41号、52号、62号、77号和100号灰坑内发现280余粒炭化稻米，其中仅77号灰坑就有162粒。这些炭化稻米，

庄里西遗址龙山文化灰坑 52
出土炭化稻米

呈扁椭圆形，质脆，黑色，所见标本大部分完整无损，部分稻米颗粒饱满，侧面两条纵棱，旁边有 2—3 道浅沟，在下面呈现凹入的胚区，颖果基端为椭圆形疤痕，米粒长宽之比在 2：1 左右。经中国科学院植物研究所孔昭宸、刘长江先生鉴定后确认，这些浮选出来的炭化稻米，是当时人工栽培的粳稻的米粒，年代在距今约 4000 年，属于龙山文化晚期。这一发现，为研究黄河下游海岱地区史前农业的起源与发展，以及亚洲稻向东传播提供了可靠的依据。

两周墓葬 26 座，均为土坑墓，分为大、中、小三类，最大者面积约 40 平方米，小者 10 余平方米，墓深 1—4 米。葬具分为两椁一棺、一椁两棺、一棺一椁等不同规格，大型墓葬多积炭积蚌，有的墓葬有边箱、脚箱或头箱，个别还有殉人。墓内随葬品比较丰富，有青铜器、玉器、陶器、骨器等。青铜器有鼎、甗、匜、盘、舟、戈、剑、矛、镞、削、鱼、铃及车马器等，玉器主要是串饰和一些小动物造型的佩饰，陶器有鬲、豆、罐、簋、壶等。M7 是一座中型墓，一棺一椁，随葬品 250 余件，有青铜器、玉器和陶器等。青铜器有鼎、匜、舟、盘、剑、甗、戈、镞、削、凿、车辖、马衔镳等一批车马器，陶器仅有罐和鬲，玉器则有 100 余件，主要是一批佩件和串饰。以往资料显示，遗址中出土过滕侯鬲、滕侯簋、滕侯方鼎等，可以确定庄里西为滕国贵族墓地。

汉代墓葬 33 座，均为长方形土坑墓，分为瓦棺、空心砖、石椁和木棺四种。其中石椁墓最具特色。椁由四块石板组成，上面再加一层石板，有的带壁龛。石椁内侧四壁多刻画像，均以阴刻粗斜线或直线为地，图案简单，主要有树木纹、菱形纹、璧纹，个别为人物、房屋、铺首和鸟等图案。石椁内多有木棺，均腐朽，多见黑色和红色漆皮。随葬品主要是陶器，青铜器较少。陶器以鼎、盒、壶、盘、匜为主，多数陶器饰黄、红、白色彩绘。铜器仅有剑、矛，还有铜钱及玛瑙环。根据陶器组合及其器物特征，这批画像石墓的年代应为西汉武帝前后，属于西汉中期阶段。

庄里西遗址的考古发掘工作，对于深入研究该地区古滕国的历史以及渊源等学术问题提供了十分重要的实物资料，具有极高的学术价值。

（何德亮）

龙山文化 璇玑

周代 鹰

周代 戈

周代 龙

庄里西遗址出土玉器

滕侯鼎

青铜鬲

滕侯簋

庄里西遗址出土周代铜器

青铜簋

编钟

庄里西遗址出土周代铜器

62 长清
[仙人台遗址]

历年主要发掘单位
山东大学　济南市历城区博物馆
历任发掘领队及主持发掘者
任相宏
主要参与发掘人员
方　辉　崔大庸

　　仙人台遗址位于济南市长清区五峰山街道北黄崖村（原属长清县五峰山镇）南300 米，西北距长清城区 20 千米。发现有岳石文化至汉代的遗存，其中主体遗存为周代聚落和邿国贵族墓地。

　　遗址首次发现于 1975 年秋。1978 年秋，济南市文物处曾对其进行过初步调查。1987 年秋又进行了复查。1995 年，为配合山东大学历史文化学院考古系 92 级考古专业学生和 94 级研究生的毕业实习，于当年 3—6 月对长清仙人台遗址进行了考古发掘。后入选 1995 年全国十大考古新发现。

仙人台遗址（由东北向西南）

仙人台遗址 6 号墓（由西北向东南）

　　1995 年的发掘揭露面积 610 平方米，发现有少量岳石文化时期灰坑和墓葬，并出土一定数量的陶器、石器。发现较为丰富的西周时期聚落遗存，其中房址 8 座、灰坑（或窖穴）80 多个、窑址 1 座。东周遗存主要以灰坑为主，共清理出 20 多个，集中分布于遗址西部。部分灰坑底部遗留有木板痕，推测其应为窖穴。从出土陶器来看，时代应在春秋晚期。

　　此次发掘的重要收获是发现了一处周代郮国贵族墓地。除 M1 早年被破坏以外，其余 5 座均保存完好。墓葬均为长方形土坑竖穴木椁墓，无墓道。墓向、头向一致，约在 315°。墓底设置腰坑，内殉一犬。棺底铺朱砂，入葬时以席铺裹棺椁。随葬品皆成对使用。墓葬时代从西周晚期延续至春秋中期阶段。其中，M6 规模最大，两棺两椁，棺椁内及器物箱内随葬玉礼器、青铜礼器、乐器、兵器等，填土内出土车马器，墓主应为郮国国君。6 座墓葬出土大量随葬品，包括铜礼器 79 件，铜乐器 29 件，铜兵器 57 件，铜车马器 36 件（套），石磬 24 件，玉石器 20 余件，玛瑙、玉、骨装饰品 10 余件（套），陶器 60 件，马头饰海贝 1800 余枚等。其中，M1 出土的双龙镂孔圆柄铜剑可能是利用失蜡法铸造而成，M6 出土的铁援铜内戈更具极高的艺术价值和科学价值。

　　仙人台遗址的发掘特别是周代郮国贵族墓地的发现，获得一批丰富翔实、系统科学的考古资料，其学术价值突出表现在三个方面：其一，仙人台遗址郮国贵族墓地的发现与发掘，纠正、补充了文献记载的部分错误和不足，对郮国历史特别是史学界长

仙人台遗址 6 号墓器物箱局部（由南向北）

仙人台遗址出土西周郘召簠

仙人台遗址出土西周玉串饰

期关注的国名、地望、姓氏等问题的研究具有极高的价值。其二，仙人台遗址周代墓地，国属明确。墓葬出土的珍贵文物种类丰富，组合关系复杂，对古代的丧葬制度、礼乐制度（特别是用鼎制度）、车马制度以及音乐文化等研究具有重要价值。其三，仙人台遗址出土文物数量众多，种类齐全，包括铜器、玉器、石器、陶器、骨器、角器等，为郘国手工业乃至先秦时期手工业研究提供了丰富的一手资料。

（郎剑锋）

玉项饰

骨雕香熏

青铜鸟柱

青铜方壶

仙人台遗址出土春秋时期器物

247

63 — 滕州

[大韩墓地]

历年主要发掘单位

山东省文物考古研究院　　滕州市文物局

历任发掘领队及主持发掘者

刘延常　　郝导华　　王　龙

主要参与发掘人员

张　桑　　杨光海　　魏慎玉

　　大韩墓地位于枣庄市滕州市官桥镇大韩村东，地处泗河中游的薛河与小魏河之间，面积约 7000 平方米，为大韩遗址的重要组成部分。山东省文物考古研究院、滕州市文物局于 2017—2019 年对墓地进行了全面揭露，确定其为东周时期墓地，出土陶器、铜器、玉石器、骨角器等各类文物 3000 余件。2022 年被公布为省级文物保护单位。

　　2017 年 2 月，大韩村东农田中发现盗洞，当地公安部门侦查追回铜器 150 余件，该墓地始为人知。2017 年 10 月—2018 年 1 月，对墓地开展第一次发掘工作，共清理

大韩墓地地形地貌（由西向东）

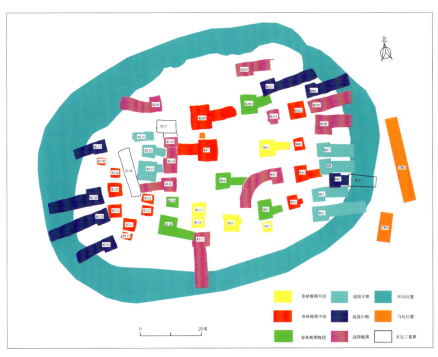

大韩墓地大中型墓葬分期示意图

各类墓葬 50 余座。2018 年 3—12 月，继续对墓地开展主动性发掘工作，共清理各类墓葬 100 余座。2019 年 3—10 月，对墓地剩余部分进行主动性发掘，发掘面积 900 平方米。清理大中型墓葬 11 座。2020 年 6—12 月，对墓地东侧东莱墓地开展主动性发掘时，清理车马坑 2 座，通过位置和级别分析，当属于大韩墓地。

经过多年的考古发掘，大韩墓地被全面揭露出来，共有东周墓葬 198 座，包括战国末期小墓 150 座、春秋晚期至战国大中型墓 48 座。

小型墓多为战国末期半民墓葬，分布于整个墓地。部分随葬壶、罐等陶器。大中型墓皆为贵族墓，自春秋晚期延续至战国晚期，皆为土坑竖穴。

春秋晚期大中型墓葬多分布在墓地中部，头向东，墓室面积约 20 平方米。M208 与 M57 一组面积最大，且两墓之间有一座陪葬马坑。一部分为带有墓道的中字形墓，墓道一般向东（个别向西）、较短、较浅。墓室皆分为椁室与器物箱，葬具多为一棺一椁，个别二棺一椁。墓主人多为仰身直肢，头向东。部分椁下有腰坑和殉狗，椁室周围有 1—10 个殉人，墓主棺内一般撒有朱砂。器物箱流行放置殉牲的习俗，一部分放置车舆及马镳、马衔等车马构件。随葬品以青铜器、陶器、玉器为主，青铜器有鼎、盖豆、敦、舟、罍、铍、盘、匜、编钟、车軎、车辖、马衔、剑、戈、镞等，陶器有鬲、鼎、盂、豆、罐（罍）等，多饰彩绘。

大中型战国墓主要分布于墓地周边或穿插于墓地里面墓葬之间，整体分布在环沟以内，部分墓葬打破环沟。墓道以东西向为主，仅一座向南，个别墓道呈弧形，墓道更

2018 年 8 月 2 日国家文物局宋新潮副局长一行调研大韩墓地考古发掘现场

大韩墓地战国早期车马坑 CMK1
（由南向北）

长、墓坑更深，个别墓未设墓道。墓室面积约 30 平方米。在墓地东部发现了两座车马坑。部分墓葬有腰坑和殉狗，个别设有壁龛。葬具多为一棺一椁，棺流行装饰玉器的荒帷。随葬品主要放置在器物箱内，也有随葬在棺椁之间的现象。随葬品亦有变化，主要有鼎、簋、豆、舟、壶、鉴、盘、匜、车軎、车辖、马衔、剑、戈、镞等青铜器，鼎、豆、壶、鸟柱盘、方座龙耳簋、圈足凤耳簋、投壶等陶器（多为仿铜陶礼器），其中一部分为彩绘陶器；棺椁之间随葬兵器，棺内随葬玉石器，其中以水晶器、玛瑙器较多。

大韩墓地的葬俗和出土器物表现出东夷文化属性。从部分青铜器铭文看，墓地或为倪国贵族家族墓地。墓主有士一级贵族，部分为卿大夫级别，而 M208 与 M57 或为诸侯国君及其夫人级别的墓葬。该墓地自春秋晚期至战国晚期没有间断，呈现完整布局，墓葬要素具有很强的延续性。从随葬品来看，文化因素极其丰富，显示出强烈的本土特征和与周边文化交流融合的特点。

大韩墓地所处的泗河中游，为齐、鲁、莒、吴、越、楚和中原文化的交界区，墓地与周边多个古国文化遗存关系密切，对于研究东周时期的埋葬制度、泗上十二诸侯国及古国关系、地域文化交流融合、齐鲁地域文化与区域传统文化的形成等学术问题具有重大意义。

（王龙、郝导华、刘延常）

春秋晚期　郳公克父铜戈

战国墓葬 M40 出土越王州句铜剑

春秋晚期墓葬 M43 出土郳大司马铜盘等

大韩墓地出土器物

大韩墓地出土战国早期墓葬 M39 铜器组合

64 海阳
［嘴子前墓群］

历年主要发掘单位
海阳市博物馆　　烟台市博物馆
历任发掘领队及主持发掘者
林仙庭
主要参与发掘人员
王富强　　滕鸿儒　　孙洪福　　王志文　　张　真　　张春明　　高京平

嘴子前墓群位于烟台市海阳市盘石店镇嘴子前村东北约 50 米的黄土台地上，西部是绵延起伏的招虎山，往南 10 千米是胶东半岛南海岸，墓群保护范围面积 3.4 公顷。自 20 世纪 70 年代至今，已先后发现了 7 座墓葬和 1 处祭祀遗迹，共出土文物 670 余件，文化时代属东周时期。2006 年被公布为全国重点文物保护单位。

嘴子前墓群所处黄土台地，因土质纯净，离村庄近，成为村民积肥、建房唯一的取土场。20 世纪 70 年代建设大寨田，村民将土台大部分挖走夷为平地。后来在此耕种，常发现箭头、车马器之类的遗存，便推测这里是一处古代屯兵养军之地，于是起名"养军场"。

嘴子前墓群全景（由西北向东南）

海阳市博物馆
"深山君王梦——嘴子前墓群出土文物专题陈列"

1977年秋，嘴子前村在墓群处整地造田，发现朽木，并出土大批车马器和较多铜镞，后编号为M5。1978年2月，村民在挖墓取棺椁木材做烧材时破坏了M1、M3，出土陶器、木器悉被破坏，青铜器大部分被海阳县博物馆收入馆藏，共计40余件。1985年，M2暴露，经海阳县博物馆考古发掘，出土铜、陶、木等各类器物120余件。

1994年4月，海阳县博物馆会同烟台市博物馆对已暴露的M4进行抢救性发掘。M4为土坑竖穴墓，东西长7.32、南北宽约6、残深3.44米。重椁单棺，木椁四周以较厚的青膏泥填封，椁室四周有夯筑的二层台。东边的两椁之间有一个长3.04、宽2.03、深3.38米的头箱，大部分随葬品置于头箱中。M4共出土陶、木、铜、玉石等各类器物260余件，其中精美的青铜器60余件。由于墓室封闭严密，随葬品大都保存完好。青铜器毫无锈蚀，非常少见。

2000年7月，海阳市博物馆与烟台市博物馆联合对已暴露的M6进行抢救性发掘。M6为土坑竖穴墓，东西长5.98、南北宽4.12、残深3.14米。单椁单棺，木椁周围用青膏泥填封，椁室四周有夯筑的二层台。棺为悬底式，长2.26、宽1.2、高1.63米。M6共出土陶、木、铜、玉石等各类器物170余件。同时，又对1978年被村民破坏的M1进行了清理，在回填土中发现零星石器、铜饰与陶器残片，在墓圹边缘发现一辆马车痕迹和8个完整的车軎。

经过历次考古发掘，嘴子前墓群共出土文物670余件，涵盖青铜器、玉器、陶器、漆木器等，其中以M4出土的盂、甗、七鼎、九钟、匜、盘、铈、带钩等青铜器尤为珍贵。

嘴子前墓群是迄今为止在胶东地区发现的级别最高、规模最大、葬制最为完整的东周贵族墓群。墓群出土文物数量之多、制作之精良在胶东首屈一指，出土文物不仅在国内多地展出，还巡展海外。其中M4出土7件一套的列鼎和9件一套的编钟代表着诸侯级的葬制；出土的盂、甗带有铭文，诠释了"田氏篡齐"事件。

（张春明）

青铜编钟

青铜鼎

嘴子前墓群出土东周铜器

青铜盂

青铜铷

青铜匜

青铜甗

65 沂水
［刘家店子遗址］

历年主要发掘单位

山东省文物考古研究所　　沂水县文物管理站

历任发掘领队及主持发掘者

罗勋章

主要参与发掘人员

马玺伦

刘家店子遗址位于临沂市沂水县院东头镇刘家店子村西 200 米的一处高地上，地势西高东低，高出周围地面 1—3 米。东临刘家店子村，西靠马家崖村，北依时密山，南隔时密水与九顶莲花山相望。遗址面积约 5 万平方米，属东周时期遗址。2015 年被公布为省级文物保护单位。

遗址发现于 1977 年，1978 年春，山东省博物馆和沂水县图书馆，在遗址东南部抢救性发掘清理了 2 座春秋时期墓葬和 1 座车马坑，出土随葬器物 500 余件。

一号墓为长方形竖穴土坑墓，口大底小，斜坡状墓壁修整光洁。现存墓口南北长 12.8、东西宽 8、距墓底 3.6 米，墓底北部有一级宽 3.8、高 1 米的生土二层台与北壁相连。墓室内有用木板构筑的椁室和两个器物箱。椁室居墓室中部略偏南。葬具为两椁一棺，内、外椁平面呈长方形，采用燕尾套榫的方式构筑。木棺置于椁室中部，经髹漆，棺内墓主头向东，葬式不明。器物箱在椁室南北两侧，均用木板构筑，呈长方形，下设枕木。此墓有大量殉人，总数约 40 人。这些殉人可分为两类，一类无葬具和随葬品，35—39 人，分三层排放在南器物坑上的填土中，每层相距 0.2 米；另一类有单棺，仅 1 人，置于椁室西壁的填土中。

一号墓共出土铜器、陶器、金器、玉石器等随葬品 470 余件，分别放于棺内、棺椁之间和器物箱内。棺内主要放置墓主随身带的玉石佩饰，棺椁之间陈放有铜戈、金剑柄等。南器物箱内主要存放青铜礼器，有鼎、簋、鬲、盆、盂、壶、罍以及陶器、嵌金漆器等。北器物箱主要存放乐器、礼器、兵器、杂器和一组玉佩饰等。该墓铜礼

山东 百年百项 重要考古发现 1921—2021

铃钟

铜盆   铜匜

刘家店子遗址出土铜器

器多成组、成套出现，包括平盖鼎11件、鬲9件、簋7件、壶6件、甬钟三组19件，铃钟一套9件、镈钟一套6件。部分铜器铸有"公簋""公铸壶"等铭文。

二号墓在一号墓以南，为长方形竖穴土坑墓，规模较一号墓要小，已遭破坏。现存墓口南北残长6.5、东西宽5.1米，墓室北侧可能为椁室，南侧为器物库，存放有鼎、壶、盘、匜、编钟等青铜礼乐器。墓底有椭圆形腰坑，坑内殉狗一只。车马坑在一号墓西侧，呈长方形，大部分已被破坏，南北残长3.3、东西宽4.5、深2米，残留殉马4匹。

沂水刘家店子一带在春秋时期为莒地。莒为东夷之国，春秋时是山东地区除齐、鲁两国外较强盛的国家。刘家店子遗址发掘的两座春秋中期的墓葬规模较大，随葬品丰富，用数十人殉葬，有车马坑，且一号墓出土的铜器铭文中又见"公"字。据此推测，一号墓墓主似为莒国国君；二号墓与之并列，相距很近，随葬有大牢九鼎，有可能是一号墓主的夫人。这一重要发现为探讨春秋时期莒国的墓葬形制、葬俗礼仪、器用制度等提供了珍贵资料，具有重要的学术价值和历史意义。

（张恒、刁鹏）

公壶

公簠

兽面纹鼎

铜罍

刘家店子遗址出土铜器

66 沂水
[纪王崮墓群]

历年主要发掘单位

山东省文物考古研究所　临沂市文物考古队　沂水县博物馆

历任发掘领队及主持发掘者

郝导华

主要参与发掘人员

任相宏　许姗　李顺华　石念吉　张子晓　邱波　耿涛　尹纪亮　等

两周时期

　　纪王崮墓群位于临沂市沂水县城西北约 40 千米处的"纪王崮"顶南部，崮顶部面积约 0.45 平方千米，隶属泉庄镇。"崮"是沂蒙山区特有的一种地貌景观，特点是顶部平展开阔，周围四壁如削，再向下坡度由陡至缓。该墓群于 2019 年被公布为全国重点文物保护单位。

沂水纪王崮墓群外景

纪王崮墓群春秋时期一号墓与车马坑航拍图（由东向西）

　　全国第二次文物普查时，考古人员曾到过纪王崮进行考察。2003 年，为解决当地用水问题而修建蓄水池时，曾在该处发现过古代马骨。2012 年 1 月初，"天上王城"景区管理委员会在崮顶施工过程中意外发现部分青铜器及残片，经考察，确定为古墓葬。经国家文物局批复，山东省文物考古研究所与临沂及沂水县文物部门，分别于 2012 年 2—7 月和 2013 年 9—10 月，对两座墓葬及车马坑进行了抢救性发掘。2012年 9 月则对纪王崮顶及崮周围进行考古调查。

　　在纪王崮上发掘出两座墓葬。一号墓为带一条墓道的岩坑竖穴木椁墓，由墓室、墓道及车马坑组成。其最大的特点是墓室与车马坑共凿建于一个岩坑之中。岩坑呈长方形，其壁斜内收，南北长约 40、东西宽约 13 米。墓道则位于岩坑东南部。二号墓为未建成的墓葬。

　　一号墓墓室由外椁、内椁、外棺、内棺及 2 个器物箱、3 个殉人坑等组成。墓主位于内棺，底部铺有一层厚约 6 厘米的朱砂。头向东，人骨已腐朽。由于下层岩石较难开凿，棺椁下的"腰坑"仅为象征性，没有明确的边界。坑内殉犬一只，头向西北。墓室东西两侧皆有熟土二层台，东侧二层台只残余一角。西侧二层台完整。墓道东向，呈东高西低的斜坡状，其西部正对内椁室。东西残长 4、南北宽 3.6 米。

　　在棺室、器物箱、车马坑及殉人坑中共出土文物近 300 件（组），其中，青铜器186 件（套）、陶器 7 件、石器 10 件、玉器 92 件，另有骨器、玛瑙串珠、铜串珠等870 余件。青铜器主要有鼎、鬲、铺、敦、瓠壶、镈钟、甬钟、纽钟、錞于、盘、匜等，玉器有人、戈、琮、柱形饰、虎形佩等，还有陶罐、海贝、玛瑙珠、绿松石饰、骨珠等。

　　车马坑位于墓室北部，南北残长 7.5、东西上口宽 4.1—4.4、底宽 3.6、深 1.1—1.2米，东西两侧皆有二层台。坑内残存独辕车四辆，每辆车由两匹马驾驭。在 2 号车舆内出土有鼎、鬲、敦 3 件车载青铜礼器，这种现象非常少见。

一号墓出土文物量大精美，青铜器胎质厚、器形大气。根据器物形制特点推断，该墓的年代为春秋中晚期。另根据墓葬及车马坑的规模形制推断，该墓应为莒国的一代国君之墓。

纪王崮春秋墓规模大、规格高、结构特殊，还出土大量的青铜礼、乐、兵、车马器及玉器等重要文物；其墓室与车马坑共凿建于一个岩穴中，是一种全新的埋葬类型，丰富了我们对东周贵族埋葬制度的认识，也引起了学术界和社会各界的广泛关注。该墓葬的发掘对于该区域的墓葬制度、考古学文化研究，以及对揭开纪王崮历史传说的神秘面纱和曾经隐没的历史均具有重要的价值和意义。

目前，沂水县正在积极筹划原址博物馆的建设，这不仅有利于开展崮上的文物保护，而且还有利于对历史文化的展示和传播，更会促使"天上王城"景区这一平台成为展示文化遗产、造福一方的新的阵地，从而为当地的经济、文化等发展发挥重要作用。

（郝导华）

华孟子鼎

玉人

铜鉴

玉戈

纪王崮墓群遗址出土春秋时期器物

263

铺

列鼎

纪王崮墓群遗址出土春秋时期铜器

镈

甬钟

纪王崮墓群遗址出土春秋时期铜器

67 山亭
［东江遗址］

历年主要发掘单位

山东省文物考古研究院　　枣庄市文物管理办公室　　枣庄市博物馆　　枣庄市山亭区文化体育局

历任发掘领队及主持发掘者

李光雨　　朱　超

主要参与发掘人员

尹秀娇　　石教东　　苏昭秀　　王　龙　　魏恒川　　张敬伟　　吕　凯

王春云　　山东各地市文物干部

两周时期

东江遗址小邾国贵族墓与 2007 年度发掘区位置图

李学勤先生在枣庄市博物馆考察东江遗址春秋小邾国贵族墓出土青铜器

东江遗址位于枣庄市山亭区山城街道东江村南侧约 100 米处，分为东、西两个台地，东西总长约 1500、南北宽约 500 米，总面积达 75 万平方米左右。遗址内以东周遗存为主要内涵。2006 年被公布为省级文物保护单位。

2002 年 6—7 月，枣庄市文物管理办公室、枣庄市博物馆和枣庄市山亭区文化体育局抢救性发掘了 3 座春秋早期墓，出土随葬品 93 件，其中青铜器 63 件，24 件有铭文（另有 3 座墓葬已被盗空）。根据出土的青铜器铭文推断，该墓群为春秋时期小邾国的贵族墓地。

2017 年为配合庄里水库建设项目，又于小邾国贵族墓地所在的东侧台地上及其西侧相邻部分区域发掘 2800 余平方米。遗迹以灰坑、窖穴为主，共清理东周灰坑 400 余个。在发掘区南部，发现战国晚期大型建筑夯土基址 1 处，平面呈东西向长方形结构，长 27.09、宽 9.9 米，面积约 267.9 平方米。台地西侧断崖处发现南北向春秋时期夯土城墙残迹，仅存城墙东侧宽约 1 米的部分，城墙夯层清晰可辨。城墙外侧发现壕沟，经探沟解剖，壕沟呈斜壁缓坡浅沟状，为一次挖掘而成，口部宽约 17.5、残深约 3.2 米。

东江东周贵族墓地是近 10 年来鲁南地区乃至山东先秦考古的重大收获，该批墓葬为小邾国早期国君墓，出土大量青铜器铭文，可以复原春秋早期小邾国的完整世系，为研究小邾国历史、山东古国史和周代东夷地区的丧葬礼俗提供了第一手珍贵资料。

目前可以确认，东江遗址城址，西、北两侧存在城墙及壕沟，东、南两侧由于破坏已无存。据 20 世纪 60 年代卫星照片初判，该城面积约 4 万平方米。现存东台地西北角区域即为该城城内范围，城墙依台地边缘起筑，夯土及被其打破的灰坑内包含陶片均属春秋早期，说明城墙的修筑时代应不早于这个时期，从外侧壕沟内的堆积来看，壕沟废弃年代为战国晚期。该城可能与春秋早期大墓同时，延续至战国晚期。城墙与壕沟等遗迹现象为探寻小邾国都城位置提供了新的证据。

（朱超）

东江遗址战国晚期大型夯土基址（由南向北）

东江遗址东周城墙残迹（由西南向东北）

小邾国贵族墓发掘现场

东江遗址东周城外壕沟（由西向东）

金父瓶

朱君庆壶

邾友父鬲

东江遗址出土春秋时期铜器

68 新泰
［周家庄东周墓地］

历年主要发掘单位
山东省文物考古研究所　　新泰市博物馆
历任发掘领队及主持发掘者
刘延常
主要参与发掘人员
曲传刚　　张　勇　　穆红梅　　徐传善

两周时期

　　周家庄东周墓地位于泰安市新泰市青云街道办事处周家庄东南，南至市政府驻地约2千米，北距金斗山约2千米，东至平阳河约2千米，地势由西北向东南倾斜。周家庄原是市区北郊的村庄，现已经发展为城市福田社区的一部分，2002年在旧村改造建设居民楼的过程中发现墓葬，根据考古勘探、调查和过去出土文物点的情况分析，墓地南北长约300、东西宽约150米，面积约5万平方米。墓葬年代自春秋晚期延续至战国中晚期，属齐国墓葬。2006年被公布为省级文物保护单位。

　　2002年抢救性发掘4座墓葬；2003年3—5月，山东省文物考古研究所与新泰市博物馆联合对周家庄旧村改造区域进行了重点勘探，发掘66座；2004年清理8座。经过2002—2004年的3次发掘，共发现墓葬78座。另外在居民楼前、道路旁还发现4座墓葬未能清理。墓葬发掘被评为2003年度全国重要考古新发现。

　　周家庄东周墓地出土的墓葬多属中小型墓，保存较好。其皆长方形土坑竖穴墓，排列集中且有规律，基本不见叠压打破关系。依据墓室面积可以将墓葬分为五类：30平方米以上的1座，15—30平方米的9座，10—15平方米的12座，6—10平方米的28座，6平方米以下的28座。

　　墓葬出土的随葬品丰富，有青铜器、陶器、骨器、玉器、蚌器、漆木器、石器和铁器等2000余件。有3座墓随葬4辆木质车，车放置于椁顶部，保存较差。出土的青铜器有700余件，其中礼器150、兵器300余件，另有车马器、乐器、杂器等。铜礼器主要有鼎、甗、提梁壶、盘、匜、舟、盖豆、敦，以盖豆、舟最为常见，多偶数组合；

乐器有镈、纽钟、铎和铃等；兵器主要有剑、戈、矛、匕、镞等，以剑、戈数量最多，往往偶数组合随葬；车马器有马衔、车軎、盖弓帽等。陶器数量较多，有多种组合，主要有鬲、盖豆、罐、罍、鼎、簋等，其中以彩绘礼器和素面鬲的发现较为重要。骨器数量多，主要有马镳、盒、梳、簪、贝等，以梳子、管状小盒、笄和簪制作最为精美。

周家庄东周墓地随葬的青铜兵器较多，显示出浓厚的军事色彩。出土的 300 余件兵器可以明显分为两类。一类是山东常见的兵器类型，另外一类则铸造精美、含铅高、硬度大、锋利逼人，没有锈迹，剑首内部为细密螺旋纹，有的剑身饰暗网格纹，这类兵器数量约占三分之一，有明显的吴国兵器特征，为艾陵之战的地点在新泰市区附近的推论提供了实证。

周家庄东周墓葬年代集中、文化性质明确、随葬品丰富，从墓室面积和棺椁使用情况均反映出墓主人的等级差别。出土的大量兵器、均随葬于男性墓葬中，此外还随葬行军常用的铜铎以及车和大量车马器等，说明新泰市周家庄一带为当时齐国的军事重镇，为春秋晚期至战国中期齐国以军事营地将士为主的墓葬。周家庄一带位于鲁中山区南侧，蒙山北侧，大汶口支流——柴汶河的上游，介于齐国和鲁国之间，地理位置和战略位置非常重要。周家庄东周墓葬及相关遗址的发现证明了这里曾是齐国的战略前沿和军事重镇，具有多种文化因素。出土的部分陶器具有鲁文化特点，部分青铜兵器为吴国特点，这些都反映出当时战争频繁、列国交流的社会现象。

（刘延常）

蟠虺纹三戈戟

竹节纹戈

周家庄东周墓地出土铜器

蟠螭纹盖鼎

王矛

绳索纹提梁壶

周家庄东周墓地出土铜器

69 章丘
[女郎山战国墓]

历年主要发掘单位

山东省文物考古研究所

历任发掘领队及主持发掘者

李曰训

主要参与发掘人员

刘德立　马文力　解勇　郭尚君　等

女郎山战国墓位于济南市章丘区绣惠办事处（原章丘县绣惠镇）北侧的女郎山西坡。明、清两代《章丘县志》对其均有记载，传说墓上原有14米高的封土，后被附近历代村民逐年取土铲平。

章丘女郎山战国大墓开口全景

主墓室出土鼎、豆、壶青铜礼器

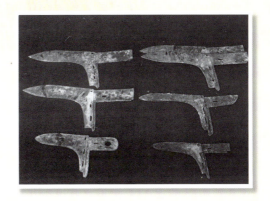

青铜戈

铜矛

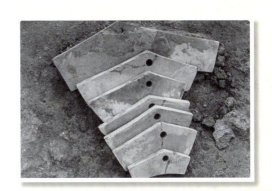

石编磬

青铜剑

青铜编钟、钟架构件（复原图）

成组铜箭镞

连装铜钩戟

青铜镈钟

章丘女郎山战国大墓出土器物

为配合济青高速公路建设工程，1990年7月初至8月底，山东省文物考古研究所对其进行了考古发掘。该墓是一座典型的甲字形台地式战国积石齐墓。墓室东西长13.58、南北宽12.15米；南侧并置一条宽1.8、残长4.5米的斜坡墓道。椁室南北长5、东西宽4.6米。重椁单棺，外椁上有一被肢解的殉人。周围的二层台上，排列埋葬有5座陪葬墓，其墓室面积一般在5平方米左右，均置有棺椁葬具，然后用大石块掺杂鹅卵石进行充填。

墓中出土青铜器、陶器、兵器、乐器、玉器等380余件，各类石、蚌等串饰品4000余枚。其中，墓主人随葬器物有鼎、豆、壶、盘、勺、舟、敦、盖豆、提梁壶、剑、戈、矛、戟、镦、车軎、马衔、马镳、带钩等青铜礼器及兵器200余件，还有玉璧、玛瑙环、石雕套筒、成套铜编钟、编镈、石编磬、陶埙等乐器，以及大量的各种骨管饰、滑石串饰等。5座陪葬墓分别随葬有鼎、豆、壶、盘、匜、舟、敦等成组成套的仿铜陶礼器，以及铜、石、蚌、水晶、玉器和成套的乐舞陶俑等。

章丘女郎山战国墓出土的木质兵器箱、双钩距联装青铜戟、成套（38件）的彩绘乐舞陶俑为国内罕见。特别是彩绘乐舞俑，组合有序、造型生动活泼、风格写实逼，实为难得的艺术珍品。

章丘女郎山战国墓的发掘，为研究我国东周时期的历史、文化、艺术等，提供了珍贵的实物资料，具有较高的学术价值。

（李日训）

战国时期乐舞俑（章丘女郎山 M1）

70 临淄
[淄河店二号墓]

历年主要发掘单位
山东省文物考古研究所
历任发掘领队及主持发掘者
魏成敏
主要参与发掘人员
罗勋章　韩树鸣　靳桂云　王会田

　　淄河店二号墓位于淄博市临淄区齐陵镇小淄河店村西南，淄河店墓地东侧，南依山岭，北面淄河，东邻田齐王陵区，隔淄河与齐都临淄城相距 7.5 千米。

　　1990 年 4—11 月，山东省文物考古研究所为配合济青高速公路建设，对淄河店墓地进行考古发掘，先后清理发掘出 7 座大中型墓葬，其中以二号墓最为重要。虽然墓室被盗，但出土的随葬品依然比较丰富，不仅墓室内殉葬 12 名殉人、随葬 22 辆马车，而且在墓室北部设有随葬 69 匹马的大型殉马坑。二号墓是目前临淄发掘出的最重要的齐国上层贵族墓，入选 1990 年首届全国十大考古新发现。

　　二号墓属于甲字形大墓，封土残高 4.8 米，墓室南北长约 16.5、东西宽 16.3 米，有一条南向墓道。椁室位于墓室中部，由内构双重石块垒筑而成，南北长 7.5、东西宽 7、深 5.5 米；后部有东西长 10.6、南北宽约 2.5、深 1.6 米的大型殉葬坑，内葬 12 名殉人。

　　随葬品主要放置在二层台上和椁室内。由于墓葬被盗，二层台清理出的随葬品主要为铜石礼乐器、仿铜陶礼器和藤木质的独辀马车，椁室内随葬青铜兵器、乐器等。其中铜编钟共 5 套 34 件，集中放置于东二层台上；镈钟 8 件，分大小两组各 4 件，均大小相次；甬钟 2 组 16 件，每组各 8 件，大小相次，形制基本相同；铜组钟 1 组 10 件，放置在椁室内，形体较小，大小相次略有差异。石磬共 3 组 24 件，每组 8 件，在东二层台北侧按大小顺序叠放在一起，并用细绢绳捆扎。出土仿铜陶礼器有鼎、簋、壶、豆、盖豆、敦、舟、盘、匜、鉴、禁、铲、勺等，组合完整。最重要的是组合完整的鼎、簋配置。13 件陶鼎中有器形相近、大小相次的无盖鼎 1 组 7 件、盖鼎 1 组 5 件。出土

淄河店二号墓东二层台随葬车辆出土情况

方座簋 6 件，形制相同，两侧各有 1 兽耳。铜兵器出土于椁室内，有戈、矛、剑、戟、镞等，其中一件戈上有"国楚造车戈"铭文。

　　二号墓在墓室内发现大量车马器，发掘时通过灌注石膏共清理出车舆 22 辆、车轮 46 个（均包括可辨认出的残迹）。此外，二号墓北侧相距 13 米处，还有座大型殉马坑。马坑呈长条形，东西长 45、南北宽 2.8 米，与二号墓前后平行，东西两侧超出墓室的部分左右对称，有殉马 69 匹，自西向东单行排列。

　　在目前临淄发掘的数十座战国时期齐国大型墓中，淄河店二号墓是首座墓主身份明确的上层贵族墓。依据墓葬椁室内出土的"国楚造车戈"推断，二号墓的墓主人应为"国楚"。国楚其人虽未见于史载，但从该墓的墓葬规模，所享有的棺椁相重、七鼎六簋、金石之乐等礼仪制度，以及拥有 12 名殉人、大批殉车马来看，二号墓墓主"国楚"的地位甚高。据文献记载，齐之国氏为齐国望族，国氏之宗子又称"国子"，是周王朝所命的"守臣"，世为齐国上卿，地位显赫，屡执齐之国政。战国时期由于田氏兴盛，并逐渐取代姜齐，国氏的地位有所下降，但据临淄城南发现的国子墓特别是二号墓的发现，证明战国前期国氏仍为袭有"国子"称号的齐国上层贵族。该墓随葬的铜、陶礼乐器配置基本齐全，为研究齐国及战国时期的礼乐制度提供了重要资料。而墓室内发现的 20 余辆马车在发掘中灌注大量的石膏，为复原工作提供了可靠的原型标本，成为研究古代车制不可多得的实物珍品。

（魏成敏）

淄河店二号墓 15 号车出土状况（石膏灌注原型）

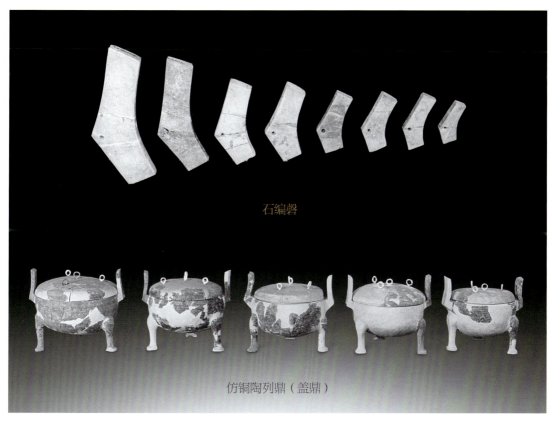

石编磬

仿铜陶列鼎（盖鼎）

淄河店二号墓出土器物

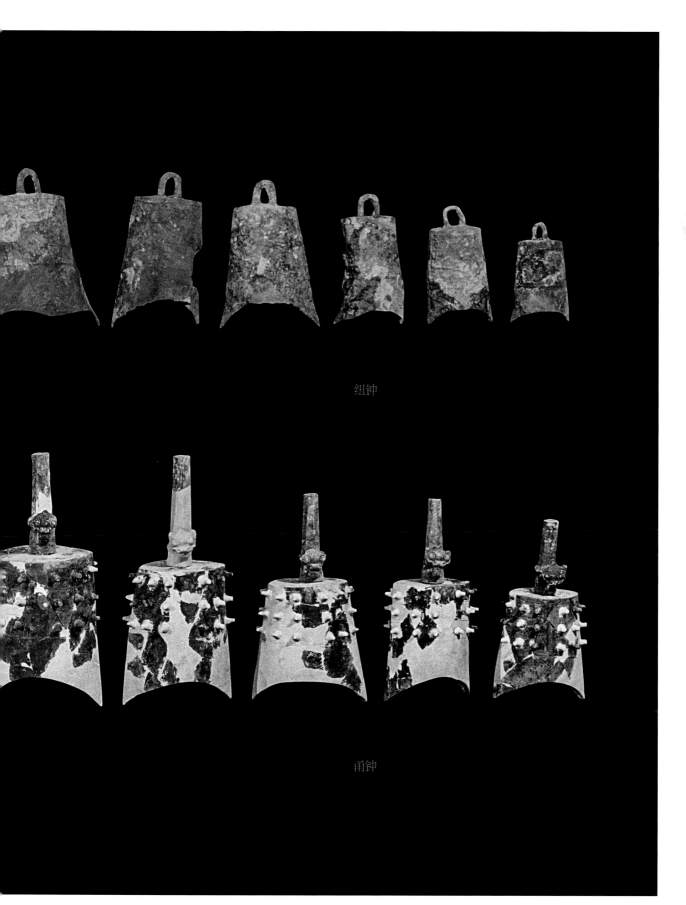

纽钟

甬钟

淄河店二号墓出土铜器

小型铜镈钟（编钟）

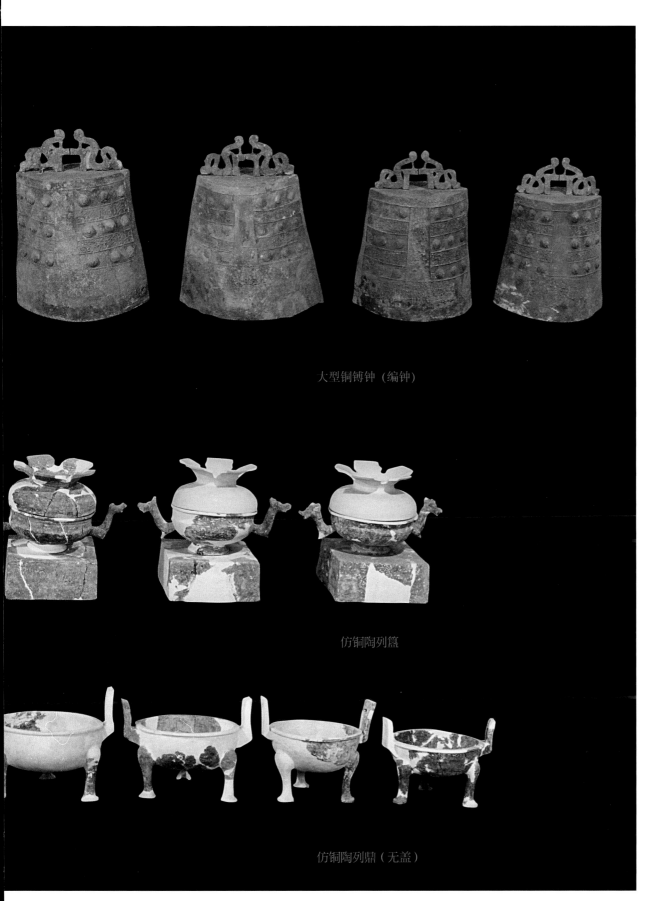

大型铜镈钟（编钟）

仿铜陶列簋

仿铜陶列鼎（无盖）

淄河店二号墓出土铜器

71 临淄
[商王墓地]

历年主要发掘单位

淄博市博物馆   齐故城遗址博物馆

历任发掘领队及主持发掘者

贾振国

主要参与发掘人员

徐龙国   张明东   朱玉德   李 新 等

临淄商王墓地位于淄博市临淄区商王村西侧，北距齐故城遗址约 5 千米，横贯东西的胶济铁路从墓地南侧经过。1992 年 9 月，为配合临淄水泥厂扩建工程，由淄博市博物馆和齐故城遗址博物馆联合组成考古发掘队，对扩建工程范围内的古墓葬进行了抢救性发掘。

发掘工作分两阶段进行，第一阶段自 1992 年 9 月下旬至 1993 年 1 月，发掘墓葬 87 座；第二阶段为 1993 年 5—6 月，发掘墓葬 15 座，两次共计 102 座。墓葬除少数为战国晚期墓外，绝大多数为两汉时期的墓葬。两汉时期的墓葬多为小型竖穴土坑墓，随葬品有陶壶、陶罐、陶豆、铜镜、铜带钩等。其中，战国晚期"中"字形大墓 2 座，历经盗扰，出土物甚少。

在临淄商王墓地的发掘中，收获最大的是两座战国晚期的竖穴木椁墓，保存完整，随葬品异常丰富，且绝大多数为实用器，在历年的考古发掘中极为罕见。这两座墓应为夫妻并穴合葬墓，间距 5.6 米，均为一棺一椁。

1 号墓为女性墓，墓口南北长 4.3、东西宽 3.4，深约 7 米。随葬器物主要放置于棺椁周边和棺内，共计约 296 件。铜器有鼎、釜、壶、罍、燎炉、汲酒器、钵、匕、盒、勺、方炉、小壶、高柄提梁壶、哑铃形器、灯、人形足方炉、匜、蒜口瓶、香熏、鸟柄灯、鹰首匜、杯形壶、耳杯、雁足灯、带钩、玺印、镜、削等。银器有盘、匜、勺、匕、耳杯等，其中多件器物上刻有铭文。金器有耳坠、泡等。玉器有璧、环、璜、串饰、玺印、铁柄玉匕、玉佩饰等。陶器有罐、熨具等。其他还有滑石耳杯和碟、墨精石珠、簪形玻璃器、铁削，以及较多的漆器、铜车马器和金属构件等。

2号墓为男性墓，墓口南北长 4.4、东西宽 3.15、深约 7.55 米，随葬器物主要放置于椁室两侧和棺内，共计约 216 件。该墓最重要的是出土了两组编磬计 19 件，一组编钟计 14 件，以及悬架上的铜构件。铜器有大盘、鼎、盘、灯、雁足灯、镜、勺、铍、带钩、弩机等，以及漆器构件和铜车马器具。银器仅见 1 件匕，玉器有璧、剑首、剑格、剑璏、剑珌等，铁器有剑、削、箭杆等。

这次发掘出土的青铜器，为同时期的齐国青铜器补充了许多新器物，如汲酒器、提梁燎炉、错金银铜盒、包金镦铜铍和镶嵌绿松石的铜带钩等，均在以往发掘的齐墓中很少见到。成批出土的金银器是这次发掘的重要收获之一，它们造型别致，来源较为复杂，对研究齐国银器的制造工艺以及与秦、楚等国的关系等具有重要价值。出土的铸、刻铭文的器物，为研究战国晚期齐国的职官、度量衡、造器机构以及与秦国的关系等提供了新的资料。成套编钟、编磬的发现，则为研究战国晚期到汉初的音乐考古提供了重要的实物资料。

（徐新）

商王墓地出土白玉透雕龙虎纹佩

商王墓地出土金耳坠

285

银耳杯

银匜

铜雁足灯

铜汲酒器

铜牺尊

铜镜

铜鸟柄灯

商王墓地出土战国时期器物

72 邹城
[邾国故城]

历年主要发掘单位
山东大学历史文化学院　邹城市文物保护中心
历任发掘领队及主持发掘者
王　青　路国权　郎剑锋　陈章龙
主要参与发掘人员
山东大学考古学与博物馆学系 2012 和 2014 级本科生　2013—2021 级研究生　等

　　邾国故城遗址位于济宁市邹城市峄山镇峄山南麓纪王城村周围，北临峄山，南为廓山，东依高木山，西为平原，金水河自东北向西南穿城而过。城址平面略近长方形，东西宽 2530、南北长 2500 米，周长约 9200 米，面积约 6 平方千米。城址中部偏北为俗称"皇台"的宫殿区，北部为贵族墓葬区，金水河北为冶铸区，西南部为制陶作坊区。《左传》鲁文公十三年（公元前 614 年），邾文公"卜迁于绎"，建都于此。秦汉时期为邹县县治。2006 年被公布为全国重点文物保护单位。

　　1964 和 1980 年，中国社会科学院考古研究所和邹县文管所对遗址进行了调查和复查。2015—2022 年，山东大学、邹城市文物保护中心对遗址持续开展工作，累计发掘面积 6700 余平方米（含甲字形大墓 2 座），重点勘探 40 余万平方米，极大地丰富了对遗址文化内涵和城址结构与布局的认识。

　　2015 年在"皇台"西南约 400 米处（E3 区），发掘面积 930 平方米，清理遗迹 757 处，以灰坑（窖穴）为主，少量水井、墓葬、房址、炼炉等，年代为春秋、战国和秦汉时期，为建立遗址的文化序列提供了基础资料。窖穴个体较大，直径或边长普遍为 2—3 米，周壁和底部加工规整，底部残留谷物朽灰，可能是储粮设施。出土 10 余件陶量，应是籴籴谷物的量器。出土"邾""驺"等东周秦汉陶文 200 余件，"邾"字为首次考古发掘出土。

　　2016 年对宫殿区进行了重点勘探，发现数十处夯土基址，在外围还发现宽 2—3 米但不连续分布的窄墙。

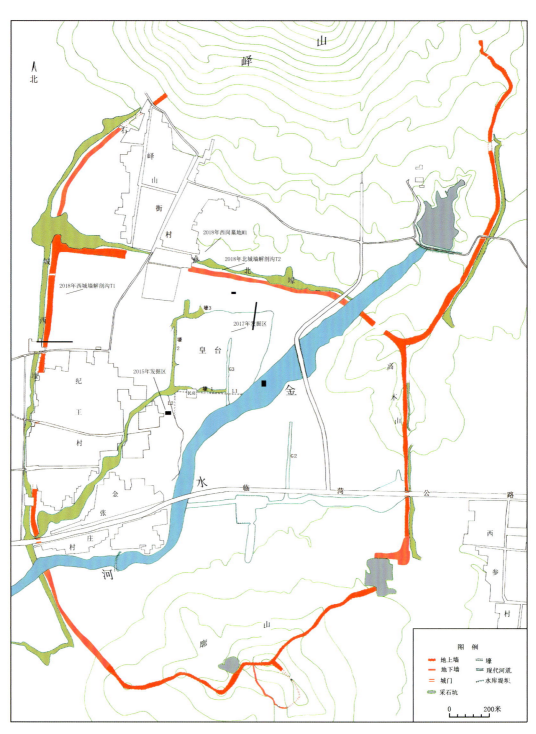

邾国故城 2015—2021 年发掘区位置示意图

西岗墓地战国一号墓出土玉佩

　　2017年在宫殿区"皇台"中部偏北（F3区东南部）发掘面积475平方米，清理遗迹330余个，年代多属春秋、战国和汉代。其中J3出土8件新莽铜度量衡器。

　　2018年对西城墙（壕）、北城墙（壕）进行解剖，发掘面积1150平方米，发现城墙的沿用略有差别。如西城墙（壕）分春秋、战国、汉三期，始建于春秋中期，与郳文公"卜迁于绎"吻合。2018年7—12月，抢救性发掘西岗墓地一号甲字形战国早期大墓，墓主为成年女性，出土了龙形玉佩、玉环、错金铜带钩，还出土了北方地区随葬数量最多的印纹硬陶、原始瓷器，以及目前所知年代最早的茶叶遗存，由此将茶叶的历史提前了约300年。

　　2019年对西岗墓地二号甲字形大墓进行主动发掘；对"皇台"南崖剖面进行铲刮，揭露夯土城墙（内外壕）一道、城门一处、道路一条、石砌水渠一条；对金水河北岸战国早期青铜兵器浇铸坑进行抢救清理，出土铸造铜戈、剑、矛、镞等的陶范200余块和10余件"冶"字陶文。

　　2021年对金水河北兵器作坊区进行大规模发掘，揭露出一处战国时期面积较大、遗迹种类丰富、活动面保存较好、结构布局较清晰、功能较完备的青铜兵器铸造作坊，收获一大批陶范、坩埚、炼渣等与青铜兵器铸造相关的遗存。

　　经过多年对郳国故城遗址宫殿区、仓储区、冶铸区、贵族墓葬区、西城墙（壕）、北城墙（壕）、道路、水渠等的发掘，目前已经建立起关于郳国故城遗址东周、两汉至魏晋南北朝时期详细的考古学文化编年体系，对城址的年代、结构、布局和演变有了清晰的认识，为研究东周郳国历史和秦汉魏晋南北朝时期邹鲁地区文明提供了一大批翔实的考古材料，为长期、持续、系统、科学地开展郳国故城遗址考古工作奠定了基础。

（王青、路国权）

西岗墓地战国一号墓出土茶叶

战国　原始瓷罍

金水河北岸冶铸区出土战国陶戈范

战国　陶量

战国、秦代　陶量

邾国故城出土器物

货版　诏版　诏版

衡杆

环权　环权　环权　环权

邾国故城出土新莽铜度量衡

邾国故城西岗墓地战国一号墓出土印纹硬陶和原始瓷器

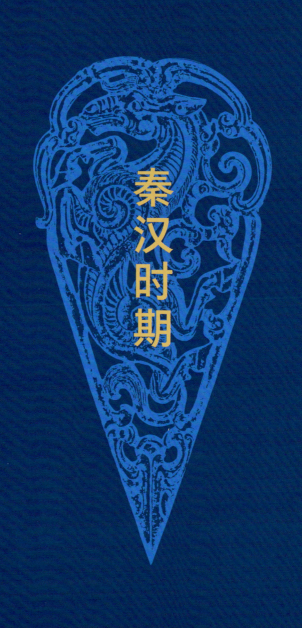

秦汉时期

秦漢

73 章丘

［东平陵故城］

历年主要发掘单位

山东省文物考古研究所　北京大学考古文博学院　济南市考古研究院　章丘区博物馆

历任发掘领队及主持发掘者

赵化成　郑同修　杨哲峰　张　溯

主要参与发掘人员

沈睿文　韦　正　陈建立　倪润安　王泽冰　张宗国　宁述鹏

北京大学考古文博学院 2007 级　2010 级本科生　2012 年国家领队培训班学员

　　东平陵故城遗址位于济南市章丘区龙山街道闫家村北，地处泰山山脉北麓，西北约 35 千米处为黄河。该城始建于战国晚期，秦时属济北郡。西汉初年为吕国国王吕台封邑，后为济南郡治所。文帝十六年（公元前 164 年），建济南国，仍为治所。景帝三年（公元前 154 年），济南国除国为郡，仍为郡治所在。新莽时易名乐安。东汉初年，光武帝复置济南国，仍为王国治所。汉中央政府在此设置铁官、工官，为汉代重要的手工业城市。

　　城址呈正方形，边长约 2000 米，城内面积约 400 万平方米。四周城墙残垣犹存，以西城墙保存最好，城墙宽 24 米，墙基宽 40 米，残存高度 5—7 米。2006 年被公布为全国重点文物保护单位。

　　1928 年，吴金鼎对东平陵城进行调查，由此拉开了考古的序幕。中华人民共和国成立后，文物部门对该城址进行过多次调查，采集到的文物十分丰富，有陶、铜、石、铁器，钱范以及大量建筑构件。仅铁器就有工具、农具、范具、兵器、日常用品等 40 余种，部分铁器上还有铭文。1993、2001 年，山东省文物考古研究所对城址进行了详细勘探，并对部分城墙进行了解剖。2008—2013 年，山东省文物考古研究所、北京大学考古文博学院、济南市考古研究所联合对东平陵城进行了考古测绘、勘探和发掘，其中对宫殿区和冶铁遗址的考古发掘取得了重要的收获。

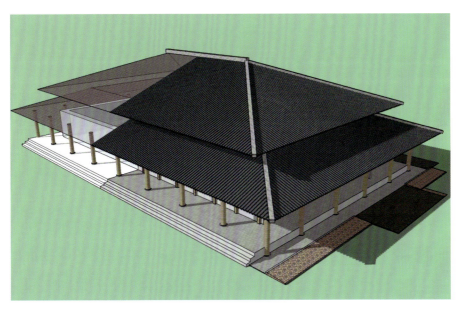

章丘东平陵故城一号建筑想象复原图

章丘东平陵故城一号建筑基址东部（由北向南）

章丘东平陵故城东城墙中段

章丘东平陵故城一、二号熔铁炉

章丘东平陵故城锻炉 L3

章丘东平陵故城六号熔铁炉

　　2001 年秋，分别对南、北城墙进行了局部解剖试掘。从南城墙解剖的情况分析，该城经过 7 次修筑才形成现存的规模。其中，内侧第 1、2 期为早期城墙，第 3—6 期城墙都是依次在原墙体基础上向外侧加宽，每一次修筑都是先将原墙体外皮进行修整、清理，然后再建。在夯层内发现了大量木骨，以及固定木骨的木桩和绳索等遗迹现象。第 7 期城墙在城墙的内侧，为堆筑的墙体。根据各期城墙夯筑方式和包含物的不同，推断第 1、2 期为战国时期，第 3—6 期为两汉时期，第 7 期时代稍晚。这次调查发现城内普遍存在战国时期的遗存，这与城墙的解剖结果完全吻合，从而确定东平陵城的始建年代是在战国时期。

　　对宫殿区共进行了三次发掘，发现宫殿建筑基址一处，编号为一号建筑基址。该基址位于东平陵城的中轴线上，距北城墙 500、距南城墙 1500 米。夯土台基上部已被破坏，但其基础和部分柱础尚存，该建筑基址东西总长约 50、南北宽约 30 米。外围散水保存较好，与散水连接的地面廊道尚存部分踏步和铺地砖，由此可复原出该建筑的基本结构，推测为四阿重檐式宫殿建筑。据出土的砖瓦构件推测，该基址始建年代约为西汉中晚期，东汉时期仍沿用。

　　冶铁遗址经过两次发掘，2009 年发掘面积 508 平方米，2012 年发掘区位于 2009 年发掘区的西部，发掘面积 426 平方米。2009 年发现属于西汉时期的夯土地基、熔铁炉、建筑基址、烘范窑、储泥池、锻铁炉、取土坑等遗迹。夯土地基为铸造工场的基础，夯筑而成。熔铁炉均为圆形炉壁和圆形炉缸组成的双圈结构，呈东西向等距排列，间隔约 3 米。出土大量与铸造相关的炉壁、鼓风管、铁块、铁条、铁板材等遗物。2012 年发现的主要遗迹有西汉晚期至东汉时期的熔铁炉、蓄水池、灰坑、灰沟等。熔铁炉共 6 座，大体呈东西向排列，保存均较差，仅剩炉底部分。炉体为圆形，由炉缸、排渣道、炉壁、炉基组成。还发现锄、镬、环首刀、锤头、凿、钉、锛、犁、铧冠、斧等的铁器和铸范。

东平陵城经过多次考古调查与发掘，基本搞清了城内的布局，确认了大体的功能分区，为研究汉代郡国城市的发展演变，以及手工业的管理和生产，提供了翔实的资料。

（张溯）

"大四"铁锄铸范　　　　　　　　铁锄

一号宫殿出土瓦当

章丘东平陵故城出土器物

74 青岛
［琅琊台遗址］

历年主要发掘单位

山东省文物考古研究院　青岛市文物保护考古研究所　青岛市黄岛区博物馆

历任发掘领队及主持发掘者

吕 凯

主要参与发掘人员

彭 峪　李祖敏　杜义新

大台址

琅琊台遗址位于青岛市黄岛区南部沿海，核心区坐落于海拔 183.4 米的山顶。遗址现存两座大型夯土建筑基址——大台和小台、"窑沟"遗址，以及陶水管、石构筑物等各类遗迹遗物。2019—2022 年，山东省文物考古研究院联合青岛市文物保护考古研究所，对琅琊台遗址进行了持续性考古发掘，出土大量遗物，并进一步理清了遗址的文化内涵。2013 年被公布为全国重点文物保护单位。

琅琊台遗址鸟瞰（由西南向东北）

大台台顶西侧发掘区全景（由西向东）

　　大台地点处于最高峰处，属琅琊台的主台。主体台基东西长约61、南北宽约39米，为秦汉时期高台建筑基址。发掘证实大台台基西侧壁面现存约35米，西南角保存较好，西侧南部发现空心砖铺成的登台踏步。中部发现依附于夯土台的房间一处（F1），坐西朝东，面阔约18米，北有门道，门道外推测为有屋檐的走廊。F1室内东北角、西南角现存贴墙砖，地面发现石板砌成的长方形地漏一处，地漏连通地下管道。管道由陶管套接而成，两列并排，北端有入水口，中连地漏，由北向南排水，现存长约26米。推测其始建年代为秦，西汉时期进行过重修改造。

　　主体台基东北部地势较低处揭露陶管道一处，管道三列并排，由南向北排水，推测其南侧应有建筑。台基北侧偏西通过勘探得知存在两处长条状夯土，南坡亦存在较宽条状夯土，通过解剖发现夯层为倾斜状，推测与上山道路有关。大台东北部发现主体夯土台北边缘，其北侧夯土地面与夯土台存在高差。夯土台东西土色存在差别，夯层有错位，其间发现竖直痕迹，宽约2厘米，推测为版筑痕迹。此外，发掘区内存在较厚的倒塌堆积，出土大量建筑材料，主要为饰绳纹和瓦楞纹的筒瓦、板瓦，"千秋万岁"和卷云纹瓦当，以及多种纹饰的铺地砖，据形制推断应为秦汉时期。

　　小台地点位于琅琊台主峰东部，濒临大海，现存夯土依托东侧自然山体夯筑而成，夯土同山体构成直径200余米、平面略呈圆形、顶部平坦的高台。发掘期间于小台北部布设南北向探沟一条，探沟中发现夯土台北侧有大面积垫土，可分为三层，南高北低，略呈斜坡状。台基夯土主要呈黄褐色，于垫土层上夯筑，夯层不均匀，厚10—20厘米，夹杂碎石颗粒。探沟中未见任何与建筑相关的遗物。

台西头村东南发掘区全景（由南向北）

琅琊台遗址大台台顶西侧石砌地漏（由西向东）

琅琊台遗址大台台顶西南角（由西南向东北）

琅琊台遗址大台台顶东北部陶管道（由南向北）

　　"窑沟"地点位于大台南侧山下，西邻深沟，当地称"窑沟"。发现窑址9座，均为西北—东南向，规模接近，长约8、宽约3米。窑由操作间—火膛—窑室—烟道组成，火膛平面呈三角形，窑室呈长方形，末端有三个圆形或半圆形烟道。窑址分布区的北侧发现一条东北—西南向沟，沟中出土大量遗物，应与窑址有关。窑沟发掘区出土大量板瓦、筒瓦、圆形云纹瓦当、半圆形夔纹瓦当、素面方砖及陶管道残块等，形制与大台发现的基本一致，遗物中有不少烧变形者，此外还发现大量烧结的窑壁残块。推测这批陶窑的年代为秦代，应是烧制建筑材料的专用作坊。

　　《史记》载秦始皇"作琅琊台，立石刻，颂秦德，明得意"，可知琅琊台是一处十分重要的礼制建筑遗址。通过近年的发掘，对大台顶部的布局和结构有了更进一步的认识，对小台夯土结构也有了直观了解，对山下窑址的发掘，则为山顶高台建筑的分期断代提供了实证材料。琅琊台遗址持续的考古发掘为山东地区战国秦汉考古研究提供了重要的新材料，为探索战国—秦汉国家祭祀制度发展演变提供了新线索。

（吕凯、彭峪、李祖敏）

战国　半圆瓦当　　　　　　　秦代　云纹瓦当

秦代　镂孔砖　　　　　　西汉　"千秋万岁"瓦当

琅琊台遗址出土器物

75 临淄
[大武汉墓]

历年主要发掘单位

淄博市博物馆

历任发掘领队及主持发掘者

贾振国

主要参与发掘人员

朱玉德　毕思良　孟凡喜　孔庆岱　崔来林　吴宝宗　安立华　刘统爱　等

　　大武汉墓位于淄博市临淄区大武社区窝托村南，东北距齐国故城 23 千米，北距胶济铁路东风站约 1 千米。发掘前墓葬封土高达 24 米，封土底部直径约 250 米。

　　1978 年秋，为配合胶济铁路东风站扩建工程，经山东省文物主管部门批准，淄博市博物馆进行了勘探发掘。先在封土外围进行了普探，又对墓葬的形制进行了初步钻探。勘探结果显示，墓室位于封土下中部，南北向，主墓室开口近方形，长约 42、宽约 41 米。墓室南北各有一条墓道，在北墓道北端西侧和南墓道南端两侧，共发现 5 个陪葬坑（编号一至五号），1978 年 11 月—1980 年 11 月，对 5 个陪葬坑进行了发掘。陪葬坑平面均为长方形，结构基本相同，即坑内均用木材构筑成木椁式，顶部铺席回填。

　　一号坑为器物坑，长 20、宽 4 米，随葬品主要是礼器和生活用具，计有铜器、陶器、银器、铁器、漆器等，数量达 200 余件，比较珍贵的文物有鎏金花纹银盘、银盒等。二号坑为殉狗坑，长 7.7、宽 4.1 米，坑内殉狗 30 只，排列无规律，狗颈上系有贝壳项链。三号坑为兵器仪仗坑，长 13.4、宽 4 米，坑内随葬品主要有数量较多的弩机、铜镞、铅弹丸和铜镦于等，包括已朽的漆器在内，数量达 5000 余件。四号坑为车马坑，长 30、宽 4.6 米，内置朱轮华毂漆车三辆和小型彩绘漆车一辆，殉马 13 匹，附有众多制作精美的鎏金车马器。五号坑为兵器、器物坑，长 20.4、宽 3.7 米，内置大量铁兵器和铜兵器，种类有戟、剑、铍、矛、殳和铠甲等，比较重要的文物有矩形大铜镜、金镡铜戈、鎏金熏炉和铜骰子等。

铜骰子

该墓 5 个陪葬坑共出土各类文物 1.2 万余件，其中有许多精品，实属罕见。根据墓葬所处地望、规模，以及出土器物和铭文等各方面的情况综合分析，推断陪葬坑的年代为西汉初期，墓主人可能是汉初第二代齐王刘襄。这些陪葬坑的发掘，反映了汉初齐地的厚葬之风以及齐国较强的经济实力和手工业发展水平。大量兵器的陪葬，反映了汉初诸侯国军事能力的实态，与汉中期以后诸侯王墓陪葬少量兵器的情况形成了鲜明的对比。

（徐新）

鎏金龙凤纹银盘

鎏金熏炉

金镈铜戈

大武汉墓出土西汉初年器物

大武汉墓出土西汉初年矩形特大铜镜

$\mathscr{76}$ 章丘

［洛庄汉墓］

历年主要发掘单位

济南市考古研究所　山东大学考古系　山东省文物考古研究所　章丘市博物馆

历任发掘领队及主持发掘者

崔大庸

主要参与发掘人员

房道国　郭俊峰　高继习　刘　剑　王金贵　宁荫堂　孙　涛　宁述鹏　等

洛庄汉墓位于济南市章丘区枣园街道洛庄村西约 1 千米处。1999 年 6 月，取土时发现青铜器陪葬坑，2000 年对除主墓室之外的陪葬坑和祭祀坑进行了抢救性发掘。出土封泥"吕大官印""吕内史印"等，结合《史记》《汉书》等历史文献记载，推断其应为西汉初期吕国国王吕台墓，下葬于公元前 186 年。2000 年被评为全国十大考古新发现之一。2015 年 6 月被公布为省级文物保护单位。

早年地表有高大的封土堆，至抢救性发掘时，最高处仅有 3 米左右，范围近 200 米见方。墓葬平面呈"中"字形，主墓道朝东，墓室顶部面积约 1295 平方米，在墓室周边发现分层构筑的陪葬坑和祭祀坑 36 座，其中开口于墓葬原地表的有 14 座陪葬坑，其余开口于封土中。在东墓道南北两侧发现排列有序的柱洞。

陪葬坑大体可分为 6 类：（1）出行依仗类，计有 8、9、10、11、12、15 号坑。其中，9 号坑位于东墓道的南侧，共发现生马 7 匹，犬 10 只。11 号坑位于东墓道的北侧，共埋葬有 3 辆大车。其余 4 座位于墓葬四角，随葬品均为彩绘小型木俑、木马、木车等，但全部腐朽始尽。（2）兵器类，位于墓室的东南角，计有 1、2 号坑，破坏严重，仅发现少量铁制甲胄片、矛和皮质盾牌痕迹等。（3）仓储类，主要有 3、4 号坑，位于墓室南侧，发现大量陶器、粮食、动物骨骼、禽类骨骼、鱼类骨骼、鸡蛋、木炭等。（4）饮食起居类主要有 5、6 号坑，发现铜器 100 余件，及大型陶瓮、漆器、半两钱等。（5）乐器类，仅 14 号坑，位于主墓室东北部，坑内分为三区。A 区为弦乐器，发现 7 面瑟。B 区主要为敲击乐器，发现建鼓、悬鼓、小鼓等多处痕迹，及由錞于、钲、

洛庄汉墓发掘领队崔大庸讲解夯层
情况

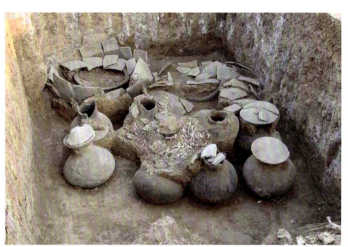

洛庄汉墓 35 号陪葬坑内出土器物

铎组成的乐器架。C 区主要有编钟 1 套、编磬 6 套，另有 3 件瑟钥和 8 个球形铜铃。
（6）牺牲类，只有 34 号坑一座，坑内埋葬有活体的羊、猪、兔等 150 具以上。

　　分布于封土中的祭祀坑共计 19 座，主要位于墓室的西部，绝大部分为"甲"字形，
入口朝西，平面基本为方形，坑内多分层放置木俑、木偶车、泥制兵士俑、陶器、漆器、
兽骨等，属于在夯筑封土过程中举行某种祭祀仪式时形成。

　　出土文物 3000 余件，有些属首次发现。发现"吕大官印""吕大官丞""吕内史印"
"吕大行印"等封泥 30 件。5 号坑共出土铜器计有鼎、盆、勺、甗、釜、量器、权等，
另外还发现数件铁炉。其中半数铜器上均刻有铭文，显示来自齐国、蓼城国、乐陵等
地区。9 号坑共出土纯金、鎏金、青铜、铁质、骨质等马具与马饰计 300 余件。其中
纯金节约、熊头、泡共计 40 件，最重者重近 70 克，总重量 600 余克。这批马具中有
相当数量为北方草原风格的饰品，极为罕见。11 号坑共发现 3 辆实用马车，每车驷马，
其中 1 号车为立车，2 号车为安车，其形制分别与秦陵 1、2 号铜车极相似；3 号车为
一辆大安车，其长 6 米，仅后车箱长就达 2.1 米。14 号坑可见乐器类达 140 余件组，
编钟一架，为上下两层，上层悬挂纽钟 14 件，下层悬挂甬钟 5 件，钟内调音痕迹清晰

可见。6 套编磬均为实用器，总计 107 件，铭文显示有鲁、益、息等字样，铭文多为序号，如"左一"至"左十"和"右一"至"右十"等。此外，在 16 号和 36 号坑发现的泥俑兵士方阵也较有特色。

洛庄汉墓虽然主墓室未发掘，但已显露出其较多的特点，不同层次的陪葬坑和祭祀坑的埋葬方式，在其他王陵中属少见之例。发现的多种文物组合，说明这些陪葬品的来源极为广泛，对于认识汉初的文物制度具有极为重要的学术价值。

（丁文慧）

洛庄汉墓出土錞于

洛庄汉墓出土西汉鎏金铜当卢

洛庄汉墓编钟和第一套编磬出土情况

洛庄汉墓 14 号坑出土石编磬

洛庄汉墓出土青铜纽钟（一套 14 件）

洛庄汉墓出土青铜甬钟（一套 5 件）

77 临沂

[银雀山、金雀山墓群]

历年主要发掘单位

山东省博物馆　　临沂文物组　　临沂市博物馆　　银雀山汉墓发掘队

金雀山考古发掘队　　山东省文物考古研究院

历任发掘领队及主持发掘者

吴九龙　　蒋英炬　　毕宝启　　刘心健　　杨殿旭　　张鸣雪　　孟季华　　吴文祺

沈　毅　　冯　沂　　王培晓　　徐淑彬　　苏建军　　高本同　　张子晓　　吕　凯

　　银雀山、金雀山墓群位于临沂市兰山区金雀山街道办事处，沂河西岸，地理坐标东经 118° 21′、北纬 35° 03′，因城市建设山体地貌已消失。墓群分布范围约 118 万平方米。1977 年 12 月，银雀山、金雀山墓群被公布为省级文物保护单位。

　　银雀山、金雀山墓群范围大，墓葬数量众多。自 1950 年以来，因施工建设陆续有墓葬被发现。特别是 1972 年银雀山 1、2 号墓被考古发掘出来之后，50 年间墓群又先后被多次清理发掘。

　　1972 年 4 月，在银雀山西南麓发掘清理出西汉墓葬 2 座，编号为银雀山 1、2 号墓。1973 年 3 月在银雀山 1、2 号墓以南 10 余米处发掘清理出西汉墓葬 4 座，编号为 3—6 号。1974 年夏，在银雀山南端（现兰山区政府东北角）发掘清理出银雀山 8 号西汉墓，同时在金雀山西北麓发掘清理金雀山 5 号西汉墓。1976 年 5 月，在金雀山临岚公路南侧发掘清理出金雀山 9 号西汉墓。1976 年在银雀山竹简墓群西南发掘清理西汉墓葬 1 座，编号为 11 号。1978 年 9 月，在金雀山发掘清理出西汉墓葬 6 座，出土"周宽""周遂""周孺" 3 枚私印，为西汉周氏家族墓群。1983 年 12 月，在金雀山西北侧南坦百货楼（现沂州路和金雀山路交会西北角）工地，发掘清理出西汉墓葬 9 座。1988 年 3 月，在金雀山南麓发掘清理东汉画像砖墓 1 座。1997 年 5 月在银雀山中段（市畜牧局旧址）发掘清理西汉墓葬 7 座。5—6 月，在银雀山南侧（市人大家属院车库）发掘清理西汉墓葬 10 座。同时，在金雀山北侧民安小区发掘清理 4 座西汉墓。2018 年 10 月，在华东革命烈士陵园东北部发掘清理西汉墓葬 4 座。2019 年 6—8 月，在金雀山南坡（沂

银雀山西汉 36 号墓

银雀山西汉 2 号墓竹简发掘出土

银雀山西汉 1 号墓

西汉周氏家族墓

华东烈士陵园区域西汉墓葬

西汉 帛画

州路与平安路交会东南角金雀山小学）发掘清理西汉墓葬 22 座。2020 年 7—9 月，为配合银雀山汉墓竹简博物馆提升改造，发掘清理汉代墓葬 16 座。2020 年 9—10 月，在银雀山东坡金雀山幼儿园发掘清理墓葬 10 座。

银雀山、金雀山墓群以西汉时期墓葬为主，由多个不同家族墓地组成。墓葬形式为土（石）圹竖穴式，葬具以一棺一椁为主，葬式多仰身直肢葬。西汉早中期墓葬多为夫妻异穴合葬，位置排列上一般男右女左，晚期出现夫妻同穴合葬。椁内设置棺室和边箱，边箱多为单侧。随葬品种类包括陶器、漆木器、金属器、玉石器、竹简和帛画以及谷物、牲畜等。其中陶器早中期以鼎、盒、壶、罐为主，中期以后盒消失，演化轨迹清晰。墓葬形制、棺椁葬具、随葬品等与江淮楚故地同期墓葬类似，呈现楚文化特征。

在众多墓葬中，以银雀山 1、2 号墓最为重要。两座墓葬在山体岩石上开凿而成，为竖穴木椁墓。1 号墓出土竹简 4942 枚，内容为《孙子兵法》《孙膑兵法》《六韬》《尉缭子》《守法守令十三篇》等兵书以及关于阴阳、时令、占候等杂书；2 号墓出土竹简 32 枚，内容为《汉武帝元光元年历谱》。出土的这些竹简价值及意义重大：一是银雀山汉墓《孙子兵法》与失传千余年的《孙膑兵法》简书同时出土，使自唐宋以来关于孙武、孙膑其人其书真伪的争论得以解决；二是《汉武帝元光元年历谱》是迄今我国发现最早、最完整的古代历书，比《流沙坠简》著录的汉元康三年（公元前 61 年）历谱早 70 余年，校正了《资治通鉴目录》《历代长术辑要》《二十二史朔闰表》等史书贻误；三是竹简书体为研究文字发展与书法艺术提供重要资料。此外，通过对该墓群的发掘研究，进一步了解了西汉时期临沂及山东南部地区军事、政治、手工业、农业、文化艺术、社会风俗等发展概况。

（赵文彬）

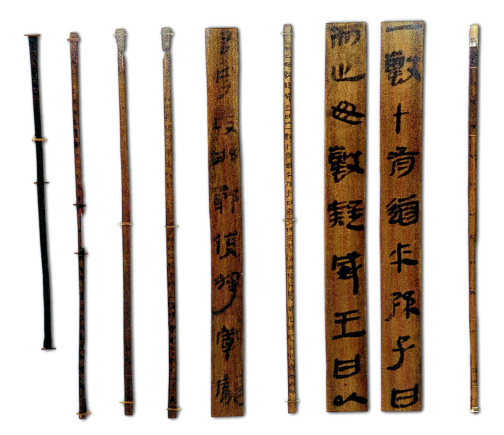

银雀山竹简

玛瑙印

漆盒石砚

漆衣陶鼎

临沂银雀山、金雀山墓群出土西汉器物

78 章丘

[危山汉墓]

历年主要发掘单位

山东省文物考古研究所

历任发掘领队及主持发掘者

王守功　崔大庸

主要参与发掘人员

崔圣宽　李胜利　刘　剑　郭俊峰　宁荫堂　王善龙　孙　涛　曲世广　牛　波

　　危山汉墓位于济南市章丘区圣井街道寨子村南部，属泰山山系的一个丘陵，海拔高度为 205 米。山顶上有一带封土的大型墓葬，俗称铁顶墓，传说为西汉济南王（亦称平陵王）刘辟光之墓。2002 年 11 月 23 日，当地村民在危山北坡挖树坑时，挖到一号坑西南角的陶俑，遂立即向有关部门进行了报告。在山东省文化厅领导下，成立联合考古队，对危山汉代陪葬俑坑进行了正式发掘。在发掘的同时，对一号坑周围进行勘探，发现了二号坑及二号墓葬，随后也进行了发掘。2015 年，被公布为省级文物保护单位。

　　为了解危山汉代陵墓的整体布局与结构，2003 年春夏，考古队对危山北坡进行了大规模的勘探，面积约 50 万平方米，发现中、小型墓葬 20 余座，窑址 3 座，并对其中的 3 座窑址及 7 座墓葬进行了发掘。

　　根据勘探发掘资料，危山汉墓及相关遗迹大体可分为四个区。一是主墓区，位于危山的顶部。封土现存部分呈圆形，高约 10、直径 50—60 米。墓室呈甲字形竖穴岩坑墓，墓道向北。墓室大致为方形，边长约 24 米，四周或有台阶。墓道宽 12、长约 50 米，近墓室部分深 10 米。二是中部陶制品制作区，位于危山北坡半山腰。主要发现窑址 3 座，为烧制车、马、俑等陪葬品的场所，窑内出土大量陶俑、马及陶车构件。三是东下区陪葬坑及墓葬，位于陶制品制作区的东北部。主要发现 2 个车马俑坑（一号、二号）和 1 座墓葬（M1），均为南北向。四是西下区陪葬坑和墓葬，位于陶制品制作区西北部。发现 1 个陪葬坑（四号）和 10 座中小型墓葬，发掘了其中 7 座墓葬。四号坑距地表较浅，仅存底部，从残存部分看为一长方形直壁平底坑，长 190、残宽 20—40、残深 20 厘米，出土许多陶俑残片。

　　一号坑为车马兵俑坑，长 9.7、宽 1.9 米，坑壁不甚规整，残存深度 0.8—0.9 米，有生土二层台，其上覆有盖板。坑内共出土 172 个俑、55 匹马、4 辆车、60 余面盾牌、150 余个构件。坑内南部为 19 个站立的陶俑，均属面向内侧的骑兵，其后为一辆车，车两侧为骑兵。再向后依次为：第二辆车和一排骑兵、第三辆车、第四辆车、建鼓、击鼓俑、4 个立俑、100 个陶俑组成的步兵方阵。二号坑位于一号坑西 7 米左右，南北长 3.3、东西宽 2.6 米，深 1.4 米，坑内有二层台，其上有用圆木铺成的东西向的盖板。坑内有一辆双辕车，车前有 2 匹马，马旁边和车内分别有 1 个立俑和跪俑。车北部有

危山汉墓一号车马坑发掘

危山汉墓一号坑车马全景

危山汉墓一号车马坑出土车、马俑

危山汉墓一号车马坑前部骑马俑

危山汉墓一号车马坑出土车

5个女立俑。在二号坑底部发现11个木箱，由于腐朽严重，箱内遗物无法辨认。

M1位于一、二号坑的南侧，长3.3、宽约3.1米，深2.85米，为合葬墓。西室为木棺墓，东室为石椁墓，椁室被盗。东室的东西两侧有边箱，分别放置武器和生活用品，计有铜弩机、铜镞、铁镞、弹丸和陶罐、盆、漆壶、盘等。

从陶制车马和兵俑的形制及陪葬墓出土的随葬品分析，危山发现的车马俑坑及相关遗迹应属汉代早期，基本可定为西汉济南国王刘辟光的陵墓，其下葬年代当在景帝三年（公元前154年）。

通过对危山汉墓的勘探和发掘，基本搞清了墓区的布局，为汉代诸侯王陵的考古学研究提供了实物资料。一号车马兵俑坑的发现，再现了汉代王室车马出行的场面，有利于对汉代礼制的研究。发现的5辆按比例制作的陶车，为汉代马车制作研究提供了难得的参考标本。陵区内发现的烧制陶俑和车马明器的陶窑，为研究汉代陵墓陪葬品就近制作使用的情况提供了新的资料。

（王守功、郭静）

316

危山汉墓二号车马坑

危山汉墓二号车马坑内女俑

危山汉墓二号车马坑车马

79 曲阜
[九龙山汉鲁王墓]

历年主要发掘单位
山东省博物馆
主持发掘者及主要参与发掘人员
王恩田　夏名采　张其海　毕宝启　等

九龙山位于济宁市曲阜市东南与邹城市交界处，共分布着大小山峰9座，因"山形九起九伏如龙"而得名。西汉鲁国鲁王家族墓群即分布在九龙山的西北端，位于从北向南第二个山头的南坡半山腰上。2001年被公布为全国重点文物保护单位。

九龙山共分布着13座西汉鲁国王族的陵墓，1970年，在中国人民解放军的配合下，山东省博物馆发掘了其中的4座，编号2—5号。这4座墓东西并列，坐北朝南，形制结构基本相同，均为依山凿洞的石室墓。墓室通长均在64.9—72.1米，由墓道、车马室、甬道、耳室、前室、后室、侧室及壁龛等几部分组成。以3号墓为例，墓道南北长37.5米，墓门共用19块巨石堵塞，其中14块封门石上有刻字，尤以一块刻有"王陵塞石广四尺"的刻文最为重要，直接表明了墓主身份应与诸侯王有关，是判定墓主身份的重要依据。墓道北端近墓门处有东西对称的耳室，室内专置车马，车上放置弩机、箭囊、彩绘陶器等。前室是一个宽大的厅堂，内置礼器、乐器，其东西两侧各有甬道通向南北相对应的侧室，存放金、银、钱币、玉石、珠宝、漆器、陶器等。后室为椁室，北壁中央凿一壁龛，室内建有瓦顶木屋，已塌，瓦片遍地，尸骨无存，有零散的金片、玉圭、金饰、铜质印章、残玉衣片、玛瑙管、红珊瑚管、玉璧、佩玉、"宫中行乐钱"、五铢钱等。墓内有完整的排水系统，全长123.8米，除后室和前室四周为明沟外，其余部分均为利用石板覆盖形成平整地面的暗沟。

这4座墓全部被盗掘严重，但仍然出土各类文物共1900余件，其中绝大部分为残存的车马器具。4座墓殉葬的车马计有车12辆、马50匹，都是"驷马安车"。以2号墓为例，计3车16匹马：东室后部车一辆马四匹；中部车一辆马四匹，前部马四匹；

西室车一辆马四匹。除随葬真车、马之外，各墓还随葬大量的模型车，如2号墓在西室大车的前后，有6辆已朽的模型车，仅残存鎏金的车马饰件。

此外，墓葬中残存的玉器尽管数量较少，但玉质和造型精美，刻工精湛；大量的车马具及车马饰明器，多数鎏金，马饰多错金，镶嵌玛瑙、绿松石；3号墓还出土"王未央"铜印章等。由此可见，虽然这些墓葬因破坏严重，尚不明确每一座墓葬的墓主身份，但从墓葬所处地望、墓葬规模，以及出土文物判断，墓葬年代属于西汉早中期，应为西汉鲁国王族的墓葬。九龙山汉墓的发掘对研究西汉时期鲁国的历史，无疑是重要的考古资料。

（郑同修）

玉璧　　　　　　　　　　　玉璜

车軎

铜带钩　　　　　　　　　　轭角

九龙山汉鲁王墓出土器物

319

80 长清
［双乳山汉墓］

历年主要发掘单位

山东省文物局　　山东大学历史文化学院　　长清县文化局

历任发掘领队及主持发掘者

蒋英炬　　王永波　　任相宏

主要参与发掘人员

崔大庸　　何卫国　　王传昌　　马前伟　　张志　　李勇　　华文国　　王英

房伟　　魏萍　等

　　双乳山汉墓位于济南市长清区城东南 15 千米处的归德街道双乳村中的小山上，原有两个并列凸起的封土堆，后来便山以形名，村以山名了。1995 年 10 月—1996 年 7 月对双乳山 1 号汉墓进行了抢救性发掘，取得丰硕成果。1996 年被评为全国十大考古发现之一。2001 年被公布为全国重点文物保护单位。

双乳山汉墓现状

中国社会科学院考古研究所专家视察
双乳山汉墓发掘现场

国家文物局专家组视察发掘工作

根据残留的部分封土推测，封土原为覆斗形，高 12 米以上，底边约 65 米。封土由内部的石块和石渣及外部夯土堆筑而成，墓内填土上部是石块、石渣等，至椁室和墓道的下半部分为纯净的夯土。1 号墓开凿在山顶的东侧，方向 15°。墓室在南，墓道位北居中，整体结构呈"甲"字形竖穴基岩石圹。墓室南北长 25、东西宽 24.3、深 5 米。椁室位于墓室的中北部，南北长 10.6、东西宽 9.3、深 17 米。墓道分为上、下两部分：上部残长 12—14、宽 14、深 4 米，应为墓道的二层台；下部为北高南低的斜坡墓道，残长 52、宽 6.6—6.8 米，最深处距二层台底部 14 米，墓道南部高出椁室底部 4 米。墓道南北总长应为 60 米。

墓葬分为正藏和外藏两大部分。正藏椁位于椁室底部中央，由木板构筑而成，顶部用东西向的木板封顶，底部铺设东西向的底板。外椁室南北长 9.5、东西宽 6、高 3.8 米。椁室由棺箱和东、西、南、北 4 个边箱构成。棺箱居中偏南，外层为黑色内椁，内为依次相套的 3 具漆棺。外表呈深棕色，内涂朱色。中棺和内棺的四周有鎏金柿蒂形钉饰，内棺底的四角各嵌一铜棺轮。墓主骨架位于内棺正中，已朽成粉末，仅存其轮廓。头向南，面向上，仰身直肢，骨痕长 1.8 米，应为男性。外藏椁位于墓道南部，用木板搭筑而成。在外藏椁中部偏南处有一堵木板隔墙，将其一分为二，南部长 14.15 米，用于放置车马。北部长 17.4 米，散落着一些车马明器。

1 号墓出土的随葬品达 2000 余件，有铜器、玉器、漆器、铁器、陶器、金饼、钱币、车马器具和家畜家禽等，主要出土于正藏椁与外藏椁之内。正藏椁内，西边箱主

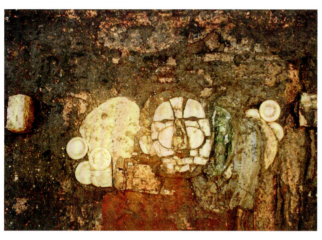

双乳山汉墓椁室

双乳山汉墓玉覆面、金饼等器物出土现场

要是青铜礼器，东边箱为生活用品，北边箱有一辆小车和大量车马鎏金明器。铜器共计 100 余件，其中鼎 9 件、壶 8 件、钫 4 件、灯 2 件、盆、勺等生活用品 20 余件，以及一批鎏金车马器。玉器 50 余件，计有玉覆面 1 套、玉枕 1 套、玉璧 5 件、玉猪形手握 2 件、玉剑珌 3 件、九窍塞 9 件。漆器数量较多，腐朽严重，可辨器形主要有：箱、案、樽、奁盒、耳杯、勺等。金饼共计 20 枚，总重 4262.5 克，其中 19 枚大的放在墓主人的头下，平均直径 6.4 厘米、重 220 克左右。

1 号墓内共发现大车 3 辆，小车 2 辆。除 1 辆小车放在正藏椁的北边箱外，其余均放在外藏椁的南部。另有 7 匹马单独放在外藏椁的偏西侧，而不在驾车位置。3 辆大车的结构各不相同。1 号车为双辕车，驾 1 匹马，车马器中除轴上的铁器外余均为错金银铜器。2 号车是独辕车，驾 4 匹马，车具马器除铁器外，均为鎏金铜器，是 3 辆车中最华贵的一辆。3 号车也是独辕车，驾 2 匹马，配有伞盖，车马器也较多有鎏金。

双乳山 1 号墓中出土的文物与河北满城中山靖王刘胜墓出土的文物在种类和形制上非常相近，结合文献记载，推断双乳山 1 号墓应为西汉济北国的王陵，1 号墓的墓主人应为西汉济北国最后一代王刘宽。双乳山 1 号墓的发现为汉代诸侯王墓的考古学研究无疑提供了重要资料。

（丁文慧）

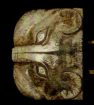

玉枕

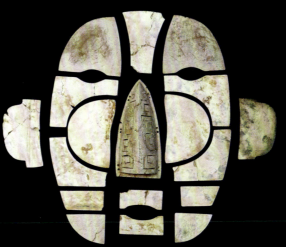

玉覆面

金饼

玉璧

双乳山汉墓出土器物

81 日照

[海曲墓地]

历年主要发掘单位

山东省文物考古研究所

历任发掘领队及主持发掘者

何德亮

主要参与发掘人员

郑同修　　崔圣宽　　刘红军　等

海曲墓地位于日照市西郊西十里铺村西南约 1.5 千米，日（照）—东（明）高速公路南侧，其西北约 1 千米即为汉代海曲县故城所在，城址犹存。这里是一片低矮的丘陵，地势高低起伏，浅薄的土层之下即为疏松的岩石层。就在这片瘠薄的土地上，却散布着一些大大小小的封土堆，其中东西并列的两座较大的封土，当地民众俗称为"王坟"和"娘娘坟"。2015 年被公布为省级重点文物保护单位。

2002 年，为配合同三高速公路建设，山东省文物考古研究所进行了考古发掘工作。本次共发掘 3 座封土，清理墓葬 86 座，另在封土之外清理了 6 座墓葬残底。通过发掘可知，3 座封土呈"品"字形分布，所有墓葬均属中小型墓葬，大部分时代为两汉时期，个别墓葬可能晚至魏晋时期。

其中，一号封土清理墓葬 31 座，二号封土清理墓葬 38 座，三号封土清理墓葬 17 座。这种在同一座封土中埋葬十余座乃至数十座墓葬的情况，为山东地区首次发现。

墓葬绝大部分为木椁墓，葬具多为一棺一椁，也有一棺重椁、一椁重棺、一椁双棺和个别无椁单棺墓葬。墓葬中盛行设置器物箱的做法，一般设置头箱、脚箱或边箱，也有的墓葬头箱、脚箱、边箱全都齐备。棺椁全部采用榫卯结构扣合，制作考究，棺内外髹朱漆或黑漆。有 2 座墓葬的木棺底板和挡板是用一块整木凿成。规模较大的墓葬，椁盖板多为两层，盖板之上还有铺设席子的现象。另有少量砖室墓葬，但大部分破坏严重，仅存墓葬底部。

海曲墓地出土铜镜

除少数墓葬曾被盗掘或破坏之外，大部分墓葬保存较好，出土随葬品丰富，有漆木器、陶器、铜器、玉器、石器、铁器、丝织品、竹简等计1200余件。其中以漆木器保存较好，器物以奁盒、耳杯、盘、卮、盆、案、木俑为主；陶器分灰陶、漆衣陶、施釉硬陶三大类，灰陶和漆衣陶器物多见壶、罐、盘、耳杯等，施釉硬陶则以壶、瓿、鼎、盒、瓶为主。铜器数量较多，但大部分锈蚀严重，其中以铜镜保存相对较好。玉器数量较少，主要有玉璧、口含、塞等。在各类随葬品中，以125号墓出土丝织品和106号墓出土的竹简最为珍贵。

海曲墓地是山东地区汉代考古的一次重大考古发现，具有重要的研究意义，当年即被评为全国十大考古新发现之一。其重要意义主要有以下几点：

一是在同一座封土之中埋藏十余座至数十座墓葬的现象为山东地区汉代墓地的首次发现。通过考古发掘，搞清了封土的堆积形式和形成原因。原来这种墓葬封土堆起初并非为同一座封土，而是年代最早的几座墓葬各有各的封土，后来因不断地在封土上修墓而不断地堆筑封土，经过数百年时间便逐渐形成一座封土。这为了解山东地区特别是东南沿海一线的汉代墓葬埋葬习俗提供了科学资料，也为此后同类墓葬的发掘积累了经验。

二是大部分墓葬保存较好，特别是部分木椁墓，棺椁保存完好，结构清晰，形式多样。特别是所有的棺椁均为榫卯结构，个别墓葬则为独木棺，还有的棺椁通过发掘判断应为在墓地现场组装而成，这为研究汉代墓葬棺椁制度和东南沿海两汉时期的埋葬习俗提供了珍贵的实物资料。

三是出土大量精美的漆木器和丝织品，且数量众多、种类齐全、制作精湛、纹饰精美，是山东地区的首次发现，也是我国北方地区漆木器最为重要的一次发现，具有非常重要的研究价值。

（郑同修）

镜奁

漆双层五子奁

漆衣陶鱼盒

嵌金漆奁

硬陶瓿

海曲墓地出土器物

82 黄岛
［土山屯墓群］

历年主要发掘单位
青岛市文物保护考古研究所　青岛市黄岛区博物馆
历任发掘领队及主持发掘者
林玉海　郑禄红　彭　峪
主要参与发掘人员
翁建红　杜义新　李祖敏　于　超　綦高华　石玉兵　覃小斐　韩尊成
韩祥利　石大玮　李　琦　韩荣福　等

　　土山屯墓群位于青岛市黄岛区土山屯村东北侧的岭地上，东面临海。墓群原有 15 座封土，其中 1 座被毁坏。封土大小不一，大的直径 15—30 米。2011 年、2016 年和 2017 年，为配合基础工程建设，青岛市文物保护考古研究所联合黄岛区博物馆，对土山屯墓群部分区域进行了考古发掘，获得重要发现。2022 年，被公布为省级文物保护单位。

　　三次发掘共清理汉　魏晋封土 18 处。每处封土之下一般为两座墓，同一封土下墓葬之间有早晚关系。发现 7 处"祭台"性质的砖构平台，均位于封土南侧的缓坡之上。共清理墓葬 191 座，最为重要的是 125 座汉代墓葬，形制特殊，出土遗物丰富且保存较好。汉代墓葬形制主要为岩坑竖穴砖木混椁墓，部分带有墓道。棺椁结构多样，分别有三椁重棺、双椁重棺、单椁双棺等。有的椁外填有大量的陶瓦片，称为"积陶墓"。棺多为长方形盒状，少量棺为独木制作。部分墓葬人骨保存较好，并发现头发、胡须和指甲等标本。根据出土文字材料，推测此处应为汉代刘氏家族墓地。

　　发掘出土文物共计 1000 余件（套），主要有陶器、原始青瓷器、铜器、铁器、漆木器、玉器和丝织品等。原始青瓷器主要有壶和瓿，产地应为吴越地区；铜器主要有盆、熏炉、镜、带钩、环、印章等，其中铜镜出土数量大、种类多、保存好；铁器主要有削刀、佩刀和玉具剑等；漆木器发现较多且保存较好，主要有嵌金七子奁、漆盒、漆案、漆盘、漆樽、漆耳杯、木剑、木枕、木带钩、木杖、温明、双管毛笔、木牍和竹简等；

黄岛土山屯墓群发掘前地表封土现状（由南向北）

黄岛土山屯墓群 5 号封土与 4 号封土（左侧）（由东南向西北）

黄岛土山屯墓群4号封土下遗迹分布情况—墓葬、祭台、沟状遗迹

玉器主要有玉印、玉带钩、玉环、玉剑璲、玉佩和玉琀蝉等；纺织品虽有残朽，但仍然提取了纱帽、系带、鞋袜等部分织物，获取一批珍贵的织物标本。

土山屯墓群考古发现的成果具有重要的学术价值。一是墓群中的墓葬布局、封土、祭台、棺椁形制、出土文物等均保存较好，构成完整的有机整体，在汉代中低级贵族墓葬发掘资料中尚属罕见；每座封土下有两座墓葬的结构，异于本地区发掘的胶州赵家庄汉墓、黄岛安子沟汉墓和日照海曲汉墓的"墩式封土墓"，为鲁东南沿海区域的这类封土墓研究提供了新的考古资料。二是土山屯墓群的墓葬形制及出土器物具有鲜明的吴越文化特色，大量原始青瓷器、扬州风格的漆器和温明、玉席等葬具的发现，为研究汉代沿海地区南、北的经济文化交流提供了翔实物证。三是衣物疏和文书简牍等出土文献资料，非常珍贵。这批木牍保存完整、内容丰富、文字清晰，可补文献之不足，对汉代行政制度、司法制度和书法史研究等均有重要的参考价值。

（彭峪）

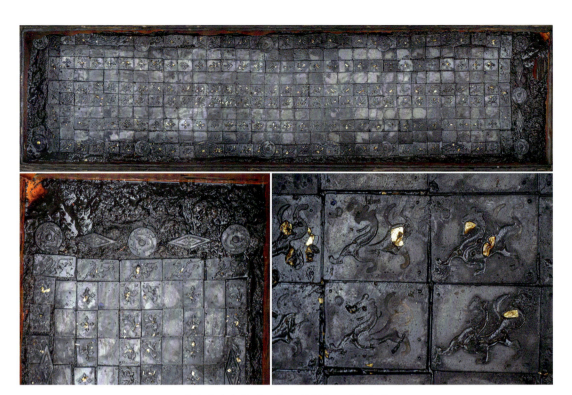

黄岛土山屯墓群玉席正射影像及局部细节

黄岛土山屯墓群木牍（M147）出水时保存状况

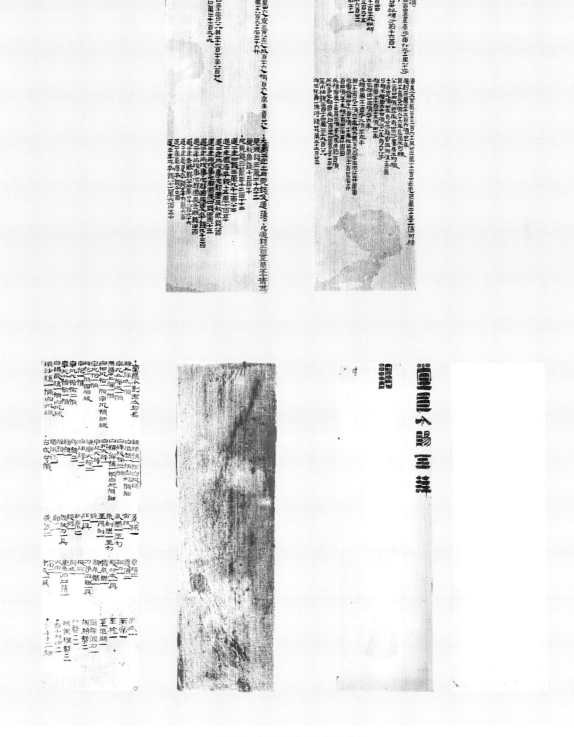

黄岛土山屯墓群木牍红外扫描

（从上至下：堂邑元寿二年要具簿、堂邑令刘君衣物名、名谒）

秦汉时期

原始青瓷壶

温明复原示意三维模型

原始青瓷瓿

嵌金七子奁

黄岛土山屯墓群出土汉代器物

83 定陶
［定陶王墓地］
（王陵）

历年主要发掘单位

山东省文物考古研究院　　菏泽市定陶区定陶王陵保护研究中心

历任发掘领队及主持发掘者

崔圣宽

主要参与发掘人员

李胜利　吴双成　蔡友振　吕　凯　赵芳超　李程浩　王江峰

贾崇奎　丁献军　王子华　王　玲　马翠莲　柴丽亚　王世斌　刘洪海

张　鲁　刘伯威　张云坤　周曾军　邵珠运　朱　军　等

　　定陶王墓地（王陵），又被称为定陶县灵圣湖汉墓，位于菏泽市定陶区马集镇大李家村西北，是 2010 年经国家文物局批准的一项长期延续发掘保护项目。墓地中发掘的 M2 是目前我国发现最大的一座单体汉代黄肠题凑墓，规模宏大，结构严谨，保存完整。2012 年被评为全国十大考古新发现之一。2013 年被公布为全国重点文物保护单位。

　　该墓为覆斗形大型封土"黄肠题凑"葬制的积沙墓。墓葬封土呈覆斗形，边长160—180 米，在 20 世纪 70 年代时仍残高 20 多米，封土核心属于地上墓坑的主体部分，为两个"回"字形夯土台及墓道两侧的阙台，台高 6 米。墓口周边"回"字形边长 48 米的夹板夯筑内台，围绕墓口分布 26 个南北对称分布的柱洞，与积沙槽内立柱相对应。墓道两侧阙台各分布 4 个近方形的柱坑。"回"字形外台，边长 76 米 ×78 米。墓道内靠近墓门部分，南北两侧各有南北对称分布的立柱及角柱。这些柱洞、立柱及柱坑共同构成一个大型夯土建筑基址，具有很强的礼制性意义。

　　墓葬整体呈甲字形，墓道东向。墓坑近方形，边长近 28 米，青砖包裹的黄肠题凑木椁墓室近方形，边长 23 米，整体结构南北、东西对称。木椁墓室有象征性的四个门道，由前、中、后三室及其附属耳室，以及回廊、三周黄肠题凑、回廊外南北对称的 12 个陪葬室组成，共计 23 个内藏空间。大型"黄肠题凑"木椁墓室四周、顶部、底部皆为青砖包裹。墓室顶部为六层盖板、底部为四层底板，长 1.15 米的黄肠题凑基本为 3 根

定陶王陵 M2 墓葬结构及第一层题凑正射影像图

一组，共 7206 组，计 21618 根。各室间长 70 厘米的黄肠木共 3828 组，计 10896 根。墓葬盖板及底板用材有硬木松、楠木，黄肠题凑皆柏木，棺为梓木。木材总量达 2000 多立方米。墓室包裹的青砖及题凑木基本皆有文字，均为墨书、朱书、刻划、戳印的人名、地名、数字及各类符号等。盖板方木也多有文字，主要记录该木材的长度、方位及排列数。据此可知，M2 木椁墓室是预先设计，并按照一定的礼制规范而营建的。

黄肠木基本都有文字，内容有纪年题记、补空补节尺寸、重量、府库储藏摆放排位等内容。目前发现的纪年从汉元帝初元二年（公元前 47 年）至汉哀帝建平元年（公元前 6 年），有汉元帝、成帝、哀帝三个皇帝的不同时期年号，说明"黄肠木"是中央少府在几个皇帝在位的不同时期制作的。从侧面证实该墓葬的墓主人为汉哀帝刘欣之母丁太后。

主室内只有被拆开的彩绘漆棺一具，未见人骨，也未发现任何陪葬遗物，但却在甬道口外底板下发现一件丝织品包裹的竹笥，竹笥内存放一件叠好的领部缝制玉璧的

2011 年 M2 墓葬及打破墓道的 G3

2011 年国家文物局童明康副局长视察汉墓

2017 年夹板夯土内台以南南北探沟解剖封土
（由南向北）

2016 年 M2 墓道两侧阙台及台上柱坑

2018 年清理墓道

丝袍。该墓规模如此之大却"空无一物"的特殊现象，在汉代考古中十分罕见，具体原因有待进一步探讨。

经初步勘探，证实了这里就是北魏郦道元《水经注》所记定陶王陵所在。陵墙淤埋在地表 8.6—9 米以下，残高 1—2.5 米；陵园大致呈长方形，东西长 958、南北宽930、陵墙厚约 5 米，总面积 90 余万平方米。

该墓葬规模宏大，墓葬结构保存完好，是我国目前发现的最为完整的大型黄肠题凑墓，为汉代陵墓制度的考古学研究提供了十分重要的资料。

（崔圣宽）

M2 盖板墨书文字　　　黄肠木文字　　黄肠木文字　　黄肠木文字

主室前甬道口底板下出土竹笥

竹笥内汉袍及缝制玉璧

墓道排水木槽出土玉璋

定陶王墓地出土遗物

84 东平
［后屯汉代壁画墓］

历年主要发掘单位

山东省文物考古研究所　　东平县博物馆

历任发掘领队及主持发掘者

李振光

主要参与发掘人员

王泽冰　　石念吉　　孙亮申　　邵珠运　　张培勇　　杨　浩　　吴振东

后屯汉代壁画墓位于泰安市东平县城龙山大街南侧、东原路东边，原物资局院内。2007 年山东省文物考古研究所与东平县博物馆对墓地进行了发掘。

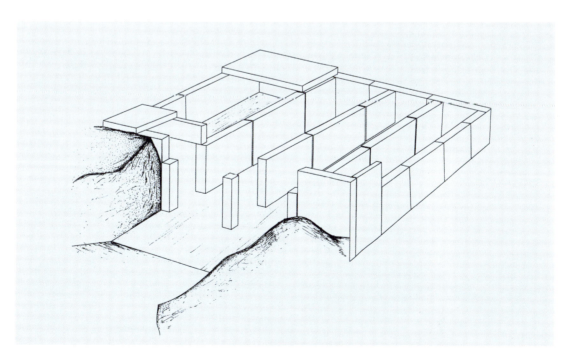

后屯汉墓 M1 复原结构图

　　此次发掘共清理汉代墓葬18座。其中最重要的是发现一座汉代彩绘壁画墓，编号M1。该墓为多室石室墓，由墓道、门庭、并列四椁室组成。墓室用加工规整的大石板构筑而成，上面用石板盖顶。墓室外侧门楣、立柱雕刻有垂幛纹、菱形纹、十字穿璧纹等画像。在内庭门楣、四周立板和顶板上，用白灰膏打底，用彩色矿物颜料绘制壁画七幅。其中门楣2块各绘6人。西壁南侧立板上共绘9人，分上下3层。上层4人，两两对饮；中层4人奔舞；下层男子手执长斧须眉怒张，衣服飞扬，做叱咤状。南壁上绘8人，房屋1座，也分上下3层。上层绘4名男子两两对饮；中层绘4名女子做歌舞状；下层绘一座四面坡房屋。西侧北壁上绘人物11个，分3层。上层绘3人，一女子擎鼓前行，二男子背包裹随行；中层绘5名男子，佩长剑对聊；下层绘3人，一人负剑前行，后面二人持长剑，执盾牌随行。北壁绘9人，鸡、狗各2只，上层绘3人，

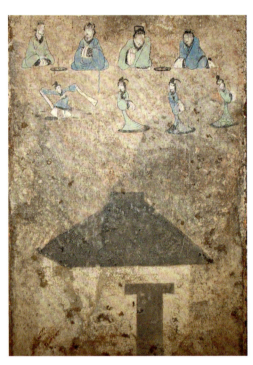

后屯汉墓 M1 南壁壁画全景

后屯汉墓 M1 北壁壁画

后屯汉墓 M1 南壁壁画局部

后屯汉墓 M1 北壁壁画局部

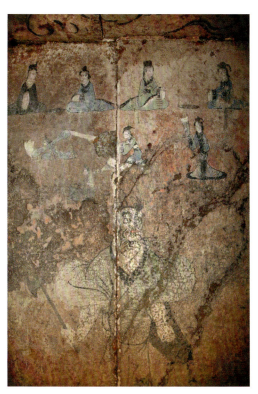

后屯汉墓 M1 西壁南部壁画　　　　　　　　　后屯汉墓 M1 西壁北部壁画

中间一男子跪地做投名状；中层绘 4 名男子，两两对聊；下层中部绘鸡、狗各 2 只，左侧一老妪做喂鸡状，右侧一男子驻足观赏。顶部绘天象图，绘勾云、红日和金乌。

　　另外还发掘出 2 座绘有墨色壁画的墓葬，编号为 M13 和 M12。其中 M13 位于 M1 的北侧，由墓道、墓室和回廊组成，前有门庭。在门庭门楣和立壁上用白灰浆做底色，用墨色绘壁画，内容有人物、戏虎图等，多已脱落。M12 位于 M13 的东侧，为砖、石结构的双室墓，前有门庭。北侧为石椁，南侧室用砖构筑，侧室和门庭用砖券顶。墓室西侧门楣上墨色绘神人、青龙和白虎图像。

　　M1 被盗严重，未出随葬品；M12、M13 则残存有鼎、壶、罐、盘、仓、熏炉、灶、猪圈、厕所等陶器。根据墓葬结构和残存遗物推断，这 3 座墓葬的时代为西汉晚期到东汉初年。

　　东平后屯汉代壁画墓是西汉晚期到东汉早期的一处张姓家族墓地，M1 和 M13 两座壁画墓，规模较大，壁画精美，凸显了墓主人拥有大量的财富和显贵的地位。特别是 M1，为山东地区迄今年代最早的壁画墓，在全国也较为罕见。其不仅色彩艳丽，而且内容丰富，所绘人物表情细腻、衣服华丽、须发清晰、栩栩如生，展现出绘画技师的高超绘画水平，为美术史研究提供了珍贵资料。

（李振光）

后屯汉墓 M1 西南门楣全景

后屯汉墓 M1 西北门楣全景

后屯汉墓 M12 前庭右侧门楣

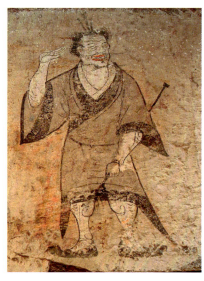

后屯汉墓 M1 南侧楣壁画局部

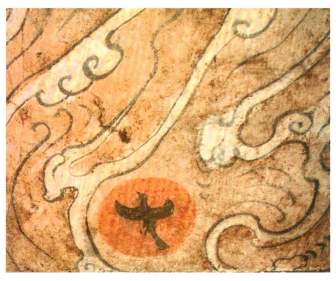

后屯汉墓 M1 墓顶壁画局部

85 滕州
[母祖山汉代采石场遗址]

秦
汉
时
期

历年主要调查、发掘单位

山东省文物考古研究院　　滕州市文化和旅游局　　滕州市文物局

主要参与调查、发掘人员

张　桑　　李鲁滕　　李　慧　　吕文兵　　杨光海　　孙士泉　　王　龙　　王士路　　王浩宇　　等

　　母祖山汉代采石场遗址位于枣庄市滕州市柴胡店镇老君院村西南约 400 米的母祖山西坡，山脚西北麓断崖上有开凿于北宋崇宁四年（1105 年）的洞窟及明万历己未年石砌阁楼一座（统称"观音阁"）。遗址南北长 670 余米，东西宽 460 余米，总面积约为 7.2 万平方米。2022 年被公布为省级文物保护单位。

　　母祖山汉代采石场的发现，始于 2005 年 8 月，后经多次现场调查基本认定该区域为一处古代采石场遗迹。2020 年 6 月，滕州市文物局联合山东省文物考古研究院对该遗址进行了详细调查和清理，取得了丰硕成果。通过对遗址详细调查和清理发现了丰富的遗迹现象，在高 12—15 米的山体之上，人工开凿出上、中、下三个作业面，每个作业面皆遗留有大量清晰的开采痕迹，包括线状凿刻痕迹、采石坑、石坯料坑、楔窝、预开采石材痕迹等。线状凿刻痕迹遍布整个山体西坡的崖面上，一般比较清晰、规整。

母祖山汉代采石场航拍图

采石坑

楔窝

钟乳石

母祖山汉代采石场遗址专家论证会

采石坑发现较多，面积为 10—20 平方米；在开采面上，发现了许多按预定尺寸开采后遗留下来的非常规整的石坯料坑。楔窝呈口大底小的梯形，口宽约 10、深约 8 厘米，楔窝一般成组出现，每组有 5—12 个组成，窝痕间距约 20 厘米。预开采石材痕迹大量分布在开凿形成的崖面底部的二级平台之上，在平整的石料表面，用铁质工具錾刻出深 1—1.5 厘米的规整长方形线框，这些线框一般为 250 厘米 ×（90—300）厘米 ×90 厘米。现场采集的遗物包括大量废弃石材和 1 件铁质工具。从大量遗留的开采痕迹判断，母祖山采石场生产的石料，主要成品为石板材，可能是专业生产石构墓葬建筑材料的场所。

结合采石场附近的佛教洞窟纪年、南京师范大学地理科学学院对钟乳石样本的铀系法测年结果、山东省煤炭第一勘探队的专家对石质的鉴定，以及现场发现的遗存特征，基本确认采石场的时代属汉代。

滕州母祖山汉代采石场遗址，是国内罕见、山东首见的重要考古新发现，为追寻滕州南部地区数量众多的石构墓葬材料找到了生产源头，同时也为汉代石料开采业特别是采石技术的研究、采石手工业的发展研究提供了翔实、可靠的考古资料。

（张桑）

86 枣庄

[海子遗址]

历年主要发掘单位

山东省文物考古研究院 郑州大学 枣庄市山亭区文化和旅游局

历任发掘领队及主持发掘者

吕 凯

主要参与发掘人员

刘文涛 王春云 张莺燕 赵海洲

海子遗址位于枣庄市山亭区山城街道办事处海子村东北部,所在地形为山前平原,东邻薛河支流西江,面积约5万平方米。遗址于2015年为配合枣庄市庄里水库调查时发现。发掘前,山东省文物考古研究院进行了全面勘探,基本掌握了遗址范围及主要文化内涵。

海子遗址鸟瞰(由西南向东北)

2018 年发掘区全景（由南向北）

汉代石围墙及沟 G1 中段（由南向北）

汉代儿童墓 M3

汉代水井 J3（由南向北）

  2017—2018 年，山东省文物考古研究院联合郑州大学与枣庄市山亭区文化和旅游局对遗址进行了两期考古发掘，共发掘面积 6000 平方米，最主要的收获为发现一处信息保存相对丰富的汉代基层聚落。

  遗址西部发现南北向汉代沟一条（G1），现存长度约 230、宽 2.5—3、现存深约 0.3 米，沟内发现保存较好的石砌墙基及陶片铺成的道路。沟北端被一平面形状不规则的碎石铺面叠压，未发现拐角。由勘探情况得知，沟位于遗址的西部边界，推测为聚落界沟。遗址南部发现汉代房址 2 座，为地面式，平面呈长方形，保存状况差，未见活动面，仅残余不连续的石砌墙基和基槽。两座房址之间发现道路及墙基各一条，推测属于不同院落。

汉代溷厕 HC5（由南向北）

汉代溷厕 HC5 出土石阙残块

汉代溷厕 HC9（由南向北）

汉代瓦当残片

发现并清理汉代地穴式建筑 9 座，平面均为长方形，面积 35—70 平方米，深 1.2—1.6 米，有两座相邻、并排分布的现象。建造方法为先于地面挖出基坑，在坑壁内侧垒砌石块或贴立石板，多数于东、西一侧设有两块立板构成的"通道"，有的两侧皆有"通道"，"通道"底部向内倾斜，多见于斜坡上铺石板的现象。建筑底部多不平整，常见中间下凹、分高低两部分或呈斜坡状者。堆积多分为上、下两层，上层为大量的石块及瓦片，下层为深灰褐色含大量黑灰的堆积。经取样分析发现下层堆积中粪甾醇含量高，其来源为人畜粪便。由建筑形制及实验室分析结果，我们推测此类遗迹性质应为"溷厕"，即畜圈厕所。

清理出汉代灰坑 118 座，以直壁、平底，壁面、底面经修整加工的长方形灰坑数量为多，方向多接近正南北或正东西向，分布有一定规划，推测有特定用途。遗址北部发现 3 横 1 纵共 4 条宽 15—25 厘米的"窄基槽"，槽内立有石板，推测为起到仅标识作用的界隔，可能与菜园、苗圃之类的小面积农业用地有关。发现汉代水井 3 口，井圈皆为石块砌筑，发现扣合组成的方形井栏的石板。

出土遗物以泥质灰陶瓦片为主，包括筒瓦、板瓦和瓦当残片，瓦背多饰绳纹及瓦棱纹，瓦腹多见布纹，瓦当饰卷云纹。另外出土较多盆、瓮、罐等陶器残片，可复原者较少。发现汉代石阙残块 1 件，为四阿式阙顶局部。

综合发掘成果可知，海子遗址存在一处汉代基层聚落，其规模可能对应汉代行政单位的"里"。聚落内遗迹类型丰富，边缘有界沟，界沟内有供人居住的房屋，有养殖和积肥的溷厕，可能还有坑窖贮存区和小面积的农业用地，其中汉代溷厕实物的发现在全国较为罕见，为汉代基层聚落内部形态和生业模式等研究提供了新材料。在海子遗址周围 2 千米半径范围内分布有多处同时期的墓地，将遗址和墓葬材料进行综合分析，对于汉代基层聚落综合研究将会有非常重要的意义。

（吕凯）

87 济宁
[萧王庄任城王墓]

历年主要发掘单位

济宁市文物局

历任发掘领队及主持发掘者

宫衍兴

主要参与发掘人员

| 傅方笙 | 苏延标 | 顾承银 | 李承宽 | 曹建国 | 杨建东 |
| 张 燕 | 张 伟 | 田立振 | 李德渠 | 胡广跃 | 吴征甦 |

　　任城王墓位于济宁市任城区李营街道萧王庄村南，1992 年因被盗而进行了抢救性发掘。2006 年被公布为全国重点文物保护单位。

　　该墓由封土、墓道、甬道、耳室、墓室、回廊等部分组成。发掘前，墓葬封土呈塄堆状，平顶，底径约 60 米，残高约 11 米。

萧王庄墓群古墓

一号墓道入口　　　　　　　　　　　　　墓室结构

　　墓道位于墓室南部，斜坡状。南北残长22.8、上口宽4.1—5.2、底宽2.7—3.8米。因结构不同可分南北两段，南段即墓道口至天井通门部分无附属建筑；北段即天井通门至墓门部分，则设有天井、东西耳室、门庭等。

　　两个耳室在天井两侧对称分布，平面为长方形，砖砌墓壁，券顶。西耳室以石块铺底，东耳室底部夯实后又铺一层土、牲血拌和物。墓室平面呈"凸"字形，南北长15.89、东西宽15.9、高8.35米，包括甬道、前室、后室、回廊、黄肠石墙。从清理情况看，墓门原来可能是木质的。墓门与前室间为甬道，长方形，券顶，其南端设方形砖阙一对。前室呈横长方形，中间前后有门道与甬道和后室相通，券顶已坍塌，地面铺砖。后室呈纵长方形，券顶，地面铺砖，其下铺设木炭用于防潮。围绕前、后室有一圈回廊，总长51.25米，平顶。回廊的外侧为黄肠石墙，共用石材4000块左右，石块上大多有铭刻或朱书题记。

　　该墓因早年被盗掘严重，残余随葬品较少。耳室内仅存圈厕、盘、碗、耳杯等陶器和铜猪、车轮等小件遗物；前室扰土中有少量玉衣片、小件玉器、鎏金铜器以及大量陶、石器残片，地面有大面积铜锈，原应放置大量铜器；后室有零星碎骨、玉衣片、玉环、陶器片等遗物。出土陶器有壶、罐、樽、瓿、盆、碗、盘、耳杯、魁、钵、案、灶、圈厕、鸡、狗等；铜器只有一些小件器物；玉衣片四角穿孔内尚存银缕；其他还有象牙尺、五铢钱等遗物。

　　该墓所用的石材上有较多铭刻、朱书文字，共计782块，为全国仅见，价值甚高。文字内容大多是当时的地名和石工、送石者的姓名，少数为数字、尺寸等。将地名与《后汉书·郡国志》所载相对照，发现有东汉任城国及周围封国、郡、县名27处，具有较高的研究和艺术价值。

　　因此，从墓葬形制、出土器物特征和铭刻地名推断，墓葬年代在东汉章帝、和帝时期，墓葬主人可能是任城孝王刘尚。

　　任城王墓规模宏大，对东汉早期诸侯王墓葬埋葬制度、习俗等研究具有重要意义。其题刻文字之多，艺术价值之高，为山东地区汉代墓葬发掘所仅见，对于研究汉代历史、文字史、书法史，以及地名考证，均具有极其重要的研究价值。

（李承宽）

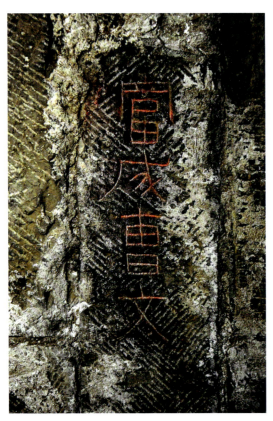

石材题记之一

石材题记之二

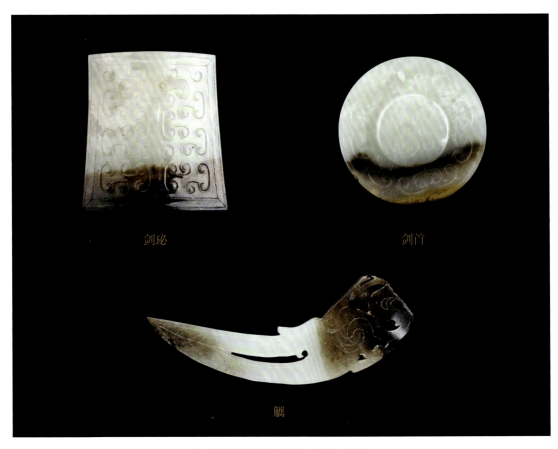

剑珌

剑首

觿

济宁萧王庄任城王墓出土东汉玉器

88 安丘

[董家庄汉画像石墓]

历年主要考古发掘单位

山东省文物管理处

历任发掘领队及主持发掘者

李步青　邰继武

主要参与发掘人员

郑奇敏

　　董家庄汉画像石墓位于潍坊市安丘市潍安路 65 号安丘市博物馆院内，原址在安丘市凌河街道董家庄村北，是我国迄今发现的规模最大的汉画像石墓之一。墓葬于 1959 年安丘县兴修牟山水库时发现，发掘后进行了拆迁和复原保护，1963 年在北关果园内复原。2013 年 3 月被公布为全国重点文物保护单位。

安丘董家庄汉画像石墓外景（自南向北）

董家庄汉画像石墓墓室照片（由东南向西北）

董家庄汉画像石墓甬道（由南向北）

墓葬早期被盗掘，但结构完整。墓葬全长14、宽7.91、高近3米，由甬道、前室、中室、后室组成，中室一侧附有耳室，后室分东、西两间，角落附有厕所。除甬道为砖铺底外，全部使用巨大石板砌成，建造牢固，气势宏伟。由墓顶的叠涩结构看，时代应属东汉晚期。

随葬品仅残存几件陶器，较为重要的是画像石基本完好地保存下来。墓葬共用石材224块，其中103块刻有画像，组成69幅画面，画像覆盖面积多达147平方米，分置于墓门，前、中、后室四壁，室顶和主柱上。画像构图复杂，内容以奇禽异兽为主，神话传说、社会生活和历史故事方面的题材也较丰富，包括了车马出行、乐舞百戏、伏羲女娲、雷公出行、神仙羽人、珍禽瑞兽等，以及孔子见老子、泗水升鼎等历史故事。壁画的雕刻技法多数为剔地浅浮雕，几幅车骑出行图则用阴线刻，墓门上的仙人卧鹿为高浮雕。在三个粗壮的立柱上，采用高浮雕与透雕的技法，雕出蹲熊、伏虎以及众多的神话人物，各具姿态，生动逼真。

董家庄汉墓是山东地区一座重要的画像石墓，壁画有大量反映社会生活的内容，但更突出的是反映升仙思想题材的内容，是研究汉代政治、经济、文化的珍贵资料，在史学界、文物界、美术界都具有较高的历史价值和文化艺术价值。

（李景法）

董家庄汉画像石墓第一立柱南面照片（由南向北）

董家庄汉画像石墓前室封顶石中间拓片（由下向上）

董家庄汉画像石墓后室东间室顶西坡北端拓片（由东向西）

董家庄汉画像石墓中室室顶北坡西端乐舞百戏图拓片（由南向北）

董家庄汉画像石墓中室室顶南坡东端拓片（由北向南）

89 沂南
［北寨墓群］

历年主要发掘单位
华东文物工作队　山东省文物管理委员会
历任发掘领队及主持发掘者
蒋宝庚　台立业　吴文祺

　　北寨墓群位于临沂市沂南县界湖街道北寨村，现已探知古墓葬 51 座，科学发掘 2 座，抢救性发掘 1 座。2001 年被公布为全国重点文物保护单位。

　　1953 年春，沂南中学教师周克得知北寨村有墓石露出，便写信反映到《文艺报》。同年 5 月 30 日，山东省文物管理委员会派蒋宝庚、台立业两人前往调查。1954 年春，华东文物工作队奉中央文化部社会文化事业管理局指示，与山东省文管会联合组织力量前往清理，蒋宝庚、台立业为领队。发掘工作 3 月 6 日开工，5 月 14 日结束。墓葬早年被盗，结构保存完好，共发现画像石 42 块，有 73 个画面。画像内容丰富、雕刻精美，画像与墓室空间、功能完美结合。墓门刻有胡汉交战图、西王母东王公、伏羲

墓门远景

清理墓道

北寨墓群 1 号墓墓门

女娲等；前室刻有官府大门图、上计图、大傩图等；中室刻有车马出行、粮仓庖厨、乐舞百戏图及"孔子见老子""仓颉神农"等 18 幅历史人物故事，其中有 12 处 28 字的文字榜题；后室有武库兵栏、侍女图等，多幅画像国内罕见。1994 年 7 月 17 日，山东省文物考古研究所和沂南县文物管理所联合对二号墓进行清理发掘，发掘工作于 8 月 3 日结束，历时 16 天，吴文祺任领队。经清理，出土陶器、石器、铜器、银器等 87 件及 100 余枚铜钱，其中五龙戏珠三足砚被定为一级文物。1994 年 10 月，北寨村民挖地窖时发现四号墓，沂南县文物管理所组织抢救性发掘，共出土文物 50 余件。

北寨墓群一号墓在画像石研究领域享有崇高地位，画像描绘的政治、经济、军事、民俗、宗教等场景，对研究汉代历史具有重要价值。二号墓虽然没有雕刻画像，但作为汉画像石墓衰落期难得的标本，对研究汉代墓葬制度具有重要价值。

北寨汉墓结构规整、复杂，营造工艺精准，其功能、布局理念及柱栱构件做法体现了汉代的营造思想，对研究汉代墓葬、建筑营造制度具有重要价值。北寨汉墓画像雕刻精美、技法多样，采用透雕、高浮雕、浅浮雕、减地平面线刻、阴线刻等多种表现手法，雕刻线条流畅。墓葬中建筑与绘画、雕刻完美结合，具有极高的艺术价值。

（王培永）

汉代大傩图拓片

汉代乐舞百戏图拓片

汉代粮仓庖厨图拓片

汉代齐桓公释卫姬等人物拓片

北寨墓群出土汉代五龙戏珠砚

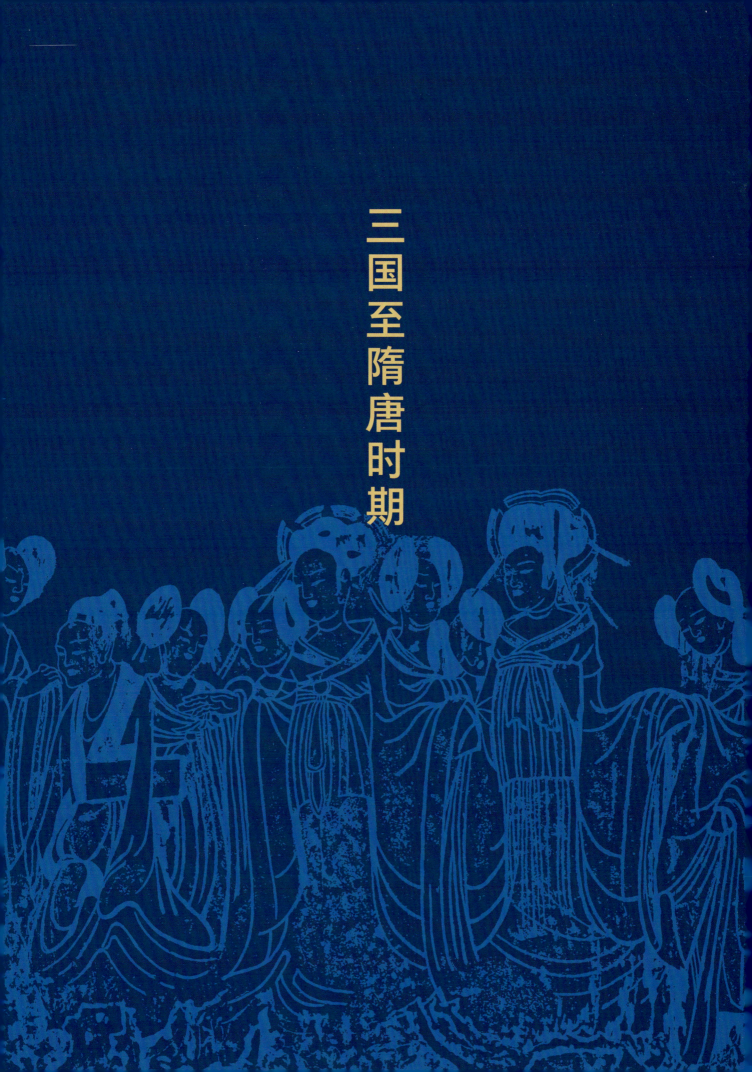

三国至隋唐时期

三國至隋唐

90 东阿

[曹植墓]

历年主要发掘单位
原平原省（1952 年 12 月撤销区划）古物管理委员会　东阿县文化馆
主要参与发掘人员
张铁花　等

　　曹植墓位于聊城市东阿县城南 17 千米处的鱼山西麓，始建于魏青龙元年（233 年）三月，为三国时期魏国著名诗人、曹操之子陈思王曹植（192—232 年）的墓冢。该墓依山营穴，以砖石垒砌而成，现陵园面积 1200 余亩。1996 年 11 月被公布为全国重点文物保护单位。

　　1951 年 6 月，平原省（1952 年 12 月撤销区划）文物管理委员会会同东阿县文化部门，对地处鱼山西麓的曹植墓进行了清理发掘。由于是建国伊始，发掘水平受到时代的局限，又由于区划的变更，没留下原始的发掘记录。20 世纪 90 年代东阿县文物工作者就现存的发掘资料和收集到的部分档案，对曹植墓的概况、形制和随葬器物进行了整理，基本明确了现存墓室形制及基本尺寸。墓葬坐东面西，平面呈"甲"字形，

为前堂、后室的砖室墓，由甬道、前室、后室三部分组成，全长 11.4、宽 4.35 米。甬道长 2.2、宽 1.47、高 2.24 米，券顶，甬道口用砖砌有凹槽，为顺砖错缝横砌封门之用。前室呈方形，边长 4.35、高 4.8 米，面积约 17 平方米；后室呈长方形，进深 2.20、宽 1.78 米，面积约 4 平方米。墓壁砖墙，错缝平砌，厚约 1.49 米，墓砖长 0.43、宽 0.2、厚 0.11 米。墓底平铺单层青灰色砖。墓顶、前室呈拱形，后室和甬道皆单券顶。墓葬有二门，前室一门，前室与后室之间有一门。门高 1.9、宽 1.32 米，皆砖墙错缝平砌封门。

棺木放置于前室中部，已腐朽，从痕迹上观察，应为单棺，棺内铺垫三层，下层为厚约 3 厘米的木炭灰，中层为豆粒大的朱砂，上层为剪成日、月、星形的云母片。尸体安置在云母片上，骨架尚未全部腐烂，除缺少头盖骨外，主要骨架尚存。墓棺左右两侧皆为随葬器物，右侧放置全套炊具，有陶灶、陶案、陶罐、陶壶、陶盆、耳杯等；左侧放置陶井、陶车模型和鸡、鸭、鹅、狗等陶塑。此次清理共发现石圭、石璧、青玉璜、玛瑙泡、云母片、铜质铺首以及陶器等随葬品 132 件，以陶器数量最多。除玛瑙和 3 件玉璜放置于前过道封门墙内侧外，其余均放置于棺木两侧。根据墓室中器物零乱的状况推测，该墓早年曾被盗扰过。

1977 年 3 月，文物考古工作者又在该墓室前门道高约 3 米处的墓壁发现一阴刻铭文砖。该砖为墓砖，三面刻有铭文，曰："太和七年三月一日壬戌朔十五日丙午兖州刺史侯昶遣士朱周等二百人作毕陈王陵各赐休二百日别督郎中王纳主者司徒从掾位张顺。""太和"为魏明帝曹叡的年号，"陈王"为曹植生前最后封爵。该砖成为判定墓主人为曹植的重要证据。

在墓葬北侧，现存有隋开皇十三年（593 年）刊刻的《曹植墓神道碑》一幢，记述了曹植的生平及事迹。碑文书体篆、隶、楷三体共存，具有较高的艺术价值。

（刘玉新、田利芳）

石圭　　铭文砖　　陶狗　　陶灶

曹植墓出土器物

91 临沂

[洗砚池晋墓]

历年主要发掘单位
山东省文物考古研究所　临沂市文化局
历任发掘领队及主持发掘者
郑同修　宋彦泉
主要参与发掘人员

胡常春　王保安　李玉亭　冯沂　闫光星　邱波　吴瑞吉　张子晓　李斌　等

洗砚池晋墓位于临沂市兰山区王羲之故居院内东北部，2003 年于王羲之故居二期扩建施工过程中发现，遂即进行了考古发掘，发掘成果被评为 2003 年度全国十大考古新发现。2006 年被公布为全国重点文物保护单位。

发现的两座墓葬分别编号为 1 号墓和 2 号墓，其东西相距 35 米，原各有封土并连成一体，从发掘情况判断，2 号墓葬封土叠压 1 号墓葬封土，确证了两座墓葬的层位关系。封土残存高度 2—3 米。

1 号墓（M1）由墓道、前庭、封门墙、墓室组成。墓道为现代建筑占压，长宽及加工情况不明。前庭略呈梯形，北部宽 7.15、南部宽 7.55 米，近墓室部分两侧各砌筑有挡土砖墙。墓室为砖石结构双室券顶墓，东西宽 8、南北纵长 4.3、高 3.4 米。两个墓室并列，中间有 0.9 米宽的夹道。墓门均为双扇石门，其外共用一道封门砖。墓室内底部铺砖两层，呈龟背状隆起。

1 号墓规模宏大，保存完好。在西墓室埋葬一名年约六七岁的孩童，东墓室则埋葬两个婴幼儿。出土的随葬品丰富而且精美，计有铜器、瓷器、陶器、漆器、铁器、金器及其他质料的随葬品 250 余件（套）。瓷器主要为南方风格的青瓷，器形有盘口壶、鸡首壶、罐、钵、水注、烛台等；铜器有熏炉、鼎、魁、斗、熨斗、灯、弩机、带钩等；陶器有盘、釉陶瓶等；金器主要为饰品，有手镯、钗、簪、铃、串珠、牌饰、指环等，以及刀、灯、镜等铁器。漆器多已腐朽，可辨器形有奁、壶、耳杯、盘、勺等类，部分漆器的底部有清晰的朱书文字，内容有"太康七年""太康八年""十年"等纪年以及"王女""李平""李次""官"等文字，为判定墓葬年代提供了确凿证据。

时任临沂市委书记李群同志视察
洗砚池晋墓发掘现场

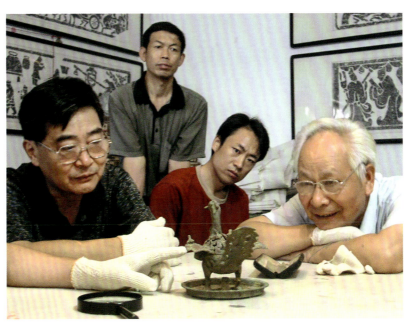

山东省文物专家鉴赏洗砚池晋墓
出土文物

时任山东省文物考古研究所副所
长、洗砚池晋墓考古领队郑同修

临沂洗砚池晋墓晋代一号墓（由南向北）

临沂洗砚池晋墓晋代二号墓（由南向北）

2 号墓位于 1 号墓西侧，也是大型砖室墓葬，由墓道、甬道、墓室组成。墓道因现代建筑占压，未能全部清理。墓门为石质，门外有封门砖墙，两侧各有砖垛。甬道略呈方形，券顶。墓室为长方形，室内南北长 6.8、东西宽 4.2、高 3.2 米，券顶。甬道及墓室底部均有两层铺砖，呈龟背状隆起。埋葬成年男女各一人，应属夫妻合葬墓。该墓多次被盗，残存随葬品有铜虎子、瓷灯、陶灯、金钉、珍珠等 30 件（套）。

洗砚池晋墓是山东地区目前发现规模最大的西晋墓葬，特别是 1 号墓保存完整，实属罕见，墓葬年代明确，为西晋晚期。出土随葬品丰富精美，特别是如此高规格墓葬埋葬三个孩童和婴幼儿的现象十分独特，显示了墓主人高贵的身份，推测与西晋琅琊王族有关，对研究琅琊国的历史以及政治、经济、文化均具有重要意义。

（武晓晨）

漆单把杯

金珰

正始二年 铜弩机

青瓷胡人骑狮烛台

铜仙人骑狮器

洗砚池晋墓出土器物

$\mathcal{92}$ 枣庄
［中陈郝窑址］

历年主要发掘单位

山东大学　枣庄市博物馆

历任发掘领队及主持发掘者

宋百川　刘凤君

主要参与发掘人员

郭景新　李光雨　徐加军　石敬东　赵天文　冷艳燕　郑　岩　徐龙国　陈永刚　等

中陈郝窑址位于枣庄市薛城区邹坞镇中陈郝村，北距枣庄至滕州的公路约 1 千米，西邻枣庄矿务局甘霖煤矿黄贝矿井，蟠龙河自北向南从村中流过。窑址面积较大，分布在以中陈郝村为中心、方圆 3 平方千米的范围内。2006 年被公布为全国重点文物保护单位。

中陈郝窑址是枣庄市文物管理站于 1978 年调查时发现。1987 年 9 月 1 日—10 月25 日，山东大学历史系考古专业和枣庄市博物馆联合对该遗址进行了发掘，分南、北两个区进行。北区位于村北 100 米处，东临蟠龙河，共开 5 米 ×5 米的探方 8 个。南区位于村南中陈郝小学以东，共开 5 米 ×5 米的探方 3 个。实际发掘面积 198 平方米。共发现遗迹 14 处，有房基、料池、窑炉、灰坑、墓葬等。出土遗物包括托座、支钉、三足支钉、筒状支具、不规则支具、匣钵等窑具，以及碗、罐、盆、盘、高足盘、钵、杯、盘口壶、灯、鸡腿瓶、缸、人物像等瓷器和铜钱等。根据发掘及调查情况，可知中陈郝瓷窑址可大致分为青瓷区、白瓷区和黑瓷区。

中陈郝窑址堆积时间延续长，出土的遗迹和遗物都较丰富。根据地层堆积、遗迹的地层关系和不同的出土遗物，可将窑址分为六期：第一期为北朝晚期；第二期为隋代，下限可能到唐代初期；第三期大体为唐代，下限可能晚到五代；第四期为北宋时期；第五期为金代；第六期为元代。

探方 T137 内发现的北朝晚期窑址地层，是山东地区首次发现，也是北方地区古

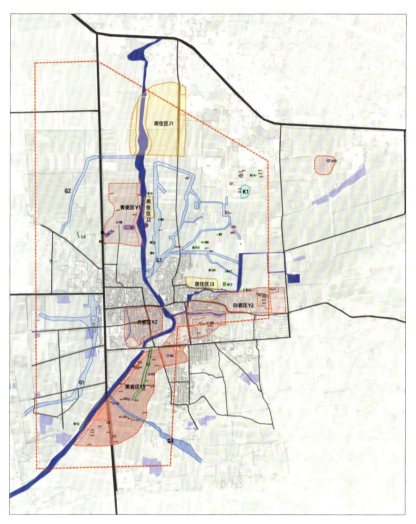

中陈郝瓷窑址遗址分布图

代瓷窑址的重要发现，出土的扁平三足支钉和筒状窑具较多，证明早在北朝晚期这里已开始烧造瓷器。

2号窑址的发现，是这次发掘的重要收获之一。2号窑址由火道、窑门、火膛、出灰道、中心柱、窑床、烟囱等组成，开口于第4层下，地层关系明确，出土较多典型的隋代瓷器和窑具。根据窑顶、窑壁倒塌的痕迹，大体上可以复原窑址。其平面略呈椭圆形，四壁高1.5—1.6米，在火膛与窑床交接处筑有中心柱支撑窑顶，为直焰式窑。

中陈郝窑址延续时间长，上自北朝晚期，下迄宋元，前后近千年。遗址内地层、遗迹叠压打破关系清楚，出土遗物丰富，在北方地区的古代瓷窑遗址中尚不多见。窑址中各期瓷器和窑具特点鲜明，为山东境内其他地区发现的古代瓷器和窑具的断代提供了可资对比的资料，也为探讨我国早期烧瓷窑炉结构和装烧技术提供了重要的实物资料。

（唐仲明）

高足盘

钵

盘口壶

中陈郝窑址出土隋至唐初瓷器

93—临朐

［崔芬墓］

历年主要发掘单位
山东省文物考古研究所　临朐县博物馆
历任发掘领队及主持发掘者
吴文祺
主要参与发掘人员
宫德杰　等

三国至隋唐时期

崔芬墓位于潍坊市临朐县冶源镇海浮山南麓，时代为北齐天保二年（551年）。2006年被公布为全国重点文物保护单位。

1986年4月2日在临朐县丝织厂的施工中发现，同年4月16日—5月16日由山东省文物考古研究所联合临朐县博物馆进行抢救性清理。

崔芬墓墓室上方原有封土，因破坏严重，形制不详。墓为土圹石室墓，由墓道、甬道、墓室组成，墓向150°。墓道残长9.4、宽1.32米，斜坡状，坡度15°。墓道北端接甬道处呈微弧状外折，两侧各有一道土墙，底部与甬道底呈平面。甬道南北长0.64、宽1.31、高1.52米。底部平铺石板，两侧各以一块完整的长方形石板竖立做墙，顶部用长方形石板平盖。甬道南端设两扇石门扉。两门扉高1.38米，宽分别为0.62米和0.63米，厚0.09米，外侧雕琢粗糙无纹饰，内侧加工精细，浅浮雕四排各五个菱形或圆形装饰，其上线刻忍冬或莲花纹饰，中部偏外侧凿一小方孔，安置铁环。墓室用长条石错缝叠砌，平面呈方形，边长3.58米，四壁上部向外微弧。顶部用近方形石板封盖，聚成覆斗状。墓底平铺石板，墓室南壁中下部辟设甬道，墓室北壁和西壁下部各辟设一壁龛（耳室）。墓室内西部设置数块石板拼接的棺床，床上置棺，棺内人骨腐朽。

崔芬墓重要的发现是在甬道、墓室四壁及顶部绘有彩绘壁画，并出土了墓志。彩绘壁画的内容为四神图、出行图、武士图及屏风人物图等，都是先用白灰粉于石壁铺底，再用墨色线条绘出轮廓，然后进行上色填充。壁画画面清晰，线条流畅，构图严谨，

崔芬墓墓室东壁

崔芬墓墓室南壁

崔芬墓志

造型生动，色彩艳丽，艺术水平十分精湛，是山东地区已发现的北朝壁画墓中保存最好，制作水平最高的作品。崔芬墓志为青石质，方形，全文663字，基本都清晰可辨。另外该墓还出土青瓷器、泥钱、陶俑、铜器、石器等多件文物。

临朐崔芬墓的发现具有重要的学术研究价值：第一，崔芬墓出土的壁画为研究山东地区当时的社会生活、风俗习惯、服饰制度、绘画艺术及南北方的文化交流融合等提供了重要的实物资料；第二，崔芬墓以石材构筑方形墓室，为北朝晚期山东青州地区的地方特色，该墓纪年明确，对于研究北朝晚期圆形墓的类型演变提供了重要的实物资料和年代标尺；第三，墓志志文记载对墓葬年代及墓主信息起到了确认作用，进而对研究南北朝时期争战历史条件下的世家大族政治、社会以及人口迁移有着重要的意义。

（刘文涛）

屏风人物（摹本）

武士图（摹本）

墓主夫妇出行图壁画（摹本）

白虎图（摹本）

连肩忍冬纹青釉四系罐

青瓷碗

神兽镜

青瓷鸡首壶

临朐崔芬墓出土器物

$\underline{94}$ 博兴
［龙华寺遗址］

历年主要发掘单位

山东省文物考古研究院　　博兴县博物馆　　潍坊市博物馆

莱州市博物馆　　临沂市沂州文物考古研究所

历任发掘领队及主持发掘者

李振光

主要参与发掘人员

刘文涛　　孙亮申　　马文利　　张淑敏　　马　超　　杜晓军　　翟松岩　　张英军　　闫启新

龙华寺遗址位于滨州市博兴县城东街道办事处的张官村、冯吴村与崇德村之间，三村坐落在遗址上。2018 年 9 月—2019 年 8 月，2020 年 8 月—2021 年 9 月，山东省文物考古研究院与博兴县博物馆、潍坊市博物馆、莱州市博物馆、临沂市沂州文物考古研究所，对勘探发现的四号夯土台基进行了全面的揭露发掘。

发现并确定北朝至隋唐时期的佛寺基址一座，清理佛教造像坑 4 座、铁器窖藏坑 1 座、铜钱窖藏坑 2 座、水井 2 眼，发现大量的精美文物。

寺院可分为三期。早期寺院的建造年代为北齐，中期寺院的建造和使用年代应为隋代，晚期寺院的下限应为唐代中期。

早期寺院布局，由北侧讲堂、南侧大殿、院落组成，发现了南部山门外活动广场，大殿南侧山门部分被晚期道路及边沟严重破坏。经发掘可知，其修建的顺序是先划定计划建造寺院的范围，然后对地面进行整理，主要为大面积夯打处理，以应对地势低洼的特殊情况，该基础东西长 84、南北宽 79 米。在院落北侧为夯土台基式讲堂基址，是从南侧开始夯打形成的东西长条状，两侧进行过修整，后向北扩展六次，向南扩展一次，夯土的外侧呈斜坡状，未见版筑痕迹。台基顶部东西长 22.4、南北宽 9.1 米，底部东西长 24.8、南北宽 12 米，残高 0.7 米左右，南北两侧呈斜坡状。南侧中部有一道凹槽，东西长 8、宽 0.5—0.6、深 0.3 米，凹槽底部的两端有柱洞，可能为门道设施起取后留下的凹槽。台基的顶面、南北坡面和西侧坡面有较厚的草木灰、烧土层，可

龙华寺遗址 H16 出土
造像

龙华寺遗址铁器埋藏坑

能是大殿顶部因火烧毁塌落形成，也可能是铺垫所用。在院落南面修建大殿基址，为平层夯打而成，底部东西长 29.06、南北残宽 11.17 米，基础高 0.6—0.75 米，台基残高 0.55—0.75 米。

中期寺院布局，北面为讲堂，东西有配殿，讲堂和配殿间由廊庑相连，南侧为大殿，再向南为山门。讲堂、东西配殿、南侧大殿皆为夯土台基高台式瓦顶建筑。院落在早期寺院基础上扩修而成，将早期讲堂基址南北加宽，修建东西配殿。讲堂基址南北宽16、东西长 25、残高 0.55—1 米，南侧保留有台基底部的三角状牙砖，门道向南，位于偏东侧，门道宽 2.95 米。东侧配殿南北长 20、宽 11、垫土高 0.2—0.5、台基残高 0.6 米，分三段从南向北夯打而成，上面有瓦顶建筑。南侧大殿东西长 26.5、南北残宽 10.6 米，基础厚 0.7 米，台基残高 0.6—0.7 米。讲堂、大殿、东西配殿台基皆用砖墙包边。

晚期寺院，东侧配殿上的瓦顶塌落在南侧和西侧院落地面上，在瓦层上面淤积二三十厘米厚的淤土。在淤土上垫土平整，形成唐代的院落地面，用砖铺南北向道路。

晚期寺院借用中期台基，基本布局同中期。讲堂基址南侧保存有用砖平铺的东西长条状散水和南侧的顺砖状牙砖。大殿台基四周用砖砌筑护坡，北侧牙砖分为二期，早期的牙砖为三角状，叠压在砖砌护坡的下面；晚期的牙砖为顺砖，和斜坡状护坡一起砌成。

　　寺院遗址出土了较为丰富的文化遗物，有白陶造像及残块 100 余件，石造像及残块 200 余件，鎏金铜造像 2 件，锡造像 1 件，石造像半成品 1 件；大量的陶、瓷器、铁器、铜钱；板瓦、筒瓦、瓦当、鸱吻等建筑构件及鸱吻模具 1 件；还发现有残石碑和造像题记等。

龙华寺遗址铜钱埋藏

　　寺院建筑基址的发现与发掘，为北朝至隋代寺院结构布局研究增添了一批新的科学资料，也为探寻龙华寺的发展演变提供了依据和线索，早期寺院因火废弃，中期寺院的建造和使用皆为隋代，这些均与龙华寺的建造和使用相吻合。

（李振光）

兽面饰件

石质仰莲纹底座（残半件）

鎏金铜造像

龙华寺遗址出土器物

377

95 青州

[龙兴寺佛教造像窖藏]

历年主要发掘单位

山东省文物考古研究所　潍坊市文物管理办公室　青州市博物馆

历任发掘领队及主持发掘者

夏名采

主要参与发掘人员

孙敬明　王华庆　孙新生　王万里　姜建成　盛志刚　庄明军　杨华胜　刘华国　等

　　龙兴寺佛教造像窖藏遗址位于潍坊市青州市城区西南部，今博物馆南邻，历史上青州南阳城西北隅。现存遗址核心部分东西长150、南北宽200米，总面积约3万平方米。1996年10月，在遗址北部发掘一处大型佛教造像窖藏，2010年9月，山东省文物考古研究所对遗址进行了详细的勘探，初步确认了寺院的东墙和东南门，确认了寺院中轴线上的三座主体建筑基址，基本揭示出遗址的建筑布局。2013年被公布为全国重点文物保护单位。

　　1996年10月7日，益都师范平整操场时，发现佛教造像残件，青州市博物馆立即前往调查，初步确认为一处佛教造像窖藏。在山东省文物局的指导下，潍坊市文物管理办公室、青州市博物馆组建了考古队对窖藏进行发掘。

　　从保留的局部地层观察，窖藏上部地层堆积可分为3层。窖藏开挖于生土中，平面呈长方形，东西长8.7、南北宽6.8米，窖藏坑底至现地表深度3.45米，方向北偏东5°。窖藏坑中部偏东有一条南北向斜坡道，长6.3、宽0.9米，应为当时运放造像所用。

　　窖藏中遗物以各类材质佛教造像为主，大致按上、中、下三层排列摆放，有少量坐姿造像呈立式排放。较完整的身躯放置于窖藏中部，各种头像存放于坑壁边缘，较残的造像上部用较大的造像碑覆盖，陶、铁、彩塑泥、木质造像置于坑底。最上部一尊造像胸部发现有席纹，推测造像掩埋之前曾用苇席覆盖。经室内整理拼对，辨认出各类材质造像629件，计有佛立像174件、法界人中像4件、佛坐像10件、三尊像52件、五尊像2件、菩萨和力士像81件、罗汉像12件、供养人等其他类型像3件、佛及菩

中国北朝造像与石窟暨青州龙兴寺佛教造像窖藏发掘十周年国际学术研讨会

龙兴寺佛像发掘现场（由西向东）

龙兴寺佛像发掘现场

萨头像残件 135 件、佛脚残件 136 件、残经幢 3 件、造像残身 17 件。出土文物中约 60% 属于北齐时期，35% 属于北魏、东魏时期。窖藏还出土其他遗物，宋代佛顶尊胜陀罗尼石经残幢 3 件、石塔 1 件、货币 142 枚、灰陶盆 1 件、白釉碗 1 件、瓦当一宗等。

青州龙兴寺佛教造像窖藏出土文物数量之多，造像之精美，贴金彩绘之完好，为我国佛教考古史上所罕见。先后被评为"1996 年全国十大考古新发现""中国 20 世纪 100 项考古大发现""中国百年百大考古发现""山东百年百大考古发现"。

经考古证实，龙兴寺遗址保留中轴线三座主体建筑基础及周边丰富的地下遗迹，是我国保存较好的唐代以前的大型寺院遗址，对于研究我国佛教寺院的院落式布局具有重要参考价值。佛教造像窖藏的发现，弥补了中国佛教考古研究中，对北魏和隋唐之间，特别是东魏和北齐佛教考古研究实物资料的不足，为中国佛教考古和中国美术史研究提供了珍贵资料。出土的北朝时期造像工艺精湛，融合了古印度、南朝、邺城等多种艺术特点，并具有鲜明的地域特色，被学术界确立为佛教造像艺术的"青州风格"。龙兴寺窖藏佛教造像的发现，为我国古代雕塑艺术研究提供了新材料和崭新的视角，在国际上引起巨大反响和研究热潮，被誉为改写东方雕塑史的重大发现。

（刘华国、林琳）

龙兴寺佛像发掘现场（由西向东）

背屏式佛立像

永安二年韩小华造像

龙兴寺佛教造像窖藏出土北魏造像

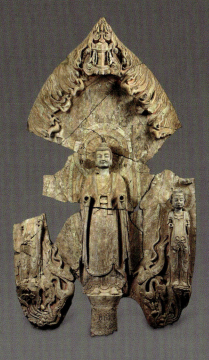

石雕菩萨立像　　　　石雕背屏式佛菩萨三尊像　　　　石雕胁侍菩萨半身像

龙兴寺佛教造像窖藏出土东魏造像

石雕佛立像　　　　思惟菩萨像　　　　佛立像　　　　菩萨像

龙兴寺佛教造像窖藏出土北齐造像

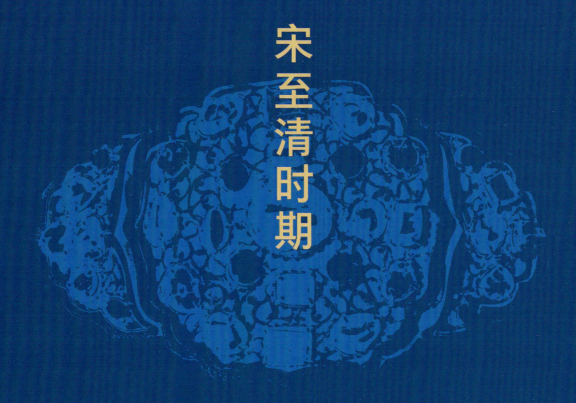

宋至清时期

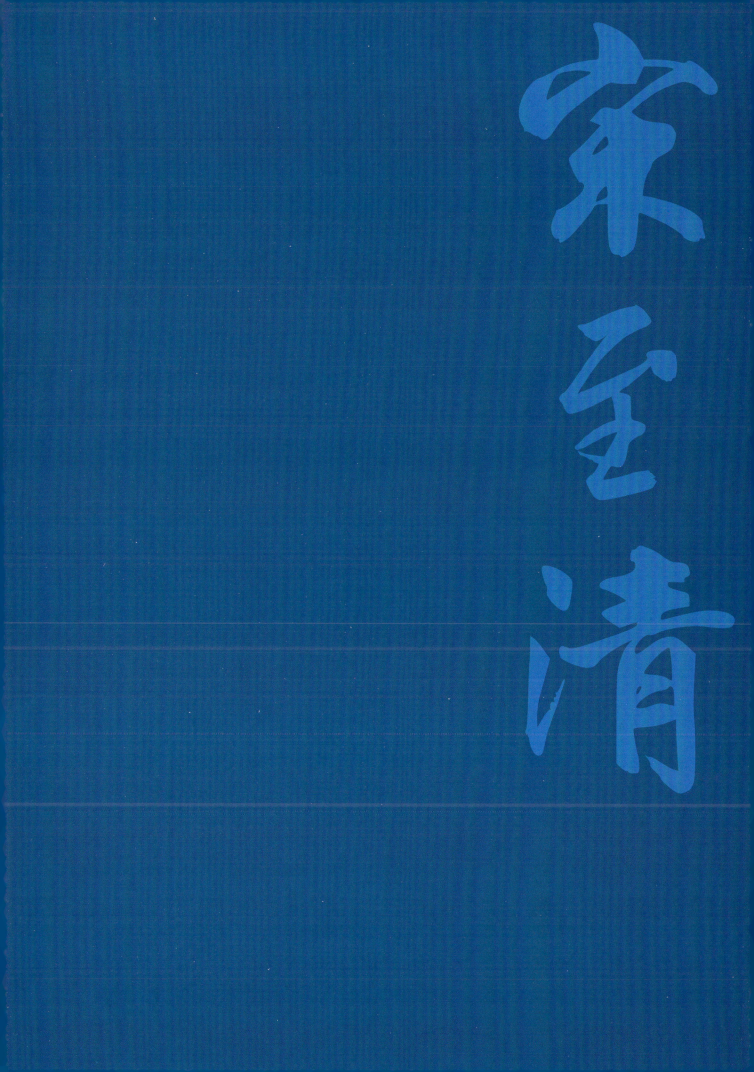

宋至清

96 菏泽

［古沉船］

历年主要发掘单位

山东省文物考古研究所　　菏泽市文物事业管理处

历任发掘领队及主持发掘者

王守功　　李　罡

主要参与发掘人员

张启龙　　马法玉　　孙明　　马静　　吴双成　　李胜利　　宫衍军　　郅同林

朱来劲　　张玉民　　房成来　　张胜宪　　等

　　2010 年 9 月 17 日，在菏泽市牡丹区中华路与和平路交叉口、银座南国商贸中心项目建筑工地发现一艘沉船，10 月至次年 1 月，山东省文物考古研究所会同菏泽市文物事业管理处随即展开抢救性发掘。至 2011 年 8 月 7 日，田野考古发掘及船体提取工作全部结束。

　　经发掘和研究，判明该沉船为平底、纵流、虚梢尾、敞口并带有舷伸甲板的木质内河船。船体全长约 21 米，由 11 道舱壁板分隔为 12 个船舱。船尾至尾封板为船尾虚梢，推测其上原有甲板。尾封板和 1 号舱壁之间为尾空舱，出土有神牌位、香炉、石罗汉等，可能用于供奉神位。1 号舱为操纵舱和灶舱，出土有铁灶、铁锅、锅勺、木案板及驶

菏泽元代古沉船全景（由南向北）

寿山石降龙伏虎罗汉

白釉褐彩龙凤纹罐　　　青花龙纹梅瓶　　　青釉玉壶春瓶

菏泽古沉船出水器物

船构件等。2号舱为生活辅助舱，出土大量瓷器。3号舱为船主起居室，出土有漆器残片。4号舱为隔离空舱。5号舱至9号舱为货舱，出土有粮食遗存等。10号舱和11号舱为船员生活舱，出土有瓷壶、网坠、剪刀、灯盏、铜镜等。12号舱为首尖舱。8号舱底部靠船尾一侧设有桅座，桅座板开有两个桅夹板的榫孔，桅夹板插入榫孔并固定在舱壁板上，桅杆即安装在两个桅夹板中间。船舵为悬式平衡舵，这种舵是宋代以来盛行的样式，在甲板上用舵柄操控，比较轻捷。沉船周围还发现了锚链和铁锚。沉船所用木材大部分为柏木。共清理出遗物240余件，其中瓷器53件，陶器27件，铜器119件，铁器13件，钱币11件，漆器4件，金器1件，其他遗物12件。这些遗物均来自船舱内，时代基本一致。尤其是瓷器，种类繁多，几乎没有重复器形。

　　根据出土器物的时代及古船制作技术，初步推断沉船沉没的时间为元代或元代晚期。从地层堆积及沉船舷板开裂情况看，此船是遭遇撞击后，船体发生破裂而沉没的。沉船的发现为研究元代木船形制及菏泽地区漕运史、河运交通史及元代黄泛区之地形地貌等提供了重要实物资料。

（李罡）

97 蓬莱

［蓬莱古船］

历年主要发掘单位

烟台市文物管理委员会　蓬莱县文物管理所　山东省文物考古研究所

烟台市博物馆　蓬莱市文物局

历任发掘领队及主持发掘者

王锡平　佟佩华　王富强　李振光

主要参与发掘人员

李步青　王茂盛　袁晓春　刘斌　张丽华　罗世恒　姜国钧　吴双成

徐明江　许盟刚　李建萍　董韶军　范慧泉　王晓妮　赵鹏　房成来　孙亮申

蓬莱明代一号船

蓬莱古船出土于蓬莱水城小海内，位于烟台市蓬莱区西北丹崖山东侧。蓬莱水城是明清时期重要的海防设施，其北是古代重要港口——登州港。1984、2005年在蓬莱小海清淤过程中，两次发现古船并进行了抢救性考古发掘。

第一次发掘是1984年3—6月，烟台市文管会和蓬莱县文物管理所联合组队。发现一号船和桅杆。第二次发掘是2005年7—12月，由山东省文物考古研究所、烟台市博物馆、蓬莱市文物局联合组队，发掘面积1200余平方米，首次以考古地层学的方法明确了古船的地层关系和相对年代，出土三艘元明时期的古船和船材。

两次发掘共出土四艘古船，一号船在南小海南岸的中偏西部，二、三号船在其西南北并列，保存较完整，四号船仅存4块残底板，位于二、三号船的东北方向。一号船残长28.6、残宽5.6、残高1.2米，呈流线型，艏尖艉方，底部两端上翘，横断面呈圆弧形，有14个舱。二号船，方向91°，船体基本近水平，瘦长流线型，残存船底部，残长21.5、残宽5.2米，采用钩子同口连接技术，留有龙骨、艉柱、隔仓板和12个水

蓬莱元明二、三号船

蓬莱古船明代二号船船板

蓬莱元末明初三号船船板

蓬莱古船四号船（由北向南）

密舱等。三号船，方向276°，宽短型，残存底部，残长 17.1、残宽 6.2 米，主要采用鱼鳞搭接技术，留有龙骨、隔仓板和 8 个水密舱等。四号船仅剩 4 块底板。从形制看，二号船与一号船相似，三号船与四号船近同。一、二号船的制造和使用时代为明代中晚期，废弃时代为明代晚期；三号船制造和使用时代为元代，废弃时代为明代初期；四号船的年代不详，从用材和结构来看，大约和三号船相近。

沉船的出土遗物比较丰富，瓷器有青花瓷碗，青瓷碗、碟和罐，酱釉瓷瓶、罐和碗，还有一件高丽青瓷小碗等。陶器有船形壶、缸和盆等。石器有石球。料器只发现了一件料珠。此外还出土了青砖、瓦、粗长的棕绳、草绳、竹席及松子、瓜子和菜籽等。出土的朝鲜粉青沙器和日本的宽永通宝等遗物，证明登州港自古就是中国与东北亚地区海上交流的重要口岸。

蓬莱小海目前所发现的四艘古船，数量多，船体大，层位关系明确，尤其是同一地点同时发现不同时期和不同类别的海船，在我国古海船的考古发现中均属首次，为研究中国古代海船类别及技术工艺、古港史、海防史和古代海上交通史等提供了新的实物资料，具有重要的学术价值。

（赵娟）

元代　高足杯　　　　　　　　　　元末明初　粉青沙碗

元代　碗　　　　　　　　　　　　明代　碗

蓬莱古船出水瓷器

98 明代
［鲁荒王朱檀墓］

历年主要发掘单位
山东博物馆　　邹城文物管理所
历任发掘领队及主持发掘者
蒋英炬
主要参与发掘人员
张江凯　张学海　罗勋章　王　轩　王传亮

2003 年明鲁荒王墓园全景（由北向南）

明鲁荒王朱檀墓，位于邹城市与曲阜市交界的九龙山南麓，地处九龙山南端第一座山峰，当地俗称"龙头"，其西北端为西汉鲁王墓群。2006年5月被公布为全国重点文物保护单位。

1970—1971年，山东省博物馆和邹城文管所联合组建考古队，对明鲁荒王朱檀墓进行抢救性发掘。2003年山东博物馆考古部为《鲁荒王墓》报告的整理出版，再次对明鲁荒王墓园进行了考古调查。

明鲁荒王墓园外城南北长1220、东西宽756米，占地面积92万余平方米。朱檀墓依山而建，坐北朝南，方向与墓园一致，为186°，平面呈"甲"字形，由封土、墓道、金刚墙、墓室几部分组成，墓室分前后两室。墓葬凿石开圹，圹内以青砖砌筑，工程浩大，合计动用土石量近18万立方米。

朱檀墓出土许多珍贵文物，既有元代的特色，又有明初的特点；既是皇家文物的代表，又是明初文物的标准器。出土的冠冕服饰、家具明器、笔墨纸砚、琴棋书画、木俑仪仗等基本完整成套，许多具有唯一性，是难得一见的珍品，在明初文物中占有重要的地位。

明鲁荒王朱檀（1370—1389年），是明代最早去世的亲王，在明代亲王中尚属首例，陵墓的营建在明代建章立制的初期，为明代皇室陵寝制度的形成提供了雏形，也为其他明代亲王的陵墓的营建提供了参考范例，为研究明代前期诸王陵墓的建筑布局、形式、规制等提供了完整的实例，是研究明初政治、经济、文化等方面的重要资料。

（蒋群、高震）

明鲁荒王朱檀墓园陵门及全国重点文物保护标志碑

明鲁荒王朱檀墓开探方发掘（1970 年拍摄）

明鲁荒王朱檀墓发掘中搭建的提升架
（1970 年 7 月拍摄）

明鲁荒王朱檀墓前室北半部及后室门

九旒冕

妆金柿蒂窠盘龙纹
通袖龙襕缎辫线袍

镶宝石金带饰

戗金云龙纹朱漆木箱

鲁荒王朱檀墓出土明代器物

99 大运河
[山东段水工设施]

历年主要发掘单位

山东省文物考古研究所　　中国文化遗产研究院　　济宁市文物局　　汶上县文物局

历任发掘领队及主持发掘者

佟佩华　　李振光

主要参与发掘人员

吴志刚　　王春云　　孙亮申　　邵珠云　　吴双成　　苏凡秋　　石念吉　　张爱民

渠修振　　刘健康　　邵　斌　　黄金星　　黄灯欣　　刘相文　　等

宋至清时期

　　大运河山东段水工设施包含以京杭大运河南旺水脊为中心约 13 千米长的河道、南旺湖等水柜及连接水柜的诸条引水，其上和周边又分布有众多闸、堤、坝、斗门、码头、涵洞等，主要分布于济宁市汶上县南旺镇，面积 26.3 平方千米，是大运河水工设施分布最密集的地区，也是大运河的核心工程和京杭大运河的命脉所在。自元代开始修建，历经明、清时期不断发展完善，为明清漕运和南北文化的交流发挥了重要作用，同时极大地带动了南旺周边的经济发展和社会繁荣，是有着重要历史、艺术、科学价值的文化遗产和文化景观。2006 年被公布为全国重点文物保护单位。

　　为配合大运河申遗及建设南旺分水枢纽考古遗址公园，2008—2013 年山东省文物考古研究所联合相关单位对汶上大运河山东段水工设施，进行了连续多年的考古工作。

汶上南旺分水龙王庙建筑群基址（由北向南）

寺前闸

南旺砖石堤岸、石筑台阶码头与木桩挡板

徐建口斗门

南旺分水枢纽发现的铁锔扣

南旺分水枢纽发现的铭文砖

通过考古发掘，发现了分水口运段河南岸大堤、石驳岸、海漫石；确定了小汶河入运河的石砌分水口设施、分水口运河北岸的砖石堤岸、石砌台阶码头，以及河道内线状分布的木桩挡板遗迹；找到了彭石斗门、孙强斗门、刘贤斗门的具体位置；全面揭露了分水龙王庙建筑群沿河和登陆码头相通的四组建筑；确认了常鸣斗门、徐建口斗门、寺前铺闸、柳林闸的位置、结构和形制。

通过对汶上大运河山东段系列闸门、斗门、堤岸等水工设施进行的考古工作，基本搞清了运河不同类型水工设施的形制与结构、使用材料与建造工序，形象直观地了解运河水工设施及运行机制，为运河的科学保护、维修提供了科学依据。对南旺段运河河道设施、引汶济运工程设施的结构、布局以及大运河河水的平衡调节有了更为深入的认识，明确了通过戴村坝截引小汶河水源和利用石驳岸顶冲与分水口的形状结构相结合，实现南北分流济运的水工技术成就，为研究分水枢纽工程提供了更为丰富的资料。对科学编制运河保护规划、大运河整体申报获得世界文化遗产产生了积极的推动作用，为南旺分水枢纽考古遗址公园的建设提供了真实的展示依据，为京杭大运河水利工程运行机制的综合研究提供了新的资料，也为今后大运河的综合研究工作打下了坚实基础。

（吴志刚）

100 威海湾
［定远舰沉舰遗址］

历年主要发掘单位

山东省水下考古研究中心　　国家文物局水下文化遗产保护中心

中国甲午战争博物院　　威海市博物馆

历任发掘领队及主持发掘者

周春水　　王泽冰　　孟杰

主要参与发掘人员

冯雷　司久玉　杨小博　詹森杨　周强　黎飞艳　林唐欧　魏超

薛广平　尹锋超　张敏　孙兆锋　袁启飞　冉德禄　杨政

　　定远舰沉舰遗址位于威海市刘公岛南部海域，北距刘公岛海岸约 500 米，东南距日岛约 750 米处。遗址海域底质主要为细淤泥，少见海洋生物。该海域平均水深约 7 米，高平潮潮高 1.8—2.8 米，低平潮潮高 0.3—1 米，潮差约 2 米。遗址掩埋深度 2—4.5 米，略呈东北—西南走向，东西最长 110、南北最宽约 32 米，分布面积约 2800 平方米。2022 年 1 月，被山东省人民政府公布为第一批水下文物保护区。

　　威海是中日甲午战争终战之地，为探明威海湾内北洋海军沉舰状况，2017—2020年，山东省水下考古研究中心、国家文物局水下文化遗产保护中心、中国甲午战争博物院和威海市博物馆联合组队，开展了山东威海清北洋水师沉舰水下考古调查课题研究项目。2017 年 10—12 月，考古队对威海湾进行物探扫测工作，发现水下疑点 17 处。2018 年 6—8 月，对其中 13 处疑点进行潜水探摸，并对 3 号疑点进行水下扎探和局部抽沙揭露（发掘面积 4 平方米），出水铜钉、子弹壳等各类文物 29 件／组，初步确定3 号疑点为北洋海军沉舰。2019 年 7—9 月，考古队对沉舰舯部进行抽沙发掘，揭露面积 160 平方米，发现大型铁甲等舰体构件，提取弹壳、铆钉、角铁等各类文物 157 件／组。2020 年 8—9 月，考古队对沉舰艏、艉部进行抽沙发掘，揭露面积约 300 平方米，提取包括定远舰现存唯一一件康邦铁甲在内的大型文物 3 件，各类子弹、炮弹及引信等小件文物 1601 件／组。两次发掘揭露出沉舰原主炮、艏、艉的位置，现残骸部件被

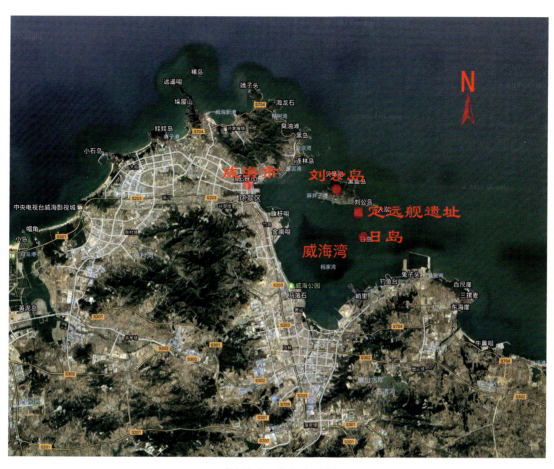

威海湾定远舰沉舰遗址

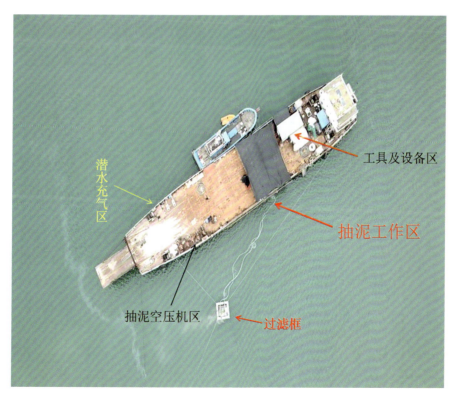

抽沙工作平台、交通艇和过滤网

2017 年调查——物探扫测

2018 年调查——水下扎探

水下队员抽沙发掘

定远舰康邦铁甲

定远舰铁甲起吊

铜铭牌

定远舰遗址部分出水文物
（上排中为 305MM 炮弹引信）

埋于泥下 2—4.5 米，仅剩大量舰船构件，遗物大量散落周边，基本摸清了舰体残骸的整体情况。

经查阅相关资料，基本确定该舰为北洋海军旗舰——定远舰。

2018 年 6 月 12 日，习近平总书记视察刘公岛时，强调"要警钟长鸣，铭记历史教训"。2020 年 8 月 25 日，中共中央政治局常委、全国人大常委会委员长栗战书考察刘公岛期间，明确要求：鸦片战争、甲午战争等历史的教育是个短板，应该予以加强。

定远舰遗址发掘出水了大量文物，充实了甲午战争研究的实物资料，也将撬动近代世界海军舰船史、海战史、甲午战争历史研究再上新台阶。同时，定远舰遗址是百年前甲午战争的实体见证，它的成功发掘将极大丰富总体国家安全观，提升刘公岛教育培训基地的展陈和教学内容。

（孟杰）

后 记

为贯彻落实习近平总书记关于文物保护和考古工作的指示批示精神，系统梳理山东省百年来重大考古成果，根据山东省文化和旅游厅（山东省文物局）的安排，山东省考古学会与山东省文物考古研究院承办了"山东百年百项重要考古发现遴选推介活动"。活动于 2021 年 8 月启动，省内专业考古机构和各地市文物部门推荐 135 个项目参评，经过初评和终评，章丘城子崖遗址、泰安大汶口遗址等 100 个项目入选。

为向社会宣传、推介山东百年考古发展的成绩，展现海岱地区在人类演化、农业起源、文明起源和早期发展、齐鲁文化在中华文化传统塑造过程中的作用，我们拟出版《山东百年百项重要考古发现（1921—2021）》。

2022 年 5 月底发出编辑通知，入选各项目初稿由各发掘单位或项目所在属地文物部门指定执笔者供稿。2022 年下半年陆续收到稿件，由李繁玲、刘晨提出统一补充修改意见反馈给执笔者修改，郭静、胡杨、刘文涛、任晓琳参加了后期编辑工作。2023年 4 月初，山东省考古学会组织召开论证会，于海广、栾丰实、王永波、何德亮、崔大庸、郑同修、王守功、燕生东、高明奎诸位专家对本书文稿进行了讨论初审。随后，由李繁玲（1—40 项）、王永波（41—70 项）、崔大庸（71—100 项）按时代先后分段统编。王守功、何德亮审编了史前时期的部分稿件，刘晨进行了稿件的电脑编辑工作。基本定稿后由栾丰实、王永波、崔大庸分段终审，最后由孙波、李繁玲统稿。

本书的编写主要依据公开发表的考古报告、简报等资料。个别国保和省保单位，补充了未正式发表的最新调查勘探材料。有些发掘时间久远的项目，当年参与发掘的单位我们保留了原单位名称，主持发掘者或参与发掘人员，以公开发表刊物为准；公开发表材料不完整或材料没有公开发表的，依据老专家的回忆补充。由于水平有限，文稿错漏难免，恳请方家批评指正。

本书在筹划阶段得到了山东省文化和旅游厅（山东省文物局）领导的关心和支持。在具体的编纂过程中，又得到诸位先生的悉心指导。科学出版社文物考古分社孙莉社长和雷英女士等也为本书出版付出了辛勤劳动。山东大学、山东博物馆、山东省水下考古研究中心及各地市文物主管部门和业务单位积极参与，给予了大力支持和帮助！在此，谨对上述单位、部门和个人致以诚挚的谢意！

本书编辑委员会

2023 年 6 月